고사성어로
철학하다

故事成語

고사
성어로
철학
하다

· 김해영 편저

철학자 김해영의 고사성어 읽기

일반적으로 기다리는 시간이나 차를 탈 때, 심지어는 화장실에서도 책이 손에서 떨어지지 않는 사람이 있습니다. 이런 경우를 이른바 수불석권이라 합니다. 언제부턴가 우리나라 사람들도 독서를 하지 않는다는 소식이 마구 들려옵니다. 이는 변명에 지나지 않습니다. 특히 사회를 이끌어 가는 지도층은 논할 필요도 없습니다. 수불석권은 필수입니다.

도 · 서 · 출 · 판
문화문고

◆

고사성어(故事成語)는 드라마입니다.

삶의 좌표(座標)를 일러주는 나침반입니다.

우리의 유전자가 고스란히 담긴 교훈의 보고입니다.

때론 문학적 감성을 불러일으키고,

때론 역사적 사실을 통해 자각하게 하며,

때론 철학적 성찰을 통해 통찰력을 배가시켜 줍니다.

◆

고사성어의 한 토막으로
머리말을 대신하고자 합니다

일반적으로 기다리는 시간이나 차를 탈 때, 심지어는 화장실에서도 책이 손에서 떨어지지 않는 사람이 있습니다. 이런 경우를 이른바 수불석권(手不釋卷)이라 합니다. 말 그대로 '손에서 책을 놓지 않다. 부지런히 책을 읽다'라는 뜻이지요. 더구나 이 말을 전쟁터에서 군대를 지휘하는 장군이 썼다면 더욱 놀랄 것입니다. 어느 날, 손권(孫權)이 여몽(呂蒙)과 장흠(蔣欽)에게 말했습니다. "경들은 이제 권한을 가지고 국가 대사를 맡게 되었으니 공부를 해서 지식을 함양해 두는 것이 어떻겠소?"

여몽이, "군 내부에 항상 일이 많아 책을 읽을 겨를이 없습니다."라고 답하자, 손권이 바로 문제를 삼습니다. "내가 경에게 경학(經學)을 공부하여 박사(博士)라도 되라고 하는 줄 아는 모양이구려. 다만 지난 일들을 섭렵하라는 것이오. 경이 할 일이 많다고는 하나 나보다 많기야 하겠소? 나는 어릴 적에 『시경』과 『서경』, 『예기』, 『좌전』, 『국어』를 읽었고 『주역』만 읽지 못했소. 업무를 통솔한 이래 삼사(三史)와 모든 병서(兵書)를 살펴보았는데, 스스로 생각해도 큰 이익이 되는 것 같소."

"두 분 경들은 성정이 총명하고 이해력이 있어 공부하면 반드시 얻게 될 것인데 어찌 하려고 하지 않는 거요? 당장 『손자』, 『육도』, 『좌전』, 『국어』와 삼사를 읽어야 할 것이오. 일찍이 공자도 '하루 종일 먹지도 않고 자지도 않고 생각만 했는데 얻은 것이 없었다. 차라리 책을 읽는 편이 낫다.'고 말씀하셨소. 그리고 후한의 광무제는 군무에 바쁜 중에도 손에서 책을 놓지 않았고, 맹덕 역시 늙어서까지도 배우기를 좋아했다고 스스로 말했소. 경들은 어찌 스스로 노력하지 않는단 말이오."

이로부터 여몽은 때와 철을 가리지 않고 그야말로 주야장천(晝夜長川) 손에서 책을 놓지 않는 사람이 되었습니다. 후에 더 큰 공(功)을 세운 것은 말할 것도 없습니다. 그렇게 본 책들이 철학자들보다도 많았다고 합니다. 언제부턴가 우리나라 사람들도 독서를 하지 않는다는 소식이 마구 들려옵니다. 이는 지도층과 일반 민중들을 가리지 않습니다. 모두가 바쁘다는 이유를 댑니다만, 이는 변명에 지나지 않습니다. 특히 사회를 이끌어 가는 지도층은 논할 필요도 없습니다. 수불석권은 필수입니다.

2017년 10월, 수원시 우만동의 승영철학사상연구실에서~

■ **차례**

부록

고사성어로
철학하다

가인박명(佳人薄命)

가인(佳人)은 명(命)이 짧다
아름다운 사람은 운명이 기구하다

미인이나 재주가 뛰어난
사람은 삶이 평탄하지 않다

북송의 소동파가 미인이 많기로 유명한 항주(杭州)와 양주(揚州)의 지방장관으로 있을 때입니다. 어느 날, 동파가 우연히 사찰을 찾았는데 나이 서른이 훌쩍 넘은 예쁜 여승(女僧)을 보고난 이후, 그녀의 어린 시절을 상상하며, '미인의 운수가 기박함'을 시(詩)로 적은 것입니다. 오늘날은 미인박명(美人薄命)으로 널리 쓰입니다만, 달리 해석되는 경우도 있습니다. 가령 '가인(佳人)'은 미인뿐 아니라, '능력이 출중한 사람'을 일컫기도 하는데, 이들의 명(命)이 오히려 짧을 수 있다는 뜻이죠. 잘나서 오히려 '명'을 다하지 못하는 것입니다. 삶, 다 그런 것일까요?(출전=소식蘇軾[1]의 시詩, 『박명가인薄命佳人』의 한 단락인 '자고가인다박명自古佳人多薄命'에서 비롯.)

◆ 佳 : 아름답다. 人 : 사람. 薄 : 엷다. 命 : 목숨, 운수.

1　중국을 대표하는 문장가 중 한사람으로, 자(字)는 자첨(子瞻), 명(名)은 식(軾), 호(號)는 동파거사(東坡居士)다. 흔히 소동파(蘇東坡 : 1036~1101)로 불린다. 당송팔대가(唐宋八大家)의 한 사람이다.

가정맹어호(苛政猛於虎)

가혹한 정치는 호랑이보다 무섭다　가혹한 세금은 호랑이에게
잡혀 먹히는 고통보다 크다

공자(孔子)가 활동하던 춘추시대 말, 혼란하지 않은 나라가 없었습니다. 그 가운데 공자의 고국(故國)인 노(魯)나라도 혼란을 피하지 못했습니다. 당시 노나라에서는 정치의 실권자, 계손씨(季孫氏)가 있었습니다. 그는 가혹한 정치를 하는 것으로 유명했습니다.

어느 날, 공자 일행은 태산(泰山)²의 깊은 골짜기를 지나게 되었습니다. 그때 한 여인이 세 개의 무덤 앞에서 애절하게 흐느끼고 있었습니다. 궁금하면 참지 못하는 공자는 발걸음을 멈추고 제자인 자로(子路)에게 그 연유에 대해 확인해 보라고 하였습니다.

자로는 여인에게 다가가 예의를 표하면서, "이토록 비통하게 우는 이유를 알 수 있을까요?" 하자, 여인은, "여긴 무척 무서운 곳입니다. 수년 전에 시아버님이 호환(虎患)³을 당하시더니, 작년에는 남편이, 올해는 자

2　중국의 이름난 다섯 산, 즉 오악(五岳)의 하나로 불린다. 동쪽엔 태산(泰山), 서쪽엔 화산(華山), 남쪽엔 형산(衡山), 북쪽엔 항산(恒山), 중부엔 숭산(崇山)이 있다.

3　사람이나 가축이 호랑이에게 당하는 화(禍)를 말한다.

식이 차례로 호랑이에게 잡아 먹혔답니다."

이에 자로는, "그럼 위험하지 않은 다른 곳으로 이사를 가시지요?" 여인은, "여기서는 적어도 세금을 가혹하게 징수 당하지는 않기 때문입니다!" 이 말을 전해들은 공자는 제자들에게, "민중들에게 가혹한 정치는 호랑이보다 무서운 것이다."라고 하였습니다.(출전=『예기禮記』「단궁檀弓」.)

◆ 苛 : 가혹하다. 政 : 정치. 猛 : 사납다, 무섭다. 於 : ~보다. 虎 : 호랑이.

각주구검(刻舟求劍)

칼을 강물에 떨어뜨리자,
뱃전에 표시 했다가
나중에 칼을 찾으려 하다

어리석어 융통성이 없음

춘추전국시대[4] 때, 평소 칼을 소중하게 여기는 초(楚)나라의 한 젊은 친구가 양자강을 건너고 있었습니다. 배가 중간쯤에 이르자, 물살에 기우뚱하면서 그만 칼을 강물에 떨어뜨리고 말았습니다. 놀란 젊은이는, "어이쿠, 큰일 났네!" 하면서 잽싸게 허리춤에서 단검을 꺼내 칼을 떨어뜨렸던 부분에 자국을 내 표시를 했습니다.

이 광경을 지켜보던 승객들에게 젊은 친구는 껄껄 웃으며, "제 칼을 여기서 떨어뜨렸습니다. 표시를 확실히 해두었으니, 전혀 걱정되지 않습니다. 나중에 찾을 수 있으니까요." 얼마 후, 배가 목적지에 다다르자, 젊은이는 표시해둔 뱃전에서 물속으로 뛰어들었지요. 배가 이동했으므로 칼이 그곳에 있을 리가 만무했지요.

이에 승객들은 "배에 표시를 하고 칼을 찾는다(刻舟求劍)."고 비웃으며

---

4 일반적으로 춘추전국시대(春秋戰國時代)라고 하면, 세상이 매우 혼란했던 시대로 알려져 있다. 지금부터 2,700년 전부터 2,200년 전까지 무려 500년간을 이른다.

하주(下舟)했음은 말할 것도 없었지요. 이와 유사한 고사로 수주대토(守株待兎)[5]가 있습니다. 즉 융통성이 없는 사람을 일컫기도 하고, 세상 정서와 동떨어진 낡은 사상이나 자신의 생각만을 고집하는 경우도, 이와 같은 사람이라고 평할 수 있습니다.(출전=『여씨춘추呂氏春秋』「찰금察今」.)

◆ 刻 : 새기다. 舟 : 배. 求 : 구하다. 劍 : 칼.

---

5 송나라의 한 농부가 밭 가운데에 있는 그루터기에 걸려 죽은 토끼를 보고는 다시 토끼가 걸리기를 마냥 기다렸다[『한비자(韓非子)』, 「오두(五蠹)」.]는 데서 비롯된 말이다. 다시 말하면, 한비자(韓非子)가 유가(儒家)의 이상적인 정치인 왕도정치(王道政治)를 시대에 뒤떨어진 사상이라고 비판하면서, 새로운 시대에선 새로운 사상으로 무장해야 함을 주장하기 위해 예로 든 것이다.

개과천선(改過遷善)

지나간 허물을 고치고	지난 잘못을 고쳐
선한 사람이 되다	착한 사람으로 바뀌다

진(晉)나라 혜제(惠帝) 때, 양흠 지방에 주처(周處)[6]라는 사람이 있었습니다. 불행히도 선친의 요절로 그는 배울 기회를 잃고 방탕[7]한 생활을 했습니다. 게다가 걸핏하면 남들에게 폭력을 행사하여 마을 사람들로부터 이른바 '남산의 호랑이', '장교(長橋)의 교룡(蛟龍)'과 더불어 '삼해(三害)'라는 평을 들어야만 했습니다.

그랬던 주처가 정신을 차려 '자신의 과오를 깨닫고 선한 사람이 되겠다'는 결심을 하기에 이릅니다. 마을 사람들은 의문을 품으면서, "남산에 사는 호랑이와 장교 밑에 사는 교룡을 죽인다면 그대의 말을 믿어주겠네."라고 하였습니다. 사실 마을 사람들은 주처가 사라지기를 바라는 마음에서 이런 말을 한 것이지요.

이에 주처는 사투 끝에 사나운 호랑이와 교룡을 죽이고 마을로 돌아왔

---

6 주처의 선친인 주방(周紡)은 동오(東吳)에서 파양(鄱陽) 태수를 지냈으나 요절했다.

7 주색잡기(酒色雜技)에 빠져 행실이 좋지 못한 것.

으나 반갑게 맞아주는 이는 없었습니다. 크게 실망하여 마을을 떠나 육기 (陸機)라는 학자를 찾아 사정을 이야기하자, 육기는, "굳은 의지를 가지고 지난날의 잘못을 고쳐 선한 사람이 된다면, 자네의 앞길은 무한할 것이 네."라고 격려해 주었습니다.

용기를 얻은 주처(周處)는 10여 년 동안 학문과 덕을 익히는데 매진하였습니다. 마침내 그는 학자가 되었습니다. 물론 학자가 되었다고 모두 이룬 것은 아닙니다. 깨달은 바를 민중들과 나눠야 하는 것이죠. 때문에 정치에 참여하는 것입니다. 일선에서 물러나면 다시 후학을 양성하는 것이고요. 학자의 숙명입니다.(출전=『진서晉書』「본전本傳」.)

◆ 改 : 고치다. 過 : 허물, 지나다. 遷 : 옮기다. 善 : 선하다, 착하다.

개관사정(蓋棺事定)

관 뚜껑을 덮고 난 뒤에야 일이 비로소 정해진다	죽은 후에야 비로소 그 사람의 가치를 평가할 수 있다

이 말은 두보(杜甫)가 사천성(四川省)에 위치한 기주(夔州)의 깊은 산골에 들어가 살고 있을 때, 마침 친구 아들인 소혜(蘇徯)가 실의에 빠져 사는 것을 보고 격려하기 위해 쓴 시(詩)입니다. 즉 사람에 대한 평가는 '관 뚜껑이 덮이고 난 뒤에야 일이 비로소 정해진다'는 의미로, 사람의 삶이란 언제 어디서 무슨 일을 하게 될지 아무도 모르는 것이니, 열심히 살아야 함을 비유적으로 표현한 것입니다.

잠시 두보의 시, 한 편을 감상하겠습니다.

그대 보지 못하였는가 길가에 버려진 연못을	君不見道邊廢棄池
그대 보지 못하였는가 앞서 꺾여 넘어져 있는 오동을	君不見前者摧折桐
백 년 지난 죽은 나무도 가야금으로 쓰이고	百年死樹中琴瑟
한 섬 오래된 물은 교룡이 숨어 있다네	一斛舊水藏蛟龍
장부는 관이 덮여야 일이 비로소 결정되는 것	丈夫蓋棺事始定
그대는 다행히도 아직 늙지 않았거늘	君今幸未成老翁

어찌 한탄하리오, 초췌한 몰골로 산속에 있는 것을   何恨憔悴在山中

심산궁곡은 사람 살 곳이 못 되나니   深山窮谷不可處

벼락과 도깨비와 광풍까지 겸했노라   霹靂魍魎兼狂風

(출전=두보杜甫의 「군불견간소혜君不見簡蘇傒」.)

◆ 蓋 : 덮다. 棺 : 널. 事 : 일. 定 : 정하다, 평하다.

개권유익(開卷有益)

책을 펼치기만 해도 유익하다　　　　독서하면 유익한 일이 많다

　　송(宋)나라 태종(太宗)은 책 읽기를 매우 좋아하여 이방(李昉) 등에게 명
하여 방대한 『사서(辭書)』를 편찬케 했습니다. 무려 7년의 시간을 들여 완
성된 이 책은 모두 1천여 권이나 됩니다. 태평(太平) 연간에 편찬되었다고
하여 『태평총류(太平總類)』라 이름 지었는데, 『사서』 완간 이후, 태종은 기
뻐서 매일 세 권의 책을 읽었는데, 일이 있어 읽지 못하게 되면 쉬는 날에
보충을 했습니다.[8] 그러면서 태종은 항상 이런 말을 했지요. "책은 펼치기
만 해도 유익하다오. 짐은 수고스러운 일이라고 생각하지 않는다오."[9](출
전=『승수연담록(繩水燕談錄)』「문유(文儒)」.)

◆ 開 : 열다. 卷 : 책. 有 : 있다. 益 : 유익하다, 더하다.

8　태종은 『태평총류(太平總類)』를 1년 만에 읽었다고 하는데, 황제가 직접 읽었다고 하여 훗
　날 사람들은 이 책을 『태평어람(太平御覽)』이라 불렀다.

9　『승수연담록(繩水燕談錄)』,「문유(文儒)」: 太宗日閱御覽三卷, 因事有闕, 暇日追補之. 嘗
　日, 開卷有益, 朕不以爲勞也.

결초보은 (結草報恩)

풀을 엮어 은혜를 갚다   죽어서라도 은혜를 갚다

춘추시대, 진(晉)나라의 위무자(魏武子)라는 사람이 있었습니다. 그에겐 애첩이 있었으나 행인지 불행인지 그들 사이에는 자식이 없었습니다. 어느 날, 위무자가 병이 들자 아들 위과(魏顆)를 불러 이르기를, "서모(庶母)를 반드시 다른 곳으로 개가(改嫁)시키도록 하여라."

병세가 깊어지자, 다시 불러 이르기를, "서모를 죽여 함께 묻어라."라고 하였지요. 선친이 작고하고 난 이후, 아들 위과는 서모를 개가시키면서 이르기를, "병이 심해지면 머리가 혼란하기 마련이다. 나는 병세가 악화되기 전의 말씀을 따르는 것이다."라고 하였습니다.

이후, 선공 15년 7월에 진(秦)의 환공(桓公)은 진(晉)나라를 침략하여 군대를 보 씨(輔氏)에 주둔시켰습니다. 위과는 진(晉)나라의 장수였기 때문에 진(秦)의 유명한 역사(力士)인 두회(杜回)와의 결전을 피할 수 없었습니다. 싸움은 싱거웠습니다. 패한 위과는 도망쳤지요.

쫓고 쫓기는 사이 두회가 그만 풀에 걸려 넘어짐으로써 위과는 두회를 사로잡을 수 있었습니다. 힘으로는 도저히 당할 재간이 없던 위과로서는

보통 큰 성과가 아니었습니다. 이는 노인이 두회의 발 앞에 풀을 엮어 놓은 일종의 덫에 걸려 넘어지게 한 덕분이었습니다.

그날 밤, 전과(戰果)에 들뜬 위과가 꿈을 꾸었습니다. "나는 그대가 개가 토록 해준 서모의 아비 되는 사람이오. 그대가 선친의 바른 유언을 따랐기 때문에 딸이 목숨을 부지할 수 있었을 뿐 아니라 잘 살고 있다오. 내가 그대의 은혜를 갚는 것이외다."라고 하였습니다.(출전=『춘추좌씨전春秋左氏傳』 선공宣公 15년조.)

◆ 結 : 맺다. 草 : 풀. 報 : 갚다. 恩 : 은혜.

계구우후(鷄口牛後)

닭의 입, 소의 뒤[항문]
닭의 부리가 될지언정
쇠꼬리는 되지 말라

큰 집단의 말석보다는
작은 집단의 우두머리가 낫다

전국시대(戰國時代) 중기, 전국칠웅(戰國七雄)[10]의 하나인 진(秦)나라가 세력이 점차 강대해지면서 나머지 여섯 나라를 압박하기 시작했습니다. 이에 두려움을 느낀 나머지 여섯 나라는 진나라에 대항하기 위해 외교적인 동맹 관계를 맺고 싶어 합니다. 이를 주도한 것이 이른바 합종책(合縱策)을 주장했던 소진(蘇秦)이라는 걸출한 학자였습니다.

소진은 진나라와 대적하고 있는 여섯 나라의 왕을 찾아다니며 연합하여 진나라에 대항해야 한다고 설득하기 시작하였습니다. 소진의 유세에 여섯 나라의 왕들이 모두 설득을 당해 하나같이 "나라를 들어 선생의 말에 따르겠다."며 그를 재상으로 초빙합니다. 소진은 세 치 혀로 여섯 나라

---

10 춘추시대를 지나 전국시대에 접어들자, 전국칠웅(戰國七雄)으로 대표되는 한(韓)·위(魏)·조(趙)·연(燕)·제(齊)·초(楚)·진(秦)의 일곱 제후국으로 압축되었다. 각 나라들은 서로 싸우기도 하고 연합하기도 하는 등, 복잡다단한 외교 관계를 맺으면서 생존을 위해 치열한 경쟁을 벌였다. 주로 상앙(商鞅)의 변법을 통해 7개 나라 중에서 가장 강대해진 진(秦)나라와 나머지 여섯 나라의 내립 양상으로 정국이 펼쳐졌다.

의 합종을 이끌어 냄으로써 여섯 나라의 재상이 되었지요.

소진이 이처럼 여섯 나라의 재상이 될 수 있었던 것은 각 나라의 사정과 왕들의 성향을 완전히 파악한 기초 위에 각국의 상황에 알맞은 논리로 유세를 진행했기 때문이었습니다. 소진은 한(韓)나라에 가서는 다음과 같이 선혜왕(宣惠王)을 설득했습니다. "대왕께서 진을 섬긴다면 진나라는 반드시 의양(宜陽)과 성고(成皐)를 요구할 것입니다."

"금년에 땅을 떼어 주면 내년에 또 땅을 떼어 달라고 요구할 것입니다. 떼어 주면 줄 땅이 없게 되고, 주지 않으면 전에 땅을 주었던 공(功)은 없어지고 화(禍)를 입게 됩니다. 또한 대왕의 땅은 국한되어 있는데, 진의 요구는 끝이 없으니 국한된 땅을 가지고 무한한 요구를 거스르는 것을 가리켜 원한을 사고 '화'를 초래한다고 하는 것입니다."

"속담에 '닭의 입이 될지언정 소의 뒤는 되지 마라.'고 하였습니다. 지금 대왕께서 진을 섬긴다면 소의 뒤가 되는 것입니다. 대왕의 현명함과 한나라의 강대함을 가지고 소의 뒤가 되었다는 오명을 얻으면 신(臣)도 수치스럽게 됩니다." 한왕은 얼굴빛이 변하더니 팔을 걷어붙이고 두 눈을 부릅뜨며 칼을 꽉 잡고 하늘을 향해 탄식하며 말했습니다.

"과인은 비록 불초하지만 반드시 진나라를 섬기지 않을 것이오. 지금 그대가 조왕(趙王)의 가르침을 전해 주었으니 (조왕도 그대의 뜻에 따르기로 했다니) 국가 사직을 들어 그대의 가르침에 따르겠소."[11] 사기의 주석서인 『사

---

11 『사기(史記)』, 「소진열전(蘇秦列傳)」: 大王事秦, 秦必求宜陽, 成皐. 今玆效之, 明年又復求割地. 與則無地以給之, 不與則棄前功而受後禍. 且大王之地有盡而秦之求無已, 以有盡之地而逆無已之求, 此所謂市怨結禍者也, 不戰而地已削矣. 臣聞鄙語曰, 寧爲鷄口, 無爲牛後. 今大王西面交臂而臣事秦, 何以異於牛後乎. 夫以大王之賢, 挾彊韓之兵, 而有牛後

기정의』에서는 다음과 같이 밝힙니다. "닭 입은 비록 작지만 음식을 들인

다. 소 항문은 비록 크지만 분변을 내보낸다."[12] (출전=『사기史記』「소진열전蘇秦

列傳」.)

◆ 鷄 : 닭. 口 : 입. 牛 : 소. 後 : 뒤.

之名, 臣竊爲大王羞之. 於是韓王勃然作色, 攘臂瞋目, 按劍仰天太息曰, 寡人雖不肖, 必不

能事秦. 今主君詔以趙王之敎, 敬奉社稷以從.

12 『사기정의(史記正義)』: 鷄口雖小, 猶進食. 牛後雖大, 乃出糞也.

고굉지신(股肱之臣)

다리와 팔과 같은 신하 　　　　　　지도자가 가장 믿는 관료

이 고사는 『서경(書經)』,「익직(益稷)」에 나오는 말로 익직(益稷)은 우임금의 신하인 백익(伯益)과 후직(后稷)을 말합니다. 어느 날, 순(舜)임금이 우(禹)와 대화하며 다음과 같이 부탁했습니다. "신하들은 짐의 팔과 다리요, 눈과 귀가 되어야 하오. 내가 민중들을 보살피려 하면 그대는 (날개가 되어) 옆에서 도와주고, 내가 사방을 위해 베풀고자 하면 그대가 함께해 주시오."[13] 같은 고사로는 '다리와 손에 비길 만한 신하'라는 뜻의 고장지신(股掌之臣)이 있고, 유사한 말로는 주석지신(柱石之臣)[14]과 사직지신(社稷之臣)[15] 등이 있습니다.(출전=『서경書經』「익직益稷」.)

◆ 股:넓적다리. 肱:팔뚝. 之:어조사, ~의. 臣:신하, 관료.

13　『서경(書經)』,「익직(益稷)」: 臣作朕股肱耳目, 予欲左右有民汝翼, 予欲宣力四方汝爲.
14　'나라의 기둥과 주춧돌' 역할을 하는 매우 중요한 신하를 말한다.
15　'나라의 안위와 존망'을 한 몸에 맡은 중신(重臣)을 뜻한다.

고복격양(鼓腹擊壤)

배를 두드리고 발로 박자를 맞추다

배를 두드리고
발을 구르며 흥겨워하다
태평성대(太平聖代)의 다른 말

전설로 불리는 요(堯)임금이 천하를 통치하기 시작한 지 50여 년이 지난 어느 날, 나라가 너무도 평온[16]하여 오히려 살짝 불안해졌습니다. 그간 민중들을 위해 애써왔다고 생각은 해왔지만, 민중들이 자신을 어떻게 생각하고 있는지, 또 본인의 신뢰는 어느 정도 되는지가 궁금해진 것이지요. 그리하여 직접 민중들의 삶 속으로 들어가 보기로 하였습니다. 변복을 하고 어느 거리를 걷고 있었습니다. 한 무리의 아이들이 노래를 부르고 있었습니다.

우리 민중들이 잘 사는 것은 立我蒸民

임금님의 지극한 덕 아님이 없네 莫匪爾極

우리는 아무 것도 모르지만 不識不知

---

16 요(堯)임금 때 천하가 태평하여 백성들에게 별일이 없었다. 80~90세의 노인들이 (발로) 땅을 구르며 노래를 불렀다.(帝堯之世, 天下大和, 百姓無事. 有八九十老人, 擊壤而歌.)

임금님이 정한대로 따르나니 　　　　　順帝之則

이처럼 아이들의 순진무구한 노랫말은 요임금이 흡족한 마음을 지닐
수 있었습니다. 하지만 얼마 지나지 않아 '혹 어른들이 가르쳐서 부르는
노래는 아닐까?' 하는 의문이 들기 시작했습니다. 때문에 아이들의 노래
만으로는 뭔가 부족하여 좀 더 확인해보기로 하였습니다. 여기저기 발걸
음을 재촉하고 있는데, 어떤 한 백발노인이 음식을 오물거리면서 격양놀
이[17] 하는 것을 목격하였습니다. 노인은 배를 두드려 박자를 맞추면서 노
래를 불렀지요.

해 뜨면 일하고 　　　　　　　　　日出而作

해 지면 쉬네 　　　　　　　　　　日入而息.

우물 파서 마시고 　　　　　　　　鑿井而飮

밭 갈아 먹나니 　　　　　　　　　耕田而食

임금의 힘이 나에게 무슨 소용 있으랴 　帝力於我何有哉

이 노래 소리를 듣고서야 요임금은 마음이 편안해졌습니다. "이제야
마음이 놓인다. 민중들이 불안한 마음 없이 격양놀이를 하는 것은 정치
가 순조롭게 이뤄지고 있다는 증거로다." 장자(莊子)는 이 노래를 인용하
여, 유유자적하며 생을 즐기는 즐거움을 노래한 바 있습니다. "해가 뜨면

17　격양(擊壤)놀이는 옛날 중국에서 행해지던 유희(遊戲)의 하나로, 배를 두드리고 발로 박
　　자를 맞추면서 즐겁게 노는 것을 말한다.

일하고, 해가 지면 쉬면서 천하를 유유자적 거니니 마음은 한가하기만 하다."[18] 격동의 시절을 겪고 있는 한반도는 언제쯤이나 배를 두드리며 노래를 부를까요?(출전=『십팔사략十八史略』「요제조堯帝條」.)

◆ 鼓 : 두드리다, 북. 腹 : 배. 擊 : 치다, 부딪치다. 壤 : 땅.

---

18 『장자(莊子)』,「양왕(讓王)」 : 日出而作, 日入而息., 逍遙於天地之間, 而心意自得.

고육지책(苦肉之策)

제 몸을 상하게 하면서까지 꾸며
내는 방책

상대방을 속이거나
함정에 빠뜨리기 위해
자기 편 사람을 고의로 해치는 계책
고대 병법의 하나,
즉 고육계(苦肉計)

후한(後漢) 말, 북중국을 장악한 조조(曹操)가 남쪽으로 눈을 돌려 형주(荊州)를 공격하자, 조조의 백만 대군이 형주를 향해 남하하고 있다는 소식을 접한 유종(劉琮)은 몰래 사자(使者)를 보내 조조에게 항복의 의사를 전합니다. 피 한 방울 흘리지 않고 형주를 접수한 조조는 내친김에 말머리를 유비(劉備)와 손권(孫權)에게 돌립니다.

유비와 손권은 연합하여 조조에 맞섰습니다. 이것이 이른바 적벽대전(赤壁大戰)입니다. 연합군의 총사령관인 주유(周瑜)는 화공(火攻)으로 조조군을 제압할 계획을 세우고, 황개(黃蓋)와 더불어 고육책을 펼쳤습니다. 작전 회의를 하다 황개가 주유의 의견에 반대하고 항복할 것을 주장합니다. 주유는 곧장 백 대로 황개를 다스립니다.[19]

---

19 모든 군관들이 황개(黃蓋)를 부축했다. 황개는 맞아서 살갗이 찢어지고 살점이 터져 선혈이 흘러내렸다. 부축하여 본영으로 데려가는 동안 여러 차례 혼절했다. 안부를 묻는 사람마다 눈물을 흘렸다. 노숙(魯肅) 역시 황개를 찾아 위로를 하고 공명(孔明)의 배로 가서 물었다. "오늘 공근[公瑾=주유(周瑜)]이 노하여 공복[公覆=황개(黃蓋)]을 꾸짖을 때, 우리야

만신창이가 된 황개는 즉시 조조에게 투항했고, 조조는 고육계(苦肉計)에 속아 황개의 투항을 받아들입니다. 황개는 약속한 날에 몽충(蒙衝)[20]과 투함(鬪艦)[21]을 조조의 선단에 접근시킨 후, 화공을 퍼부었습니다. 때마침 불어오는 동남풍에 조조의 선단은 불길에 휩싸였고, 적벽(赤壁) 일대는 아비규환(阿鼻叫喚)[22]이 따로 없었습니다.

수많은 이들이 불에 타 죽거나, 불을 피해 강으로 뛰어든 이들은 익사

모두 그의 부하니까 감히 위엄을 거스르면서 고간(苦諫)을 하지 못했지만, 선생은 손님인데 어찌하여 수수방관만 하고 한마디 말도 안 하고 계셨소?" 공명이 웃으며 말했다. "자경[子敬=노숙(魯肅)]은 나를 속이고 있구려." 노숙이 말했다. "나와 선생이 강을 건너온 이래로 한 번도 속인 적이 없는데, 오늘 어찌 그런 말을 하시오?" 공명이 말했다. "자경은 공근이 황공복을 독하게 때린 것이 계책이란 것을 모르셨소? 어떻게 나보고 말리라고 한단 말이오." 노숙이 비로소 깨달았다. 공명이 말했다. "고육계를 쓰지 않고서 어떻게 조조(曹操)를 속일 수 있겠소. 오늘 분명히 황공복을 거짓 항복시켜 채중(蔡中)과 채화(蔡和)로 하여금 그 사실을 보고하게 할 것이오."(『삼국연의(三國演義)』, 제46회 : 衆官扶起黃蓋, 打得皮開肉綻, 鮮血進流, 扶歸本寨, 昏絕幾次. 動問之人, 無不下淚. 魯肅也往看問了, 來至孔明船中, 謂孔明曰, 今日公瑾怒責公覆, 我等皆是他部下, 不敢犯顏苦諫. 先生是客, 何故袖手旁觀, 不發一語. 孔明笑曰, 子敬欺我. 肅曰, 肅與先生渡江以來, 未嘗一事相欺. 今何出此言. 孔明曰, 子敬豈不知公瑾今日毒打黃公覆, 乃其計耶. 如何要我勸他. 肅方悟. 孔明曰, 不用苦肉計, 何能瞞過曹操. 今必令黃公覆去詐降, 却敎蔡中蔡和報知其事矣.)

20 폭이 좁고 긴 배로 적선과 충돌하여 침몰시키는 배.

21 전투를 위한 배.

22 아비규환(阿鼻叫喚)은 아비지옥과 규환지옥의 준말이다. 불가에서는 지옥을 8군데의 열(熱)지옥과 8군데의 혹한(酷寒)지옥으로 나누는데, 8군데의 열지옥 중에 아비지옥과 규환지옥이 있다. 아비지옥은 땅속 맨 깊은 곳에 있는 지옥으로서 오역죄(五逆罪)를 범하거나, 절을 파손하거나, 승려를 비방하거나 하면 이 지옥에 떨어진다고 한다. 뜨거운 열이 일어나는 이곳에서는 끊임없이 지독한 고통의 괴로움을 받는다. 규환지옥은 살생·도둑질·음행 등을 저지른 사람이 들어가는 지옥으로서, 가마솥에서 삶기거나 뜨거운 쇳집 속에 들어가 고통을 받고 울부짖는 곳이다. 그러므로 아비규환이라 함은 아비지옥과 규환지옥 두 군데의 지옥에서 동시에 고통을 받아 울부짖는 상태를 일컫는 말이다.

하였습니다. 조조는 대패하여 자신의 근거지인 허창으로 돌아갈 수밖에 없었지요. 적벽의 대전으로 인해 그간 조조로 기울어 있던 패권은 균형을 잡게 되었습니다. 유비는 우여곡절 끝에 제갈량의 계책에 따라 형주와 익주(益州)를 차지하여 발판을 굳혔습니다.

힘의 한 축이 된 손권 역시 강동을 굳게 지키며 동남쪽으로 세력을 꾸준히 확장해 나갔습니다. 이로써 삼국의 정립(鼎立) 형세는 틀을 잡았습니다. 적벽대전이 있은 지 8년, 216년에 조조는 위왕(魏王)에 올랐고, 219년에 유비가 한중왕(漢中王)을 칭했으며, 222년에 손권이 오(吳)나라를 건국하고 건업(建業)에 도읍을 정했습니다.(출전=『삼국연의三國演義』제46회,『손자병법孫子兵法』제34계.)

◆ 苦 : 쓰다. 肉 : 고기. 之 : 어조사, ~의. 策 : 꾀.

곡돌사신(曲突徙薪)

굴뚝을 굽게 만들고

(아궁이 근처의)

땔나무를 다른 곳으로 옮기다

어떤 사람이 '굴뚝을 곧게 세우고 곁에는 땔나무를 잔뜩 쌓아 놓은 것을 보고, 주인에게 충고했습니다. "굴뚝을 구부리고 쌓여 있는 나뭇단을 옮기세요. 그렇지 않으면 불이 붙을 수도 있습니다."[23] 하지만 주인은 귀담아 듣지 않았습니다. 며칠 뒤, 불행하게도 그 집에 불이 났습니다. 동네 주민들이 힘을 합한 덕분에 겨우 불은 잡혔지만 여러 사람들이 화상을 입고 말았습니다. 집주인은 감사의 표시로 소를 잡고 술을 차렸습니다.

화상을 입은 사람들은 상석에 모시고, 나머지는 공에 따라 자리에 모셨습니다. 그러나 정작 굴뚝을 구부리라고 충고한 사람은 초대받지 못했습니다. 한 사람이 이렇게 말했습니다. "그때 당신이 그 사람의 말을 들었더라면 소고기와 술을 대접할 필요도 없었고 불이 날 일도 없었을 것이오. 지금 공을 논하여 손님들을 초대했는데, 굴뚝을 구부리고 땔나무를 옮기라고 말한 사람에게는 은택이 가지 못하고 머리를 그슬리고

---

23 『설원(說苑)』, 「권모(權謀)」: 更爲曲突, 遠徙積薪. 不者且有火患.

이마를 덴 사람이 상객이 되었구려!"[24]

이 말을 들은 주인은 잘못을 깨닫고 그 사람도 초대했습니다. 이와 유사한 이야기는 『한서(漢書)』, 「곽광전(藿光傳)」에서도 볼 수 있습니다. 한(漢)나라 대사마(大司馬) 곽광(藿光)의 딸 성군(成君)이 선제(宣帝)의 황후가 되자 곽 씨 일가는 권력을 잡고 사치스럽게 살았습니다. 이에 무릉(茂陵)에 사는 서복(徐福)이 문제를 삼았습니다. "곽 씨는 반드시 망할 것이다. 사치하면 불손하게 되고, 불손하면 황제를 얕보게 되는데, 황제를 얕보는 것은 도를 거스르는 것이다."라면서 상소를 올렸습니다.

"곽 씨가 지나치게 번성하니 폐하께서는 그들을 총애하지 마시고 때때로 억제하셔서 망하는 데까지 이르게 하지 마십시오." 서복이 세 번이나 글을 올렸으나 황제는 못 들은 체하고 내버려 두었습니다. 이후 다행인지 곽광이 죽고 3년이 되던 해 곽 씨 일가는 모반(謀反)을 꾀하다 선제에게 몰살을 당하였습니다. 이 일에 공을 세웠던 사람들은 모두 상을 받았으나 정작 선제에게 글을 올렸던 서복은 아무런 보상도 받지 못하였습니다. 이에 어떤 사람이 서복을 위해 선제에게 글을 올렸습니다.[25]

"신은 이런 얘기를 들었습니다. 어떤 나그네가 집을 찾아들게 되었습니다. 그는 그 집의 굴뚝이 똑바로 되어 있고 옆에 땔감이 쌓여 있는 것을 보고, 불이 붙을 것을 우려하여 주인에게 굴뚝을 구부리고 땔감을 다른 곳으로 옮기라고 말해 주었습니다. 하지만 주인은 이행하지 않았고, 얼마

---

24 『설원(說苑)』, 「권모(權謀)」: 嚮使聽客之言, 不費牛酒, 終亡火患. 今論功而請賓, 曲突徙薪亡恩澤, 焦頭爛額爲上客邪.

25 이 사람의 건의로 황제는 서복(徐福)에게 비단 10필을 하사하고 후에 낭관(郎官)으로 삼았다.

지나지 않아 이 집에 불이 났는데 다행히도 이웃 사람들이 함께 도와 불을 끌 수 있었습니다. 집주인은 소를 잡고 술을 내어 이웃 사람들에게 고마움을 표했는데, 화상을 입은 사람은 상석에 모셨습니다."

"그리고 나머지 사람들은 그 공에 따라 다음 자리로 모셨습니다. 하지만 굴뚝을 구부리고 땔나무를 옮기라고 말해준 사람은 초대하지 않았습니다. 그러자 어떤 사람이 집주인에게 말했습니다. '그때 당신이 그 사람의 말을 들었다면 이렇게 소와 술을 대접할 필요도 없고 불이 날 일도 없었을 것이오. 지금 공을 논해 손님들을 초대했는데, 굴뚝을 구부리고 땔나무를 옮기라고 말한 사람에게는 은택이 가지 못하고, 머리를 그슬리고 이마에 화상을 입은 사람은 상객이 되었구려!' 하였습니다."

"주인이 그제서 자신의 잘못을 깨닫고 그 손님을 초대했습니다. 지금 무릉의 서복은 여러 차례 상소를 올려 곽 씨가 장차 변란을 꾀할 것이니 방지해야 한다고 말했습니다. 그때 서복의 상소가 받아들여졌다면 나라는 땅을 나누어 작위를 내려주는 비용을 쓰지 않았을 것이고, 신하가 역모하여 멸족당하는 일도 없었을 것입니다. 지난 일은 접어 두더라도 서복만이 유독 공훈을 받지 못했습니다. 폐하께서는 굴뚝을 구부리고 땔감을 옮기라고 한 계책을 귀중하게 생각하시어 공을 살펴주소서."[26] (출전=『설원說苑』「권모權謀」, 『한서漢書』「곽광전(霍光傳)」.)

◆ 曲 : 굽다. 突 : 굴뚝, 갑자기. 徙 : 옮기다. 薪 : 섶나무, 땔나무.

---

26 『한서(漢書)』, 「곽광전(霍光傳)」: 鄕使福說得行, 則國亡裂土出爵之費, 臣亡逆亂誅滅之敗. 往事旣已, 而福獨不蒙其功, 唯陛下察之, 貴徒薪曲突之策, 使居焦髮灼爛之右.

곡학아세(曲學阿世)

정학(正學)을 벗어나
세상에 아첨하다

그릇된 학문으로 세속에 아부하다

전한(前漢)의 제4대 황제인 경제(景帝) 때, 산동 출신의 원고생(轅固生)이라는 학자가 있었습니다. 그는 『시경(詩經)』에 해박하여 박사로 임명된 적이 있지요. 그는 연세가 아흔이 넘은 노학자였으나 직언엔 사양하는 법이 없을 만큼 대쪽 같은 선비로 유명했습니다. 그런 그가 제5대 황제인 무제(武帝) 때에도 등용되었습니다. 이에 사이비 학자들은 자신들의 입지가 좁아질 것을 우려하여 어떻게든 내쫓기 위해 그를 모함하고 다녔지요. "저 노인은 아무런 쓸모가 없습니다. 낙향하여 손자들이나 돌보며 사는 것이 좋을 것입니다." 그럼에도 무제는 눈 하나 깜짝 안하고 원고생을 신임했습니다.

마침 원고생과 같은 산동 출신의 공손홍(公孫弘)이라는 소장 학자도 발탁이 되었는데, 그 또한 원고생에 대해 아무 짝에도 쓸모없는 늙은 영감탱이 취급을 했습니다. 이에 원고생은 전혀 개의치 않고 공손홍에게 일렀지요. "지금 학문의 도가 어지러워서 속설이 유행하고 있네. 이대로 방치해 두면 유서 깊은 학문의 전통이 마침내는 사설(邪說) 때문에 참 모습을 잃게 될 것이네. 자네는 다행히도 젊고 학문을 좋아하는 선비라고 들었네. 부디 올바른 학문[正學]에 힘써 세상에 널리 전파해주게. 결코 자신이 믿는 학설을 벗어나[曲學] 세상의 속물들에게 아첨하는 일[阿世]을 하지 말게나."

이 말을 들은 공손홍은 결코 절조(節操)를 굽히지 않는 그의 인품과 풍부한 학식에 감화되어 크게 뉘우치고 그간의 무례를 사과했습니다. 이후 제자가 되었음은 물론입니다. 요즘 세상에도 곡학아세에 대한 논의는 여전합니다. 가령 4대강 사업과 관련한 평가, 자원외교의 진위, 독도를 바라보는 관점, 노동법 개악, 역사교과서 국정화, 위안부 사과와 배상, 탈핵을 위한 원자력발전소 폐기 및 건설 중단, 북한의 대륙간 탄도미사일, 최저임금과 관련한 논쟁 등 사회의 제 갈등 원인에 대해 학자들 간 비판은 끝도 없습니다. 사회가 건강하다는 징표입니다. 크게 우려할 필요는 없겠습니다.(출전=『사기史記』「유림전儒林傳」.)

◆ 曲 : 굽다. 學 : 배우다. 阿 : 아첨하다. 世 : 세상.

과목불망(過目不忘)

눈으로 스쳐 본 것은 잊지 않는다　　　　한번 본 것은 잊어버리지 않는다

한중(漢中)의 장로(張魯)가 익주(益州)의 유장(劉璋)을 치려고 하자 장송(張松)이 조조(曹操)에게 구원을 청하러 갔습니다. 장송은 생김새가 독특했습니다. 이마는 툭 튀어나오고 머리는 뾰족하게 솟았으며 코는 납작하고 이는 뒤틀리고 키는 5척이 채 못 되었죠. 그러나 목소리는 큰 종소리만큼 우렁찼습니다. 장송은 허도에 가서 조조 휘하의 장수 양수(楊修)를 만나 유창한 언변으로 자신의 재능과 학식을 펼쳤습니다.

이때 양수는 조조의 학식을 자랑하기 위해 좌우를 불러 상자에서 책한 권을 꺼내게 해 장송에게 보여 주었죠. 장송이 그 책의 제목을 보니 『맹덕신서(孟德新書)』였습니다. 처음부터 끝까지 훑어보니 총 13편인데, 모두 병법에 관한 것이었습니다. 장송이 책을 모두 본 후에 물었습니다. "공은 이것이 무슨 책이라고 생각하시오?" 양수가 답하기를, "이것은 승상[조조]께서 옛날의 일을 취하여 오늘의 일에 비추었지요."

"그리하여 『손자(孫子)』 13편을 본떠 쓴 것이오. 공은 승상께서 재능이 없다고 업신여겼는데, 그렇다면 어찌 이 책을 후세에 전할 수 있겠소?" 그

러자 장송이 크게 웃으며 말했습니다. "이 책은 우리 촉(蜀)나라의 삼척동자도 줄줄 외우고 있는데, 어찌 신서(新書)라고 할 수 있겠습니까? 게다가 이 책은 본래 전국시대의 이름 없는 선비의 저서인데, 조 승상이 도둑질하여 자기 것으로 삼아 그대를 속인 것에 불과하오."

이에 양수가 말했습니다. "승상이 비장(秘藏)하고 있는 글을 이미 책으로 완성하였으나 아직 세상에 전해지지는 않았소이다. 촉나라의 어린아이도 물 흐르듯이 줄줄 외운다고 공이 말했는데 어찌 속이려고 하는 것입니까?" 이에 장송이 답하기를, "공이 믿을 수 없다면 내가 한번 외워 보리다." 그리고는 『맹덕신서』를 처음부터 끝까지 낭송할 뿐만 아니라 한 글자도 틀리지 않았습니다. 양수가 크게 놀라며 말했습니다.

"공은 눈으로 한번 본 것은 잊어버리지 않으니 정말로 천하의 기재이구려."[27] 장송의 달변과 박학다식에 놀란 양수는 다음 날 조조에게 장송을 천거하면서 말했습니다. "장송은 입만 열면 열변이 쏟아져 마치 강물처럼 흐르는 언변가일 뿐만 아니라, 승상께서 지으신 『맹덕신서』를 보여주었더니, 한번 훑어보고는 그 자리에서 모조리 외웠습니다. 이처럼 널리 배우고 기억력이 뛰어난 사람은 세상에 드물 것입니다."

"또한 그의 말에 의하면 이 책이 전국시대 때 지어진 것으로, 촉 땅의

---

27 『삼국연의(三國演義)』 : 呼左右於篋中取書一卷, 以示張松. 松觀其題曰, 孟德新書. 從頭至尾, 看了一遍, 共一十三篇, 皆用兵之要法. 松看畢, 問曰, 公以此爲何書耶. 修曰, 此是丞相酌古准今, 仿孫子十三篇而作. 公欺丞相無才, 此堪以傳後世否. 松大笑曰, 此書吾蜀中三尺小童, 亦能暗誦, 何爲新書. 此是戰國時無名氏所作, 曹丞相盜竊以爲己能, 止好瞞足下耳. 修曰, 丞相秘藏之書, 雖已成帙, 未傳於世. 公言蜀中小兒暗誦如流, 何相欺乎. 松曰, 公如不信, 吾試誦之. 遂將孟德新書, 從頭至尾, 朗誦一遍, 并無一字差錯. 修大驚曰, 公過目不忘, 眞天下之奇才也.

삼척동자도 외우고 있다고 합니다." 그러자 조조는 장송이 자신의 약점을 열거한 점을 들어, 몽둥이로 때려 내쫓아 버렸습니다. 장송은 그길로 유비 (劉備)를 찾아갔고, 유비는 장송을 극진히 환대했지요. 장송은 유비에게 익주를 차지해 천하의 패권을 잡을 수 있는 발판을 다지라고 권했고, 유비는 결국 익주를 차지하여 발판을 굳히게 됩니다.(출전=『삼국연의三國演義』 제60회.)

◆ 過 : 지나다. 目 : 눈. 不 : 아니다. 忘 : 잊다.

과유불급(過猶不及)

지나침은 미치지 못함과 같다

세상에서는 과유불급(過猶不及)이란 말을 많이 씁니다. 자공(子貢)이 공자(孔子)에게 물었습니다. "사(師)와 상(商) 가운데 누가 낫습니까?" 공자가, "사는 지나치고 상은 미치지 못한다." 자공이 다시 물었습니다. "그러면 사가 낫단 말씀입니까?" 공자가, "지나침은 미치지 못함과 같다."[28] 공자가 여기서 사, 즉 자장(子張)의 학문은 지나치고, 상, 즉 자하(子夏)의 학문은 미치지 못한다고 한 것은 그들을 다듬어 성취시키고자 한 것입니다. 말하자면 중용의 시중지도(時中之道), 즉 '때에 적중하는 차원에서 논의'한 것이지, 학문의 정도(程度)를 가지고 논한 것은 아닙니다. (출전=『논어論語』「선진先進」.)

◆ 過:지나다. 猶:마치 ~와 같다, 오히려. 不:아니다. 及:미치다.

---

28 『논어(論語)』, 「선진(先進)」: 子貢問, 師與商也孰賢. 子曰, 師也過, 商也不及. 曰, 然則師愈與. 子曰, 過猶不及.

관포지교(管鮑之交)

관중과 포숙아의 사귐   진실하고 변함없는 우정

    사귐이나 우정에 대해 논할 때, 대표적인 경우가 관포지교를 빼놓을 수 없습니다. 이들 만큼 드라마틱한 사귐도 찾아보기 어렵기 때문일 것입니다. 내용이 장문이긴 하지만 구체적으로 살펴보겠습니다. 제(齊)나라는 본래 주(周)나라 창건의 일등 공신인 태공망(太公望) 여상(呂尙 : 일명 강태공)이 봉해진 나라로, 그의 자손들이 대(代)를 이었습니다.

    희공(僖公)은 태공망 여상으로부터 13대째인데, 그에게는 제아(諸兒)와 규(糾), 소백(小白) 이렇게 세 아들이 있었습니다. 태자인 큰아들 제아가 왕위 계승자였지요. 그런데 제아는 친누이 동생인 문강(文姜)과 근친상간 관계에 있었고, 이 사실을 셋째인 소백이 알게 되었습니다. 소백은 첫째인 제아를 제거하고 왕위를 차지해야겠다고 결심합니다.

    이즈음 둘째인 규의 스승이 은퇴하자, 포숙은 규에게 관중을 추천했고, 관중은 규를 섬기게 되었습니다. 이로써 관중과 포숙은 각각 규와 소백을 섬기게 되었지요. B.C. 697년, 희공이 죽고 첫째인 제아가 선왕의 뒤를 이었습니다. 이가 양공(襄公)입니다. 그가 즉위 4년에 노나라로 시집갔던

문강이 노 환공[29]과 제나라로 근친(覲親)[30]을 왔습니다.

15년 만에 만난 두 사람은 다시 사련(邪戀)에 빠졌습니다. 그런데 문강의 남편이 눈치 챔으로서 그들의 불륜은 만천하에 드러나고 말았습니다. 문강의 남편은 화가 머리끝까지 치솟아 문강을 죽이려고 했지요. 문강은 오빠에게 달려가 살려 달라고 애원했습니다. 양공은 완력(腕力)이 뛰어난 아들 팽생(彭生)에게 문강의 남편을 죽이도록 했습니다.

팽생은 문강의 남편을 끌어안는 척하면서 늑골을 부러뜨려 죽이고, 노나라 사람들에게는 급질로 죽었다고 통보했습니다. 하지만 노나라에서는 주군의 사인이 늑골 골절에 있음을 확인했고, 범인인 팽생의 처벌을 요구해 왔습니다. 양공은 팽생에게 죄를 뒤집어씌워 죽여 버렸지요. 양공은 누이동생 문강을 제나라에 머물게 하고 불륜을 지속했습니다.

사생활이 문란해지니 통치가 제대로 된다는 건 어불성설이겠지요. 법령이 제대로 시행되지 않음은 물론 간사한 무리들이 판을 치기 시작했습니다. 양공 또한 포악해졌습니다. 정국이 걷잡을 수 없게 되자 규와 소백도 안전을 담보할 수 없게 되었습니다. 그래서 규는 관중과 노(魯)나라로 피했고, 소백은 포숙과 더불어 거(莒)나라로 망명했습니다.

양공을 원망하는 관료들이 늘어만 갔습니다. 그중에서도 양공을 가장 원망한 사람은 양공의 사촌 동생인 무지(無知)였습니다. 희공이 살아 있을 때 희공은 동생 이중년(夷中年)을 아주 아꼈는데, 이중년이 일찍 죽자 그의

---

29 문강의 남편인 노나라 환공(桓公)은 즉위 3년째인 B.C. 709년에 제나라 희공의 딸 문강과 혼인했다. 시해를 당하던 해(재위 : B.C. 711~B.C. 694) 봄, 노 환공은 대부 신수의 간언을 듣지 않고, 문강과 제나라를 방문했다가 변을 당했다.

30 시집간 딸이 친정에 와서 부모 뵙는 것을 뜻한다.

아들 무지를 태자와 똑같이 대우하라는 명령을 내렸었지요. 물론 규와 소백은 선친의 이런 처사를 매우 못마땅하게 여겼습니다.

여하튼 제아가 즉위하면서 가장 먼저 한 일이 사촌 동생 무지에 대한 예우를 폐지한 것입니다. 무지는 이 때문에 양공에 대해 깊은 원한을 가지게 되었지요. 무지는 비밀리에 불만을 품은 사람들을 모았습니다. 마침 양공의 인사에 불만을 품고 반란을 계획하던 국경 수비대장들이 양공의 통치가 날로 포악해지자 급기야는 반란을 일으켰습니다.

그들은 무지를 앞세워 궁중에 침입하여 다락방 속에 숨어있던 양공을 찾아내어 죽였습니다. 생각지도 않게 무지가 제나라의 왕이 되었습니다. 하지만 그는 나라를 경영할 능력이 없는 사람이었습니다. 그 역시 양공처럼 포악무도한 통치를 일삼다 많은 사람들에게 원한을 샀고 왕이 된 지 수개월 만에 살해되고 말았습니다. B.C. 685년의 일입니다.

제나라는 권력의 공백 상태가 됐습니다. 이로부터 제나라 주인의 자리를 놓고 규와 소백 사이에 피비린내 나는 골육상쟁이 시작되었습니다. 노나라에 있던 규는 관중을 군사(軍師)로 삼아 귀국을 서둘렀고, 거나라에 있던 소백 또한 포숙을 군사로 삼아 귀국을 서둘렀습니다. 소백이 망명해 있던 거나라는 제나라 국경에서 가까운 곳이었습니다.

때문에 규보다 소백이 먼저 제나라에 도착할 것을 계산한 관중은 별동대를 이끌고 소백이 귀국하는 길목에 매복을 했습니다. 소백이 눈에 들어오자 관중은 활시위를 당겼고, 화살은 소백의 배에 명중했습니다. 소백은 외마디 비명을 지르며 말에서 떨어지고 말았습니다. 관중은 이를 노나라에 있는 규에게 보고했고, 규는 느긋하게 귀국했습니다.

그런데 관중의 화살은 소백의 배에 정확히 맞아 죽은 줄로만 알았지만,

그는 다행히도 허리띠의 쇠고리에 맞는 바람에 죽지 않았습니다. 그는 순간의 기지를 발휘하여 말에서 떨어져 죽은 척함으로써 목숨을 건진 것이지요. 관중이 물러난 것을 확인하고 곧바로 제나라로 들어가 왕이 된 것입니다. 그가 바로 그 유명한 제나라의 환공(桓公)입니다.

왕위에 오르자마자 가장 먼저 행한 것이 군사를 풀어 규와 관중 일당을 소탕(掃蕩)하는 것이었습니다. 그러자 규가 망명해 있던 노나라도 이때다 싶어 군사를 일으켜 제나라를 공격했습니다만, 결과는 제나라의 승리로 끝났습니다. 노나라는 제나라에 화친(和親)을 청하자, 제나라는 사신을 파견하여 조건으로 규를 잡아 죽일 것을 요구했습니다.

노나라는 할 수 없이 규를 죽이고, 관중까지 죽이려고 했습니다. 그러자 제나라의 사신이 관중은 자기 나라 임금을 사살하려고 한 사람이므로 자기 임금께서 직접 처단할 것이라고 하면서 관중을 죽이지 못하게 하였습니다. 관중은 죄수를 압송하는 함거에 실려 압송되었는데, 이것이 자기를 살려 주기 위한 포숙의 계책일 것이라고 생각했지요.

관중이 제나라에 도착하자 포숙이 직접 맞이했습니다. 관중의 예상이 들어맞은 것입니다. 뿐만이 아니었죠. 포숙은 환공에게 중원의 패자(覇者)가 되고자 한다면 자기만으로는 부족하다며 관중을 강력 추천했습니다. 환공은 포숙의 추천을 받아들여 관중을 등용하여 재상으로 삼았습니다. 포숙은 기꺼이 관중의 아랫자리로 들어갔음은 물론입니다.

환공은 관중을 등용한 이후 패자의 지위를 확보하였고, 제후들과 9회에 걸쳐 회맹함으로서 천하를 바꿀 수 있었습니다. 또한 그가 제나라의 재상이 되어 국정을 주도하자 변변치 못했던 제나라는 강국이 되었지요. 바다를 낀 지리적 이점을 살려 해산물을 팔아 나라를 부하게 하고 군비를 튼튼히 하였음은 물론, 항상 민중과 고락을 함께 하였습니다.

그리하여 영(令)을 내리면 물이 낮은 곳으로 흐르듯이 민심이 잘 순응했습니다. 논의한 정책은 민중들이 쉽게 행할 수 있었고, 민중들이 바라는 것을 나라에서는 잘 들어주었으며, 싫어하는 것은 제거하여 민중들의 불편을 덜어 주었습니다.[31] 이와 같은 관중의 인물됨을 알아본 이는 두말할 것도 없이 포숙입니다. 관중은 다음과 같이 회상합니다.

> 내가 일찍이 곤궁할 적에 포숙과 함께 장사를 하였는데, 이익을 나눌 때마다 내가 몫을 더 많이 가지곤 하였으나 포숙은 나를 욕심 많은 사람이라고 말하지 않았다. 내가 가난한 것을 알았기 때문이다. 일찍이 나는 포숙을 위해 일을 꾀하다가 실패하여 더 곤궁한 지경에 이르렀는데 포숙은 나를 우매하다고 하지 않았다. 시운에 따라 이롭고 이롭지 않은 것이 있는 줄을 알았기 때문이다. 일찍이 나는 여러 차례 벼슬길에 나갔다가 매번 임금에게 쫓겨났지만 포숙은 나를 무능하다고 하지 않았다. 내가 시운을 만나지 못한 줄을 알았기 때문이다. 일찍이 나는 여러 차례 싸웠다가 모두 패해서 달아났지만 포숙은 나를 겁쟁이라고 하지 않았다. 나에게 늙은 어머니가 있다는 것을 알았기 때문이다. 공자 규가 패하였을 때 동료이던 소홀은 죽고 나는 잡혀 욕된 몸이 되었지만, 포숙은 나를 부끄러움을 모르는 자라고 하지 않았다. 내가 작은 일에 부끄러워하지 않고 공명(功名)을 천하에 드러내지 못하는 것을 부끄러워하는 줄을 알았

---

31 『좌전(左傳)』, 「장공(莊公) 8년~9년」.

기 때문이다. 나를 낳은 이는 부모지만, 나를 알아준 이는 포숙이다.[32]

포숙은 관중이 정적이었음에도 그를 천거한 이후, 자신은 늘 관중의 아랫자리에 들어가 일을 하였습니다. 포숙의 자손은 대대로 제나라의 녹을 받고 봉읍을 가지기를 십여 대나 하였는데, 항상 이름 있는 대부로 세상에 알려졌습니다. 때문에 세상 사람들은 관중의 현명함을 칭찬하기보다 오히려 포숙의 사람 알아보는 능력을 더 칭찬하였습니다. (출전=『사기史記』「관안열전管晏列傳」.)

◆ 管 : 대롱, 피리. 鮑 : 절인어물. 之 : 어조사, ~의. 交 : 사귀다.

---

32 『사기(史記)』, 「관안열전(管晏列傳)」 : 管仲曰, 吾始困時, 嘗與鮑叔賈, 分財利多自與, 鮑叔不以我爲貪, 知我貧也. 吾嘗爲鮑叔謀事而更窮困, 鮑叔不以我爲愚, 知時有利不利也. 吾嘗三仕三見逐於君, 鮑叔不以我爲不肖, 知我不遭時也. 吾嘗三戰三走, 鮑叔不以我爲怯, 知我有老母也, 公子糾敗, 召忽死之, 吾幽囚受辱, 鮑叔不以我爲無恥, 知我不羞小節而恥功名不顯於天下也. 生我者父母, 知我者鮑子也.

괄목상대(刮目相對)

눈을 비비고 상대를 대하다   상대의 학식이 급성장한 것을
                                    보고 인식을 새롭게 하다

삼국시대 초기, 오(吳)나라 손권(孫權)의 부하 가운데 여몽(呂蒙)[33]이라는
장수가 있었습니다. 무식했지만 싸움엔 일가견이 있었습니다. 전공(戰功)
을 계속 세움으로서 승진 또한 거듭하다 장군지위에 올랐지요. 어느 날,
손권이 그에게 공부할 것을 충고했습니다.

권고도 아닌 충고를 받자 천하의 여몽이라도 상처를 받지 않을 수 없
었지요. 여몽은 일상의 모든 부분에서 학문을 병행했습니다. 식사를 할 때
나 화장실에 갈 때, 심지어는 전쟁터에서도 책이 손에서 떨어지지 않았습
니다.[34] 남들과 철저히 차별화 된 삶을 살았지요.

얼마 이후, 손권의 부하들 가운데 가장 학식이 뛰어난 노숙(魯肅)이 여

---

33 오(吳)나라의 장군 여몽(呂蒙)은 집안이 가난하여 어려서부터 오로지 무술 공부에만 힘을
    쏟았을 뿐, 글공부는 한 적이 없었다. 어느 날, 손권(孫權)으로부터 충고를 받자, 학문을 시
    작하여 학자를 능가하는 수준까지 올랐다. 이후, 여몽은 지혜로운 장수로 촉(蜀)의 관우(關
    羽)를 죽이고 형주를 되찾아 온 인물로도 유명하다.

34 본 책 190~191쪽 「수불석권(手不釋卷)」에서 좀 더 자세히 다루었다.

몽을 찾았습니다. 노숙은 여몽과 오래전부터 친구였기 때문에 여몽의 지적수준을 이미 알고 있었지요. 하지만 과거의 친구, 그 여몽이 아니었습니다. 눈을 비비고 상대를 다시 보게 되었죠.

여몽의 박식함에 놀란 노숙이 여몽에게 말했습니다. "언제 그렇게 공부를 했는가? 이제 학식이 대단하니 이미 오나라의 시골에 있던 여몽이 아니로군." 이에, "선비는 헤어진 지 사흘이 지나면 눈을 비비고 다시 대해야 할 정도로 달라져 있어야 하는 법이라네."(출전=『삼국지三國志』「오지 여몽 전주吳志 呂蒙傳注」.)

◆ 刮 : 비비다. 目 : 눈. 相 : 서로. 對 : 대하다, 마주하다.

교병필패(驕兵必敗)

교만한 군대는 반드시 패한다
강병(强兵)을 자랑하는 군대나 싸움에
이기고 뽐내는 군대는 반드시 패한다

한(漢)나라 선제(宣帝) 때입니다. 한나라에 비하면 미약하기 짝이 없는 흉노(匈奴)가 한나라 서역(西域)의 거사(車師) 땅을 침입했습니다. 선제는 군대를 동원하여 단박에 제압할 수 있는 힘을 가지고 있었으나, 그렇게 하지 않았습니다. 사실 흉노가 침입했다는 보고를 받은 선제는 장군 조충국(趙充國) 등과 논의 끝에 흉노가 약해진 틈을 타 출병하기로 결심했습니다. 하지만 승상 위상(魏相)이 선제에게 올린 글 덕분에 전쟁을 하지 않은 것입니다.

"신은 다음과 같이 들었습니다. 어지러운 것을 구하고 포악한 자를 주벌하는 것을 이르러 의병(義兵)이라 하는데, 군사가 의로우면 제왕이 될 수 있습니다. 적이 도전해 와 부득이 싸우는 것을 응병(應兵)이라 하는데, 군사가 대응하여 일어나면 승리를 얻게 됩니다. 사소한 까닭으로 분노를 참지 못하고 싸우는 것을 분병(忿兵)이라 하는데, 군사가 분노의 전쟁을 하면 패합니다. 남의 토지나 재산을 탐내어 싸우는 것을 탐병(貪兵)이라 합니다."

"군사가 탐내는 전쟁은 격파 당합니다. 나라의 큰 힘을 믿고 민중이 많은 것을 자랑하여 적에게 위세를 보이기 위한 싸움을 교병(驕兵)이라 하는데, 군사가 교만한 전쟁을 하면 멸망합니다. 이 다섯 가지는 인사(人事)뿐만 아니라 곧 하늘의 법도입니다."[35] 이와 같이 위상의 간언에 따라 싸우지 않은 것입니다. 이는 작은 나라가 큰 나라를 섬기는 사대주의(事大主義)보다 큰 나라가 작은 나라를 섬기는 사소주의(事小主義)[36]와 같은 논리입니다.(출전=『한서漢書』「위상전魏相傳」.)

◆ 驕 : 교만하다. 兵 : 군사. 必 : 반드시. 敗 : 패하다.

---

35 『한서(漢書)』,「위상전(魏相傳)」 : 臣聞之, 救亂誅暴, 謂之義兵, 兵義者王. 敵加於己, 不得已而起者, 謂之應兵, 兵應者勝. 爭恨小故, 不忍憤怒者, 謂之忿兵, 兵忿者敗. 利人土地貨寶者, 謂之貪兵, 兵貪者破. 恃國家之大, 矜民人之衆, 欲見威於敵者, 謂之驕兵, 兵驕者滅. 此五者, 非但人事, 乃天道也.

36 이른바 사소주의(事小主義)는 『맹자(孟子)』,「양혜왕하(梁惠王下)」에서 볼 수 있다. 맹자가 이르기를, "오직 인한 자라야 큰 나라로 작은 나라를 섬길 수 있습니다. 그러므로 탕(湯)임금이 갈(葛)나라를 섬기시고 문왕(文王)이 곤이(昆夷)를 섬기셨습니다. 오직 지혜로운 자라야 작은 나라로 큰 나라를 섬길 수 있으니, 그러므로 태왕(大王)이 훈육(獯鬻)을 섬기시고 구천(句踐)이 오(吳)나라를 섬겼습니다. 큰 나라로 작은 나라를 섬기는 자는 천리(天理)를 즐거워하는 자요, 작은 나라로 큰 나라를 섬기는 자는 천리(天理)를 두려워하는 자입니다. '천리'를 즐거워하는 자는 천하를 보전하고 '천리'를 두려워하는 자는 나라를 보전합니다."(惟仁者, 爲能以大事小. 是故, 湯事葛, 文王事昆夷. 惟智者, 爲能以小事大. 故, 大王事獯鬻, 句踐事吳. 以大事小者, 樂天者也. 以小事大者, 畏天者也. 樂天者, 保天下, 畏天者, 保其國.)

교주고슬(膠柱鼓瑟)

기둥을 아교로 붙여 놓고   고지식하여 조금의 융통성도 없음
거문고를 타다

조나라의 이름난 장수인 조사(趙奢)에게는 괄(括)이라는 아들이 하나 있었습니다. 그는 어려서부터 병서(兵書)에 밝아 종종 선친인 조사와 용병술(用兵術)에 관해 토론을 하면, 아버지가 오히려 수세에 몰리는 일이 많았습니다. 이런 광경을 목격한 조괄의 어머니는 장군의 집에서 또 다른 장군이 나왔다고 기뻐하였습니다. 이에 조사는, "전쟁은 생사가 달린 것으로 이론만 가지고는 승부를 논할 수 없소. 특히 이론만으로 전쟁을 할 수 있다고 생각하고 접근하는 것이야 말로 장수가 가장 삼가야 할 일이오. 앞으로 괄이 장군이 된다면, 조나라는 큰 변을 당하게 될 것이오. 나는 그것이 오히려 걱정이오."

얼마 후, 진나라가 조나라를 침략해 왔습니다. 명장 염파가 나가 싸웠습니다만 전세(戰勢)는 조나라에게 불리하게 전개됐습니다. 이에 염파는 힘의 열세를 인정하고 공격보다는 방어 전략으로 맞섰지요. 그러자 진나라는 간첩을 염파 진영으로 들여보내 헛소문을 퍼뜨리기에 열중합니다. "진나라 사람들은 조사의 아들 조괄이 조나라 대장(大將)이 되면 어쩌나

하고 두려워하고 있다. 염파는 이제 늙고 병들어 싸움을 피하고 있다. 때문에 우리는 조금도 두렵지가 않다." 헛소문에 놀아난 이는 다름 아닌 조나라의 왕입니다. 왕은 염파 대신 조괄을 대장으로 임명하려 하자, 인상여가 반대하고 나섰습니다.

"왕께서는 이름만 듣고 조괄을 쓰고자 하는 것은 마치 기둥을 아교로 붙여 놓고 거문고를 타는 것과 같습니다. 괄은 그의 아버지가 전해준 책을 읽었을 뿐, 때에 맞춰 변통할 줄을 모릅니다." 하지만 왕은 인상여의 간절한 반대에도 불구하고 조괄을 대장에 임명하고 말았습니다. 아니나 다를까. 괄이 임명된 날부터 병서에 나오는 가르침대로 군령들을 모조리 고쳐버렸습니다. 물론 참모들의 작전과 의견들은 대부분 묵살하고 자기주장만을 진리로 인식, 밀어붙였음은 말할 것도 없습니다. 경직된 조직이 건강할 리 없겠지요. 결국 조괄은 대참패를 당함으로서 조나라는 큰 위험에 빠지고 말았습니다.(출전=『사기史記』「염파 · 인상여열전廉頗 · 藺相如列傳」.)

◆ 膠 : 아교. 柱 : 기둥. 鼓 : 타다, 두드리다. 瑟 : 거문고.

교칠지심(膠漆之心)

친구 사이의 두터운 우정
아교와 옻칠 같은 마음

아교로 붙이고 그 위에 옻칠을 하면
떨어지거나 벗겨지지 않는다

당(唐)나라 때 백거이(白居易)[37]와 원진(元積)[38]은 과거 공부를 할 때부터
절친한 친구였습니다. 두 사람은 과거에도 함께 급제하고, 관료의 길도 함
께 걸었습니다. 뿐만 아니라 시(詩)의 혁신에도 뜻을 같이 했습니다. 원진
은 백거이가 주창한 신악부(新樂府) 운동[39]의 주체가 되어 민중들의 고뇌와
영혼이 담긴 시를 창작하는 데도 힘을 기울였죠.

백거이는 주로 유가(儒家) 이상주의의 입장에서 정치와 사회의 문제
점을 비판하는 작품을 많이 썼는데, 이것이 화근이 되어 원화(元和) 12년
(817) 강주사마(江州司馬)로 좌천되었습니다. 원진 또한 이 무렵 통주사마
(通州司馬)로 좌천되었죠. 백거이는 원진을 그리워하며 편지를 보냈는데,

---

37 백거이(白居易 : 772~846)의 자(字)는 낙천(樂天)이고, 호는 취음선생(醉吟先生), 향산
   거사(香山居士) 등으로 불렸다.
38 중국 당대(唐代) 중기의 문학가로 자(字)는 미지(微之)이다. 고문(古文)의 회복에 영향을
   끼쳤다.
39 당대(唐代)의 시문(詩文)혁신 운동을 말한다.

그것이 두 사람의 우정을 보여 주는 증거가 되었습니다.[40]

"4월 10일 밤, 낙천은 아뢴다. 미지여, 미지여! 그대 얼굴을 보지 못한 지도 벌써 3년이 지났고, 그대의 편지를 받아 보지 못한 지도 2년이 다 되어 가네. 인생이 얼마나 길다고 이렇게 헤어져 멀리 있어야만 하는가? 하물며 아교와 옻칠 같은 마음을 가지고 북방의 호(胡) 땅과 남방의 월(越) 땅에 몸을 두고 있는 것처럼 멀리 떨어져 있음이야!"

"나아가도 서로 만나지 못하고, 물러서도 서로 잊을 수가 없구려. 서로 끌수록 멀어져만 가고 머리만 하얗게 세어 가네! 미지여, 미지여! 어떻게 해야 하는가? 진실로 하늘이 하는 일이라면 우리도 어찌할 수 없다고 해야 하는가?"[41] 이처럼 아교와 옻칠처럼 떨어질 수 없는 마음을 '교칠지심'이라 하고, 그런 우정을 교칠지교(膠漆之交)[42]라 합니다.(출전=원미지元微之, 『백씨문집白氏文集』.)

◆ 膠 : 아교. 漆 : 칠. 之 : 어조사, ~의. 心 : 마음.

───────────────

40 이른바 '여미지서(與微之書)'로 불린다.

41 원미지(元微之), 『백씨문집(白氏文集)』 : 四月十日夜, 樂天白, 微之微之. 不見足下面, 已三年矣. 不得足下書, 欲二年矣. 人生幾何, 離闊如此. 況以膠漆之心, 置於胡越之身, 進不得相合, 退不得相忘. 牽攣乖隔, 却欲白首. 微之微之, 如何如何. 天實爲之, 謂之奈何.

42 아교와 옻칠과 같은 견고한 우정에 대한 전고(典故)는 『후한서(後漢書)』, 「뇌의전(雷義傳)」에서 찾아볼 수 있다. 뇌의(雷義)와 진중(陳重)은 친형제보다 더 친밀한 친구 사이였다. 한번은 두 사람이 함께 과거를 보았는데 뇌의는 급제하고 진중은 낙방했다. 뇌의는 친구를 놓아두고 자기만 출세할 수 없다는 생각에 관직을 포기했다. 그 후 두 사람은 다시 과거에 응시해 둘 다 합격해 관직에 들어설 수 있었다. 이 두 사람의 관계에 대해 고을 사람들은, "아교와 옻칠은 스스로 견고하다고 말하지만, 뇌의와 진중 사이만은 못하다."(膠漆自謂堅, 不如雷與陳.)고 하였다.

구밀복검(口蜜腹劍)

입에는 꿀을 바르고
뱃속에는 칼을 품고 있다

겉으로는 꿀맛같이 친한 척하지만
내심은 음해하거나 헐뜯다

장량과 제갈량, 강태공 등이 좋은 방면의 책사(策士)였다면, 당나라 현종(玄宗)때 재상인 이임보(李林甫)는 나쁜 방면의 책사로 기록할 수 있습니다. 양귀비(楊貴妃)와의 사랑으로 널리 알려진 당(唐)나라 현종(玄宗)은 중국의 유일한 여황제 측천무후(則天武后)의 반세기 가까운 통치에 이은 위황후(韋皇后)의 전횡을 쿠데타로 뒤집어엎고 이(李) 씨의 권좌로 되돌려 놓은 인물입니다. 그는 황제의 자리에 오른 후, 안으로는 민생 안정을 꾀하고 밖으로는 국경 지대 방비를 튼튼히 하여 개원(開元) · 천보(天寶) 시대 수십 년의 태평천하를 이끌었습니다.

그러나 노년에 접어들자 35세나 연하인 며느리 양귀비를 궁내로 끌어들인 뒤 정사를 사실상 포기하고 이임보(李林甫)에게 국정을 일임했습니다. 이임보는 황제의 일가친척으로 글과 그림에 뛰어난 재주가 있었습니다만 사람됨이 음험했습니다. 조정의 권세를 한 손에 쥐고 자기와 의견을 달리하는 자는 배척하거나 죽였습니다. 그가 죽인 충신만 수백 명에 이를 정도였지요. 이 때문에 모두들 이임보를 두려워하여 그의 의견에 감히 토를 달지 못했으며, 심지어는 황태자도 두려워했습니다. 역사는 이임보에 대해 다음과 같이 평가하고 있습니다.

"이임보는 현명한 사람을 미워하고 능력 있는 사람을 질투하여 자기보다 나은 사람을 배척하고 억누르는, 성격이 음험한 사람이다. 사람들은 그를 '입에는 꿀이 있고 배에는 칼이 있다'고 말한다. 그가 야밤에 서재인 언월당(偃月堂)에서 깊은 생각을 하면 다음 날은 반드시 누군가 주살되었다. 자주 옥사를 일으켜 황태자를 비롯해 모든 사람들이 두려워했다. 재상 지위에 있는 19년 동안에 천하의 혼란을 만들어 내었으나 현종은 깨닫지 못했다. 안녹산(安祿山)은 이임보의 술수를 두려워하여 그가 죽을 때까지는 감히 반란을 일으키지 못했다."[43]

이와 같이 이임보를 평한 말에서 '구밀복검'이 유래했습니다. 이임보가 죽자 양귀비의 일족인 양국충(楊國忠)이 재상이 되었습니다. 양국충은 이임보의 죄목을 낱낱이 보고하자, 대로한 현종은 이임보가 생전에 누렸던 관직을 모두 박탈하고 부관참시의 형을 내렸습니다. 이임보가 죽고 3년 후, 감히 역모를 생각지도 못했던 안녹산이 반란[44]을 일으켰습니다. '구밀복검'은 '솜 속에 바늘을 숨기고 있다'는 뜻의 면리장침(綿裏藏針), 이의

---

43 『자치통감(資治通鑑)·당기(唐紀)』,「현종천보원년(玄宗天寶元年)」: 李林甫, 妬賢嫉能, 排抑勝己, 性陰險, 人以爲口有蜜腹有劍. 每夜獨坐偃月堂, 有所深思, 明日必有誅殺, 屢起大獄, 自太子以下皆畏之. 在相位十九年, 養成天下之亂, 而上不悟. 然祿山畏林甫術數, 故終其世未敢反.

44 755년~763년 당나라의 절도사인 안녹산과 사사명 등이 일으킨 대규모 반란을 말한다. 당나라 말기 현종은 양귀비에 빠져 외척과 환관들에게 정치를 맡겼고, 외척과 환관들은 부패의 늪에 빠져 나라가 제 기능을 발휘하지 못했다. 혼란이 극에 달하자 안녹산은 755년에 대규모 반란을 일으키고 황제의 자리에 올라 국호를 연(燕)이라 칭했다. 이 난으로 인해 당은 쇠퇴하였고, 이후 대규모 농민반란으로 이어졌다.

부(李義府)의 고사인 '웃음 속에 칼을 숨기고 있다'는 뜻의 소리장도(笑裏藏刀)와 유사한 뜻을 지니고 있습니다. (출전=『자치통감資治通鑑 · 당기唐紀』「현종천보원년玄宗天寶元年」.)

◆ 口 : 입. 蜜 : 꿀. 腹 : 배. 劍 : 칼.

구여현하(口如懸河)

입[말]이 흐르는 물과 같다

진(晉)나라에 곽상(郭象)이란 사람이 있었습니다. 그는 재능이 비범하여 어떤 사물을 하나 보면 유심히 관찰하여 그 이치를 밝히고자 하였습니다. 그러면서 노장사상(老莊思想)을 즐기면서 연구하기를 게을리 하지 않았는데, 당시 사람들은 그에게 관직(官職)에 진출할 것을 권했으나, 고사(固辭)하고 한가롭게 학문에만 전념했습니다. 그럼에도 불특정 다수와 논쟁하는 것을 사양하지 않았습니다. 일단 논쟁이 시작되면 풍부한 지식을 바탕으로 그 이치를 일목요연하게 설명했고, 자신의 견해를 분명히 했습니다. 이에 왕연(王練)이 평가하기를, "곽상의 말을 듣고 있노라면 마치 흐르는 물이 큰 물줄기로 쏟아져 마르지 않는 것과 같다."[45]고 칭찬했습니다.(출전=『진서晉書』「곽상전郭象傳」.)

◆ 口：입. 如：같다. 懸：매달다. 河：물.

---

45 『진서(晉書)』,「곽상전(郭象傳)」：聽象語, 如懸河, 瀉水注而不竭.

64

구우일모(九牛一毛)

아홉 마리의 소 가운데 하나의 털 　　아주 큰 사물의 극히 작은 부분을
　　　　　　　　　　　　　　　　　　일컬음

한(漢)나라 무제(武帝) 때입니다. 이릉(李陵) 장군은 5천의 군사를 이끌고 흉노를 정벌하기 위해 나섰습니다. 그런데 막상 당도해 보니 상대는 열 배가 넘는 대군이었습니다. 싸우고 싸우다 결국 패하고 말았지요. 헌데 곧 놀라운 일이 벌어집니다. 전사한 것으로만 알고 있던 이릉이 적군에 투항한 것이었습니다. 게다가 대우까지 융숭히 받고 있었지요.

이러한 사실을 인지한 무제로서는 분노(憤怒)하지 않을 수 없었겠지요. 그는 이릉의 일족(一族)을 모두 찾아내 참형(斬刑)에 처하라고 명령했습니다. 그런데 대소 신료들은 하나같이 무제의 눈치만 살필 뿐, 이릉을 위해 변호해 주는 이가 없었습니다. 이런 상황을 지켜보던 정의의 사나이 사마천(司馬遷)이 분개하다 결국 그를 변호하고자 나섰습니다.

"이릉은 소수의 보병으로 수만 기병과 싸워 적장을 놀라게 했습니다. 하지만 원군은 오지 않고 아군 속에 배반자까지 나옴으로서 어쩔 수 없이 패전한 것입니다. 이릉이 인간으로서 극한의 역량을 가진 명장이라 해도 어쩔 수 없습니다. 그가 흉노에게 투항한 것도 훗날 황은(皇恩)에 보답하기

위한 고육책으로 보입니다. 이릉의 무공을 공표하십시오."

이에 무제는 분노가 사라지기는커녕 오히려 극에 달했습니다. 곧 바로 사마천(司馬遷)을 투옥시키라고 명령했지요. 사마천은 이제 역적으로 몰려 사느냐, 죽느냐의 기로에 서게 되었습니다. 결국 생식기를 잘라내는 궁형(宮刑)을 받았습니다. 사마천은 이를 친구인 '임안에게 알리는 글'에서 최하급의 치욕이라 쓰고, 자신의 착잡한 심경을 토로합니다.

"내가 법에 따라 사형을 받는다고 해도 그것은 한낱 '아홉 마리의 소가운데 하나의 터럭이 사라지는 것'과 같을 뿐이니, 나와 같은 존재는 흔하고 흔한 땅강아지나 개미와 같은 미물과 무엇이 다르겠는가? 그리고 세상 사람들 또한 내가 죽는다고 해도 절개를 위해 죽는다고 생각하기는커녕 나쁜 말하다가 죄를 지어 어리석게 죽었다고 여길 것이네."

이처럼 심경을 토로하고, 남자로서 가장 수치스런 일을 당하면서까지 살아남은 데는 그만한 이유가 있었습니다. 그는 선친인 사마담[46]의 "통사를 기록하라"는 유언이 있었기 때문입니다. 그 뒤로 3천 년의 역사를 정리한다는 소명의식을 가지고 역사 편찬 작업에 들어갑니다. 마침내 위대한 『사기(史記)』가 완성되어 오늘날까지 전해지고 있는 것이지요.(출전=『한서(漢書)』「보임안서(報任安書)」.)

◆ 九 : 아홉. 牛 : 소. 一 : 하나. 毛 : 털.

---

46 사마담(司馬談)은 당시 태사령(太史令)으로 무제(武帝)를 모시다 정치적 시련기를 맞아 밀려난 상태였다.

국사무쌍(國士無雙)

나라에 둘도 없는 인재

나라 안에서 경쟁할 만한 상대가
없는 사람

진(秦)나라가 멸망하고 초패왕(楚覇王) 항우(項羽)와 한왕(漢王) 유방(劉邦)
이 천하를 차지하기 위해 다툴 때입니다. 초나라 군의 위세에 눌려 파촉
(巴蜀)의 땅에 몰려 있던 한나라 군에 한신(韓信)이란 사람이 있었습니다.
그는 원래 초나라 군에 속해 있던 인물입니다. 항우에게 그 어떤 책략을
올려도 받아주지 않아 한나라 군으로 투신한 사람이었지요. 한신이 본격
적으로 알려지기 전, 하후영(夏侯嬰)이라는 부장의 눈에 들어 치속도위(治
粟都尉)라는 일종의 '군량을 관리'하는 직책을 얻습니다.

한신은 이를 계기로 재상(宰相)으로 있던 소하(蕭何)를 알게 됩니다. 소
하는 대망을 품고 있으면서도 내색하지 않는 한신의 그릇을 보았습니다.
기대를 걸어도 될 만한 큰 인재임을 알았지요. 그 무렵, 과거 초나라에서
한나라로 투신했던 부장급 인사들이 향수를 잊지 못하고 도망치는 일이
종종 발생했습니다. '치속도위'라는 낮은 직책에 만족하지 못하던 한신도
마침내 도망치는 대열에 합류했습니다. 한신이 도망쳤다는 소문이 나자,
그의 비범함을 잘 알고 있던 소하가 급히 뒤를 쫓았습니다.

어찌된 일인지 한신을 뒤쫓은 소하도 도망쳤다는 소문이 났습니다. 유방의 신하가 그대로 보고하자, 유방은 크게 낙담하였습니다. 이틀이 지나 소하가 돌아왔습니다. 더없이 기뻤으나 성난 얼굴로 어찌 재상 지위에 있는 사람이 나라를 버리고 도망칠 수 있느냐고 따졌습니다. 이에 소하는 도망친 것이 아니라 한신을 잡으러 간 것이라 말합니다. 그러면서 한신을 가리켜 나라에 둘도 없는 인재[國士無雙]라 칭하였습니다. 한신의 인물됨을 모르는 유방은 이를 그대로 믿지 않았음은 물론입니다.

지금까지 부장급 지위에 있는 자들이 그렇게 많이 도망쳐도 한 번 쫓아간 일이 없는 재상이 한신 만은 직접 쫓아가 잡아온 연유를 이해할 수 없다고 본 것이지요. 소하는 한신의 그릇에 대해 설명하면서 파촉의 땅만 영유할 것이라면 한신과 같은 인재가 필요 없으나, 천하를 경영할 생각이라면 한신과 같은 인재가 반드시 필요함을 역설[47]하였습니다. 이렇게 해서 한신은 한나라의 대장군으로 기용됩니다. 유방은 한신을 얻음으로써

---

47 원문 내용은 다음과 같다. 소하가 이르기를, "여러 장수야 얻기 쉽지만, 한신 같은 사람에 이르러서는 나라의 인물이라 견줄 만한 사람이 없습니다. 왕께서 길이 한중에서 왕 노릇을 하고자 하신다면 한신을 쓸 곳이 없겠지만, 반드시 천하를 다투고자 하신다면 한신이 아니고서는 더불어 일을 도모할 만한 자가 없습니다. 왕께서는 어느 계책으로 결정하시겠습니까?" 유방이 답하기를, "나 또한 동쪽으로 가고자 할 뿐이다. 어찌 답답하게 오랫동안 이곳에 있겠는가?"라고 말하고는 한신을 불러 대장에 임명하였다. 소하가 말했다. "왕께서 평소 거만하고 예가 없어 이제 대장을 임명하는데 마치 어린아이 부르듯 하십니다. 이것이 한신이 떠난 까닭입니다. 왕께서 반드시 임명하려고 하신다면 좋은 날을 택하여 목욕재계하시고 단을 만들어 예를 갖추어야만 합니다."(『사기(史記)』, 「회음후열전(淮陰侯列傳)」: 何日, 諸將易得耳, 至於信者, 國士無雙. 王必欲長王漢中, 無所事信. 必欲爭天下, 非信無可與計事者. 顧王策安決耳. 王曰, 吾亦欲東耳. 安能鬱鬱久居此乎. 乃召信, 拜大將. 何日, 王素慢無禮, 今拜大將如呼小兒. 此乃信所以去也. 王必欲拜之, 擇良日齋戒, 設壇場具禮, 乃可耳.)

천하 통일의 대업을 이룩할 수 있는 발판을 마련하게 되었지요.(출전=『사기
史記』「회음후열전淮陰侯列傳」.)

◆ 國 : 나라. 士 : 선비. 無 : 없다. 雙 : 쌍, 짝이 되다.

군맹무상(群盲撫象)

여러 소경이 코끼리를 어루만지다   사물을 자기 주관대로 판단하거나
일부밖에 파악하지 못함

인도의 경면왕(鏡面王)이 어느 날, 소경[盲人]들에게 코끼리를 만져 보게 했습니다. 얼마 후, 소경들에게 물었습니다. "코끼리가 어떻게 생겼는가?" 소경들의 대답은 다양했습니다. "무와 같사옵니다."[상아], "키와 같나이다."[귀], "돌과 같사옵니다."[머리], "절굿공이 같사옵니다."[코], "널빤지와 같사옵니다."[다리], "독과 같사옵니다."[배], "새끼줄과 같사옵니다."[꼬리] 이 이야기에 등장하는 코끼리는 사실 석가모니(釋迦牟尼)에 비유한 것이고, '소경들'은 '밝지 못한 중생(衆生)들'을 비유한 것입니다. 그리고 이 고사는 모든 중생들이 석가세존을 부분적으로 이해할 수 있다는 것, 즉 모든 중생들에게는 각기 석가세존이 따로 있다는 것을 말해 주고 있는 것입니다.(출전=『열반경涅槃經』.)

◆ 群 : 무리. 盲 : 소경, 맹인. 撫 : 어루만지다. 象 : 코끼리.

군자표변(君子豹變)

군자는 표범처럼 변한다

군자는 변화에 민첩하게 대응한다
가을에 표범이 털갈이를 하는 것처럼
허물을 고치고 바른 길로 나아간다

『주역(周易)』에서 구오(九五)[48]에 대해 논할 때, "대인은 표범처럼 변한다. 점을 치지 않아도 바름이 있다."[49]고 하고, 상육(上六)[50]에 대해 논할 때는 "군자는 표범처럼 변하고 소인은 얼굴을 바꾼다. 나아가면 흉하고 머물러 있으면 곧고 길하다."[51]고 합니다. 여기서 대인호변(大人虎變)은 표범이 여름과 가을에 걸쳐 털을 갈고 가죽의 아름다움을 더하는 것처럼 천하를 혁신하여 세상을 새롭게 하는 것을 말합니다.

따라서 '군자표변'은 군자는 표범이 털갈이를 하는 것처럼, 자신의 허물을 고치고 바른 길로 나아감을 뜻합니다. 그리고 소인혁면(小人革面)은 덕이 없는 소인은 대인이나 군자에게 감화(感化)되어 얼굴빛을 바르게 바꾼다는 뜻입니다. 그런 차원에서 갑자기 태도와 안면을 바꾸는 것에 대해

---

48 아래에서 다섯 번째 양효(陽爻).

49 九五. 大人虎變. 非占有孚.

50 맨 위의 음효(陰爻).

51 上六. 君子豹變, 小人革面. 征凶, 居貞吉.

무조건 부정적인 시선보다는, 그것이 대인이나 군자의 삶을 본받아 바꾸는 것이라면 긍정적으로 봐도 무방하다는 것입니다.(출전=『주역周易』「혁괘革卦」.)

◆ 君:임금. 子:아들. 豹:표범. 變:변하다.

궁서설묘(窮鼠齧猫)

궁지에 몰린 쥐 고양이를 문다

이는 서한시대(西漢時代) 때 소금과 제철(製鐵)의 관할권을 놓고 관료들과 유가(儒家)의 지식인들이 격렬히 토론했던 기록의 하나입니다. 가령 관료들을 대변한 어사대부(御史大夫 : 오늘날의 검찰총장) 상홍양(桑弘羊)은 당시의 국가 전매제도[52]를 적극 찬성한 반면, 유가의 지식인들은 격렬히 반대하고 나선 것이지요. 토론은 점점 가열되다 끝내는 국가의 통치방법으로까지 비화되기에 이르렀습니다. 상홍양을 비롯한 관료집단은 엄한 법을 통한 통치, 즉 법치(法治)를 주장했고, 지식인들은 예치(禮治)를 주장하였습니다. 상홍양 측은 역사적 사례를 들어가면서 엄한 법이야말로 최고의 통치방법이라고 주야장천 역설했습니다.

지식인들도 물러서지 않았습니다. 진시황(秦始皇) 때 예를 들어 엄한 법으로 인해 오히려 민생은 도탄(塗炭)에 빠졌고, 끝내 법을 이기지 못한 민

---

52 한무제(漢武帝) 때부터 소금을 비롯한 철이나 술, 화폐 등의 주조는 모두 국가의 전매사업이었다.

중들이 도처에서 봉기함으로써 진(秦)나라는 15년 만에 망했다고 반박했지요. 즉 법보다 인의(仁義)에 의한 통치를 주장한 것입니다. 그들은 그것을 고양이와 쥐의 관계에 비유하여 궁서설묘(窮鼠齧猫)라 하였습니다. 쥐는 고양이만 보면 꼼짝 못하지만, 막다른 골목에선 고양이를 물 수도 있다는 것입니다. 이는 일반 사람도 경우에 따라선 큰 활을 부러뜨릴 수 있고, 일반 민중들도 경우에 따라선 최고 통수권자를 권좌에서 물러나게 할 수도 있다는 것으로까지 해석합니다.(출전=환관桓寬의『염철론鹽鐵論』.)

◆ 窮 : 궁하다. 鼠 : 쥐. 齧 : 물다. 猫 : 고양이.

권선징악(勸善懲惡)

선을 권하고 악을 징계하다

착한 일을 권장하고
악한 짓을 징계한다

이 이야기는 『춘추좌씨전(春秋左氏傳)』, 「성공(成公) 14년」에 나오는데, 권선징악(勸善懲惡)이 유래한 이유는 이렇습니다. "노(魯)나라 성공(成公) 14년 9월, 교여(僑如)[53]가 부인 강 씨(姜氏)를 대동하여 제(齊)나라에서 돌아왔다. [족명(族名)을 버린 것은 부인을 존중하기 위함이다.] 그러므로 군자는 이렇게 말한다. 『춘추(春秋)』의 호칭은 알기 어려운 듯 보이지만 알기 쉽고, 쉬우면서도 담긴 뜻은 깊으며, 우회적이지만 잘 정돈되어 있고, 표현은 노골적이지만 품위가 없지 않으며, 악행을 징계하고 선행은 권장한다. 성인(聖人)이 아니고서야 누가 이렇게 지을 수 있겠는가."[54]

여기서 교여는 이름, 성은 희(姬), 족명은 숙손(叔孫), 시호는 선(宣)으로, 역사에서는 숙손선백(叔孫宣伯)이라 칭합니다.[55] 기원전 604년, 그의 아

---

53 교여의 족명(族名 : 성씨)을 호칭하지 않은 것은 부인을 높이기 위함이었다.

54 『춘추좌씨전(春秋左氏傳)』, 「성공(成公) 14년」 : 九月, 僑如以夫人婦姜氏至自齊. 舍族, 尊夫人也. 故君子曰, 春秋之稱, 微而顯, 志而晦, 婉而成章, 盡而不汚, 懲惡而勸善. 非聖人誰能修之.

55 숙손씨는 노나라의 왕족이자 실권자인 삼환(三桓) 중의 하나이다. 삼환은 당시 노나라를

버지 숙손득신(叔孫得臣)이 죽자 당시 10여 세의 숙손교여가 뒤를 이어 경(卿)이 되었는데, 계손행보(季孫行父), 장손허(臧孫許), 중손멸(仲孫蔑)의 다음 지위였습니다. 숙손교여는 이런 순서를 바꿔보기 위해 성공의 모친과 통간하였습니다.[56] 숙손교여는 또 기원전 575년에 극주(郤犨)와 손잡고 진(晉)나라 사람들을 끌어들여 계손행보를 구금시켰습니다. 후에 계손행보가 부활하여 숙손교여를 치자 숙손교여는 제나라로 도망했습니다.(출전=『춘추좌씨전春秋左氏傳』「성공成公 14년」.)

◆ 勸 : 권하다. 善 : 선하다. 懲 : 징계하다. 惡 : 악하다.

좌지우지했던 맹손(孟孫)씨, 숙손(叔孫)씨, 계손(季孫)씨로 세 가문을 말한다.

56 성공(成公)을 시켜 맹손씨와 계손씨를 축출하기 위함이었다.

금련보(金蓮步)

미인의 걸음은 연꽃을 낳는다

전족(纏足)[57], 모두들 한번쯤은 들어보았을 것입니다. 전족은 보통 네다섯 살 때부터 시작되는데, 헝겊에 발을 동여매고 엄지발가락 이외의 발가락을 발바닥 방향으로 접어 넣듯이 묶어 조그만 신발에 고정시킨 뒤 성장을 못하도록 합니다. 그 고통과 불편은 말할 수 없을 것입니다. '두 발의 전족은 한단지의 눈물로 만들어진다'는 속설이 이를 말해줍니다.

말이 안 되는 논의지만, 그들이 이상적으로 본 전족의 크기는 보통 10센티미터 정도였다고 합니다. 이처럼 작은 발로 걷는다고 생각해 보십시오. 제대로 된 걸음걸이가 될까요? 사실상 발끝으로 서서 걷는 셈입니다. 그러다 보니 허리부분이 튀어나오게 되고, 주로 팔자걸음이 될 수밖에 없습니다. 전족이 생긴 유래는 의견이 분분해 정확히는 알 수 없습니다.

하지만 중국 역사서의 하나인 『남제서(南齊書)』를 보면, 다음과 같은 이야기가 나옵니다. 남북조 때 남조(南朝)의 제(齊)나라 제4대 군주인 동혼후

---

57 여성의 발을 옥죄어 기형적으로 작게 만드는 것을 말한다.

(東昏侯)가 사랑하는 반 귀비(潘貴妃)가 땅위를 걷는 것이 불쌍하다고 여겨 '황금으로 만든 연꽃을 뿌려 그 위를 걷게' 하고는 "미인의 걸음은 연꽃을 낳는다."고 자랑을 한 것입니다. 이것이 계기가 되었을까요?

원(元)나라에 오면, 상류층의 부녀자들은 보편적인 현상이 됩니다. 이를 통해서 볼 때, 어떤 이유에서인지는 모르겠으나 중국의 남성들은 여성의 작은 발을 선호한 것으로 보입니다. 그것이 어떤 성적 매력이 있는지 확인하진 못했지만, 다양한 사람들로부터 찬탄의 대상이 된 것을 보면 그렇습니다. 소동파의 「보살만(菩薩蠻)」이라는 사(詞)를 보면 놀랍습니다.

"아름답고 또 아름답도다! 향기 나는 연꽃과 같은 걸음걸이. 비단 버선이 물결을 넘듯 가버릴까 항상 근심하도다. 춤을 추니 돌아가는 바람만 보이고, 지나간 종적(蹤迹)을 알 수 없구나. 몰래 궁중 풍으로 얌전히 차려 입고, 두 발로 서고자 하나 넘어지고 마는구나. 가늘고 고움을 어찌 말로 다 할 수 있으리. 모름지기 손바닥 위에 올리고 보아야겠구나!"

또 명(明)나라 때의 당인(唐寅)은 영섬족배가에서 이렇게 표현했습니다. "가장 아리땁고 고운 것, 금빛 연꽃 같은 작은 발이 최고, 봉황 모양 머리 한 쌍 그에 견줄만하구나. 연꽃 새잎이 갓 태어난 듯 막나온 초승달인 듯 뾰족하고, 가녀린 데다 보드라움을 더했고, 온통 꽃을 수놓았네. 헤어진 후 님을 보지 못했더니 쌍 오리는 어느 날에나 다시 합하리."

이와 같이 전족은 중국의 많은 문인들에게까지 찬탄의 대상이 되었지만, 여성들에겐 고통스러운 일종의 성적학대였다고 할 수 있습니다. 때문에 전족에 대한 비판도 작지 않았습니다. 대표적인 사람이 청나라의 대학자인 원매(袁枚)였습니다. 그는 『독외여언(牘外餘言)』에서 이렇게 비판했습니다. "풍습은 사람마다 다른데, 시간 지나면 처음엔 물들게 된다."

"오래되면 천성으로 뿌리박힌다. 심지어 식욕과 성욕의 문제 역시 부화뇌동(附和雷同)하여 마음속에 독창적인 견해가 없는 것은 괴이한 일이다. 여성의 발이 작다고 어찌 아름다운 구석이 있을까? 온 세상이 미친 듯이 이를 따라한다. 나는 어린아이의 발을 해쳐서 아름다움을 구하려는 것을, 부모의 유골을 태워 복을 구하는 것과 같다고 생각한다. 슬프도다!"

이같은 비판이 꼬리에 꼬리를 물자, 청(淸)나라 황실에서는 전족을 나쁜 습관의 하나로 규정하여 법으로 금지하기에 이릅니다. 하지만 성공하지는 못하였습니다. 오히려 더 크게 유행하여 만주족 여성들까지 합세하기에 이릅니다. 서구의 근대적 사상이 도입되면서 종결을 고한 전족은, 10세기 후반 도입되어 20세기 초까지 대략 천여 년 동안 유지됐습니다.(출전=『남제서南齊書』.)

◆ 金 : 쇠. 蓮 : 연꽃. 步 : 걷다.

금성탕지(金城湯池)

쇠로 만든 성과 끓는 물로 채운 연못   방어 시설이 철통같이 튼튼한 성

진시황제가 죽은 후, 궤계(詭計)[58]로 실권을 잡은 환관 조고(趙高)는 진시황 아들 호해(胡亥)를 무기력하게 만들고, 진시황 때부터 시작된 아방궁 축조를 계속하는 등 대역사를 일으켰습니다. 이를 위한 가혹한 세금과 부역으로 사회경제는 심하게 파괴되었고, 도처에서 반란이 일어났습니다. 이러한 상황에서 날품팔이 노동자였던 진승(陳勝)도 반란을 일으켜 나라를 세우고 스스로 초왕(楚王)을 칭했습니다. 진승의 부하 무신(武臣)은 진승의 명령을 받고 북으로 올라가 옛 조나라 땅을 평정하고 스스로 조왕(趙王)이라 칭합니다.

진승은 무신에게 서쪽으로 진격하여 진(秦)나라를 공격하라고 독촉했지만 나름대로 계산이 있었던 무신은 무시했습니다. 그는 진나라와의 싸움을 피하고, 진나라에 망한 동쪽의 연(燕)나라를 먼저 합병한 다음 진승의 초나라, 호해의 진나라와 더불어 천하를 삼분할 계획을 가지고 있었던

---

58 간사하게 남을 속이는 꾀.

것이지요. 무신이 조나라를 거의 다 점령하고 범양(范陽)을 공격할 때입니다. 괴통(蒯通)이 범양의 현령 서공(徐公)을 찾아갔습니다. "현령께서는 지금 매우 위급한 처지에 놓여 있습니다. 그러나 제 말대로 하시면 전화위복이 될 수 있습니다."

서공이 놀라서 물었습니다. "무엇이 위급하다는 거요?" 괴통이, "현령께서 재임한 지난 10년 동안에 진나라의 가혹한 형벌로 인해 부모가 처형당한 사람, 손발이 잘려나간 사람, 억울하게 죄인이 된 사람들이 많은데, 그들이 지금 현령을 원망하며 보복 기회만 노리고 있다는 사실을 모르십니까?" 서공은, "모르오. 그런데 전화위복이란 또 무슨 말이오?" 괴통이, "제가 현령을 대신해서 지금 세력이 한창인 무신군을 만나 싸우지 않고 땅이나 성을 손에 넣을 수 있는 계책을 말해 주면 그는 틀림없이 현령을 후대할 것입니다."

서공은, "그럼 나를 위해 수고해 주시오." 괴통은 무신을 찾아가 말했습니다. "공이 범양을 쳐서 항복한 현령을 푸대접한다면 변방에 있는 성의 장상(將相)들 모두 '먼저 항복하면 범양 현령처럼 당할 것이다.'라고 하며 반드시 성을 굳게 지킬 것이니, 성마다 '금성탕지'가 되면 공격할 수 없을 것입니다. 그러니 범양 현령을 극진하게 맞이하여 연나라와 조나라의 외곽을 달릴 수 있도록 하는 것이 좋습니다. 그러면 변방에 있는 장상들은 모두 범양 현령이 항복하여 부귀해졌다고 서로 말하고 거느리며 항복하게 될 것입니다."

"이렇게 되면 비탈에서 구슬을 굴리는 것과 같을 것입니다."[59] 무신은

---

59 『한서(漢書)』,「괴오강식부전(蒯伍江息夫傳)」: 欲以其城先下君. 先下君而君不利, 則邊

괴통의 계책을 받아들여 싸우지 않고도 30여 성의 항복을 받아 냈고, 범양 현령은 전쟁의 화(禍)를 면할 수 있었습니다. 이 이야기는 『한서』에 나오는데, 괴통의 말에서 비롯된 '쇠로 만든 성과 끓는 물로 채운 연못'이라는 뜻의 '금성탕지'는 방어 시설이 철통같이 튼튼한 성을 비유하는 말로 쓰이게 되었습니다. '금성탕지'는 금탕(金湯)으로 줄여 쓰기도 하고, 이와 비슷한 말로는 금성철벽(金城鐵壁), 탕지철성(湯池鐵城), 철옹성(鐵甕城) 등이 있습니다.(출전=『한서(漢書)』「괴오강식부전(蒯伍江息夫傳)」.)

◆ 金 : 쇠. 城 : 성. 湯 : 끓다. 池 : 연못.

地之城皆將相告曰, 范陽令先降而身死, 必將嬰城固守, 皆爲金城湯池, 不可攻也. 爲君計者, 莫若以黃屋朱輪迎范陽令, 使馳 鶩於燕趙之郊, 則邊城皆將相告曰, 范陽令先下而身富貴, 必相率而降, 猶如阪上走丸也.

기사회생(起死回生)

죽은 사람을 일으켜 회생시키다

죽을 위험에 처해 있다가 구출되다
역경을 이겨 내고 재기하다

춘추시대(春秋時代) 때, 명의(名醫)로 알려진 편작(扁鵲)[60]이란 사람이 있었습니다. 편작은 의술로써 명성을 얻게 되자, 천하를 돌아다니며 병을 치료해 주었습니다. 어느 날, 편작이 괵(虢)나라를 지나는데, 태자가 새벽에 갑자기 죽었다는 소식을 듣습니다.

편작은 궁(宮)에 들어가 의술을 이해하는 중서자(中庶子)에게 태자의 상태에 대해 여러 가지를 물은 후, 태자를 살릴 수 있다고 했습니다. 이에 괵나라 왕은 편작에게 태자를 살펴보게 했지요. 편작은 제자들을 데리고 태

---

60 성은 진(秦), 이름은 월인(越人). 발해군(渤海郡 : 지금의 하북성河北省) 사람이다. 제자와 함께 여러 나라를 다니면서 진료했으며, 편작이라는 이름은 조(趙)나라에 갔을 때 지어진 이름이다. 그는 광범위한 종류의 병을 침이나 약초 등으로 치료했으며, 맥박에 의한 진단이 탁월했다고 전한다. 『사기(史記)』에는 괵(虢)나라의 태자가 시궐(尸厥)이라는 병에 걸려 거의 죽은 것으로 여겨졌을 때 함석(鍼石)·위법(熨法) 등을 사용하여 치유시킨 이야기, 제(齊)나라 환공(桓公)의 안색만을 보고도 병의 소재를 알아냈다는 이야기 등이 기재되어 있다. 그러나 같은 책에 있는 위의 해당인물에 대한 전기에는 그 기록이 없는 점과 그들의 생존연대가 수백 년에 걸쳐 있다는 점에 비추어볼 때, 편작은 여러 가지 전설을 합해 만든 가상인물로 추정된다.

자의 몸에 침을 놓기 시작했습니다.

그리고는 편작이 몇 가지 방법을 이용해 치료하자, 신기하게도 벌떡 일어나 앉게 되었습니다. 그리고 20일이 지나자 건강이 회복됐습니다. 이 때문에 천하의 사람들은 편작이 죽은 사람도 살릴 수 있다고 생각했습니다. 하지만 편작은 이렇게 말했습니다.

"나는 죽은 사람을 살릴 수 있는 것이 아니라, 살아날 수 있는 사람을 일어나게 한 것뿐이오."[61] 한편 '편작'은 산동(山東)에 사는 새의 전설이 변형된 것이라는 설과 『난경(難經)』의 편찬자라는 설이 있습니다만, 이는 그의 명성 때문인 것으로 보입니다.(출전=『사기史記』「편작창공열전扁鵲倉公列傳」.)

◆ 起 : 일어나다. 死 : 죽다. 回 : 돌다, 돌아오다. 生 : 살다.

---

61 『사기(史記)』,「편작창공열전(扁鵲倉公列傳)」: 扁鵲日, 越人非能生死人也, 此自當生者, 越人能使之起耳.

기우(杞憂)

기(杞)나라 사람의 근심   쓸데없는 근심과 걱정

때는 주왕조(周王朝) 시대입니다. 기(杞)나라에 쓸데없는 근심과 걱정을 하는 사람이 있었습니다. 그는 날이면 날마다 '하늘이 무너지거나 땅이 꺼지면 몸을 어디다 두어야 할지?' 항상 고민했습니다. 고민은 날이 가고 달이 가고 해가 바뀌어도 근심과 걱정은 줄어들지 않았습니다. 이제는 밤에 잠도 제대로 못 이루고 음식도 거르기 일쑤였죠. 상황이 심각해지자, 걱정이 된 친구가 그에게 말했습니다.

"하늘은 기(氣)가 쌓여 있을 뿐이야. 그래서 기(氣)가 없는 곳이 없지. 우리가 몸을 굴신(屈伸)하고 호흡(呼吸)하는 것도 늘 하늘 안에서 하고 있는 것이지. 그런데, 왜 하늘이 무너져 내린단 말인가?" "하늘이 과연 기(氣)가 쌓인 것이라면, 일월성신(日月星辰)이 떨어질 수 있는 게 아닌가?" "일월성신이란 것도 역시 쌓인 기(氣) 속에서 빛나고 있는 것이라네. 설령 떨어진다 해도 다칠 염려는 없다네!"

"그럼, 땅이 꺼지는 일은 없을까?" "땅은 흙이 쌓였을 뿐이네. 그래서 사방에 흙이 없는 곳이 없지. 우리가 뛰고 구르는 것도 늘 땅 위에서 하고

있다네. 그런데 왜 땅이 꺼진단 말인가? 그러니 쓸데없는 근심이나 걱정은 하지 말게나." 이 말을 듣고서야 그는 마음을 놓을 수 있었습니다. 세상에는 쓸데없는 근심과 걱정을 하는 사람들이 적지 않습니다. 위와 같은 확실하고 명쾌한 해답은 없을까요?(출전=『열자列子』「천서天瑞」.)

◆ 杞 : 나라 이름. 憂 : 근심하다, 걱정하다.

기호지세(騎虎之勢)

호랑이를 타고 달리는 형세

일을 도중에 그만두려 해도
그만둘 수 없는 상황

남북조(南北朝) 시대[62]에서 최후 왕조인 북주(北周)의 선제(宣帝)는 어지러운 정국을 풀어갈 인재로 외척인 한인(漢人) 양견(楊堅)을 기용했습니다.

---

62 남북조(南北朝 : 420~589) 시기는 중국 역사에서 분열과 전란(戰亂)의 시기였다. 삼국 시대 이후, 진무제(晉武帝) 사마염(司馬炎)에 의해 다시 천하가 통일되어 서진(西晉) 왕조가 등장했다. 하지만 서진은 황실의 내분으로 내란이 일어났고, 이 틈을 타 흉노족이 침입했다. 서진 황실이 장강을 건너 남경(南京)에 도읍을 정하고 동진(東晉)왕조를 세웠다. 장강 이북에는 '5호 16국' 시대가 되었다. 439년 선비족(鮮卑族)인 탁발도(拓跋燾)가 장강 이북을 통일했다. 420년 동진의 권신 유유(劉裕)가 진공제(晉恭帝)를 폐위시키고 송(宋)나라를 세워 남조 최초의 정권이 시작됐다. 이로부터 남북조가 대치하는 국면이 시작됐다. 581년 수왕(隋王 훗날의 수문제隋文帝) 양견(楊堅)이 북주(北周)의 정제(靜帝)를 폐위시키고 수(隋)왕조를 세웠다. 589년 수나라 군사들이 남조의 마지막 왕조인 진(陳)나라를 멸망시키고 서진 이후 약 3백 년간 지속된 분열과 전란의 국면을 종식시켰다. 남북조 시기에 많은 소수민족이 중원에 들어왔지만 곧 한문화(漢文化)에 동화되었다. 가장 두드러진 예가 북위(北魏)의 효문제(孝文帝)다. 그는 '남벌(南伐)'을 구실로 낙양으로 도읍을 옮긴 후 체계적인 한화(漢化) 작업을 진행했다. 가령 선비족들이 한족의 성(姓)으로 바꿀 수 있도록 허락했는데, 자신의 성(姓)도 본래 '탁발'이었지만 '원(元)' 씨로 바꿨다. 그는 또 선비족의 의상을 한복(漢服)으로 대체했으며 선비어도 한어(漢語)로 바꾸고 선비족 귀족과 한족의 혼인을 장려했다. 정치적으로도 남조의 제도를 참조해 북위의 정치제도를 고쳤다.

그는 재상으로서 정국을 주도하고 있었습니다만 자기 나라가 이민족에게 점령당하고 있는 것을 애석하게 생각하면서 언젠가 반드시 '한인(漢人)의 천하(天下)'로 만들겠다고 다짐했습니다.

그러던 어느 날, 선제가 죽었습니다. 아들이 아직 어린데다 나라를 이끌 재목이 되지 못하다고 판단되어 제위를 양도시켜 수(隋)나라를 세웠습니다. 이 때가 581년입니다. 이로부터 8년 후, 양견은 남조의 진(陳)을 멸망시키고 천하를 통일합니다. 그가 수의 고조 문제(文帝)입니다. 그의 황후는 독고황후(獨孤皇后)라는 여걸이었지요.

그녀는 남편이 천하를 다스리고자 하는 대망을 알고 있었습니다. 선제가 죽자, 남편에게 이릅니다. "하루 천리를 달리는 호랑이를 탄 이상 도중에서 내릴 수는 없습니다. 도중에 내리면 잡아먹히고 말 것입니다. 호랑이와 최후까지 가야 합니다. 이미 대사를 일으켰으니 도중에 꺾여서는 안 됩니다. 반드시 목적을 달성하셔야 합니다."

양견은 처의 응원에 힘입어 사기(士氣)가 더욱 올라간 것은 말할 것도 없습니다. 사실 그녀는 하남(河南) 사람으로 북주의 대사마(大司馬) 하내공(河內公) 신(信)의 딸로서 영특한 여인이었습니다. 그녀는 후일 황후가 되어서도 재능을 유감없이 발휘하여 조정에 천자가 둘이라는 소문이 날 정도로 정치적 안목이 뛰어난 인재였지요.(출전=『수서隋書』「독고황후전獨孤皇后傳」.)

◆ 騎 : 타다. 虎 : 호랑이. 之 : 가다. 勢 : 기세, 형세.

난신적자(亂臣賊子)

반란을 일으키는 신하와
패륜의 자식

나라를 어지럽히는 관료나 어버이를
해치는 패륜의 자식

맹자(孟子)가 제자인 공도자(公都子)와의 대화 가운데 다음과 같은 일화가 있습니다. "세상이 쇠퇴하고 도가 쇠미해져서 사설(邪說)과 폭행이 일어났다. 신하가 자기 임금을 죽이는 일이 생기고, 자식이 아비를 죽이는 일이 생기게 되었다. 공자(孔子)가 이를 우려하여 『춘추』를 지었다. … 옛날에 우(禹)가 홍수를 막아 내니 천하가 화평해졌고, 주공(周公)이 이적(夷狄)을 정복하고 맹수를 몰아내니 백성들이 편안해졌으며, 공자가 『춘추』를 완성하자 나라를 어지럽히는 신하들과 부모를 해치는 자식들이 두려워하게 되었다."[63] (출전=『맹자孟子』「등문공하滕文公下」.)

◆ 亂 : 어지럽다, 반역하다. 臣 : 신하. 賊 : 도둑, 해치다. 子 : 아들, 자식.

---

63 『맹자(孟子)』,「등문공하(滕文公下)」 : 世衰道微, 邪說暴行有作, 臣弑其君者有之, 子弑其
   父者有之. 孔子懼, 作春秋. … 昔者禹抑洪水而天下平, 周公兼夷狄驅猛獸而百姓寧, 孔子
   成春秋而亂臣賊子懼.

남곽남취(南郭濫吹)

남곽이 함부로 불다

무능한 자가 재능이 있는 척하다
실력도 없는 자가
높은 지위를 차지하다

『한비자(韓非子)』, 「내저설상(內儲說上)」에는 남곽처사(南郭處士)라는 무능한 자의 이야기가 실려 있습니다. 전국시대(戰國時代) 제(齊)나라의 선왕(宣王)은 피리의 일종인 '우'[64]라는 관악기 연주를 매우 즐겨 들었습니다. 그는 여러 악사(樂士)들이 동시에 연주하는 것을 특히 좋아했는데, 보통 300명의 악사들을 동원하여 악기를 연주하게 했습니다.

이에 '우'를 전혀 불지 못하는 남곽이라는 처사가 선왕을 위해 자신도 '우'를 불 수 있게 해달라고 간청을 했습니다. 선왕은 남곽을 흔쾌히 받아들여 합주단의 일원으로 삼았습니다. 그리고 많은 상도 하사했지요. 남곽은 사실 연주할 수 있는 그 어떤 능력도 갖추질 못했지만 다른 합주단원들의 틈에 끼여 주야장천 열심히 연주하는 시늉만 했습니다.

---

64 생황(笙簧)으로도 불리는 '우'는 8음 가운데 포부에 속하는 악기로, 둥근 박통에 17개의 죽관을 꽂고 박통 옆에 튀어나온 취구에 입을 대고 불면 죽관에 붙은 금속 리드인 황(簧)이 진동하면서 소리를 낸다. 죽관의 수에 따라 여러 이름으로 불리는데, 36개의 황을 가진 것은 '우생', 13개의 황을 가진 것은 '화생'으로 구별한다.

몇 해가 지나, 불행하게도 선왕(宣王)이 죽고 그의 아들 민왕(緡王)이 즉위하였습니다. 민왕은 선왕과는 달리 300명의 합주단이 동시에 연주하는 것을 즐겨 듣기보다는, 단원 한 사람 한사람이 단독으로 연주하는, 즉 독주(獨奏)를 즐겼습니다. 사태가 커질 것을 우려한 나머지 남곽은 자신의 연주 차례가 돌아오기 무섭게 멀리 도망쳐 버렸습니다.[65](출전=『한비자韓非子』「내저설상內儲說上」.)

◆ 南 : 남쪽. 郭 : 성곽. 濫 : 함부로 하다, 넘치다. 吹 : 불다.

---

65 이와 유사한 일들이 벌어지자, 후대에 나타난 현상이 바로 '임금이 신하를 다스리는 일곱 가지 술법(術法)'이란 것이 출현했다. 첫째, 여러 가지 일의 발단을 참고해 볼 것. 둘째, 잘못된 일은 반드시 처벌해 위엄을 밝힐 것. 셋째, 잘한 일은 상을 주어 능력을 다하게 할 것. 넷째, 매일 신하들의 말을 들어 볼 것. 다섯째, 의심나는 명령을 내려 보고 거짓으로 잘못을 시켜 볼 것. 여섯째, 아는 것을 감추고서 물어볼 것. 일곱째, 말을 거꾸로 해 반대되는 일을 시켜 볼 것 등이 그것이다.

낭중지추(囊中之錐)

주머니 속의 송곳

뛰어난 재주를 가진 사람은
숨기려 해도 저절로 드러남

진(秦)나라가 조(趙)나라의 한단(邯鄲)을 포위하자 조나라 왕은 급히 평원군(平原君)을 초(楚)나라에 보내 합종(合縱)의 맹약을 맺도록 합니다. 평원군은 식객들 가운데 문무를 겸비한 20명을 골라 함께 가기로 했는데, 19명을 선발한 뒤에는 더 이상 인물이 없었습니다. 고민하고 있는데, 마침 평원군의 문하에 모수(毛遂)라는 사람이 평원군을 찾았습니다. "군께서 초나라와 합종을 위해 가시는데 문하의 식객 20명과 함께 가기로 했다지요? 그런데 한 사람이 모자란다고 들었습니다. 저를 수행원으로 써주십시오!"

평원군이 물었습니다. "선생께서는 내 집에 오신 지 몇 해나 되었소?" 모수가 답하기를, "3년 되었습니다." 이에 평원군은, "현사가 세상에 처해 있음을 비유하면, 송곳이 주머니 속에 있는 것과 같아 그 끝이 튀어나온다고 했소. 지금 선생은 내 문하에 3년이나 있었다지만 주변 사람들이 칭찬하는 소리를 듣지 못했소. 이는 선생이 재능이 없다는 얘기요. 그냥 남아 있으시오."[66] 여기서 물러나면 모수가 아니겠지요? 그는 재차 요청합니다. "그러니 신(臣)을 지금 주머니 속에 넣어 주기를 요청하는 것입니다."

"만약 군께서 저를 일찍이 주머니 속에 넣었더라면, 벌써 송곳이 주머니를 뚫고 나왔을 것입니다. 어찌 그 끝만 보였겠습니까?"[67] 이에 따라 평원군은 모수와 함께 가기로 결정합니다. 다른 19명은 서로 눈짓으로 모수를 볼 때마다 비웃기를 그치지 않았지요. 하지만 모수는 애써 모른 척하며 초나라에 도달하기 전, 19명과 이야기를 통해 모두 굴복시켰습니다. 평원군이 초나라와 합종의 맹약을 협상하면서 이해관계를 논하는데, 해가 뜨면서부터 협상을 시작했는데 해가 중천에 걸리도록 결정이 나지 않았습니다.

참다못한 19명이 모수에게 당(堂)으로 올라가라고 하자 모수는 장검을 들고 계단으로 뛰어 올라가 평원군에게 말했습니다. "합종의 이해관계는 두 마디면 결정되는데, 오늘 해가 뜰 때부터 협상을 시작해서 해가 중천에 걸리도록 결정이 안 나는 이유는 무엇 때문입니까?" 놀란 초왕이 평원군에게 다급히 물었습니다. "이 사람은 무엇 하는 사람이오?" 평원군이, "저의 사인(私人)입니다." 초왕이 꾸짖었습니다. "어서 내려가지 못할까! 나는 너의 주인과 협상을 하고 있는 중이다. 지금 무엇을 하자는 것이냐!"

모수는 당당히 대꾸합니다. "왕이 저를 꾸짖는 것은 초나라에 사람이

---

66 『사기(史記)』, 「평원군열전(平原君列傳)」: 夫賢士之處世也, 譬若錐之處囊中, 其末立見. 今先生處勝之門下三年於此矣. 左右未有所稱誦, 勝未有所聞, 是先生無所有也. 先生不能, 先生留.

67 『사기(史記)』, 「평원군열전(平原君列傳)」: 臣乃今日請處囊中耳. 使遂蚤得處囊中, 乃穎脫而出, 非特其末見而已.

많기 때문입니다. 하지만 지금 열 발짝 안에 있는 왕은 초나라 사람들을 의지할 수 없습니다. 왕의 목숨은 저에게 달려 있습니다. 우리 주인이 앞에 있는데, 왜 꾸짖습니까? 탕임금은 70리의 땅으로 천하의 왕 노릇을 했고, 문왕은 백 리의 땅으로 제후들을 신하로 만들었는데, 그들이 군사가 많았습니까? 모두 그 세력에 의하고 위엄을 떨쳤습니다. 지금 초나라는 땅이 사방 5천 리에 군사가 백만으로 패자(覇者)의 자격을 갖추고 있습니다."

"초나라의 강함을 천하는 당할 수가 없습니다. 백기는 새파란 놈에 지나지 않습니다. 그런데 수만의 병사를 이끌고 초나라와 전쟁을 하여 한 번 싸움에 언정(鄢郢)을 함락시키고, 두 번 싸움에 이릉(夷陵)을 불태웠으며 세 번 싸움에 왕의 조상을 욕되게 했습니다. 이는 백세(百世)의 원한(怨恨)이자 조(趙)나라도 수치로 여기는 일인데, 어찌하여 왕은 이를 수치로 여기지 않습니까? 합종(合縱)을 하는 것은 초나라를 위한 것이지, 조나라를 위한 것이 아닙니다. 그런데도 우리 주인 앞에서 꾸짖는 것이 웬일입니까!"

모수의 이와 같은 주장에 초왕은 꼼짝 못하고 사직(社稷)을 받들어 합종에 따르겠다고 약속을 합니다. 모수는 개와 말의 피를 가져오게 하여 초왕부터 마시게 하고, 평원군과 자신도 피를 차례로 마셨습니다. 그리곤 왼손으로는 쟁반을 들고 오른손으론 19명을 불러 말했습니다. "그대들은 당하(堂下)에서 피를 마시도록 하시오. 그대들은 한 일도 없이 다른 사람에 붙어서 일을 성사시켰을 뿐이요." 평원군은 합종을 성사시키고 조나라에 돌아온 후 말했습니다. "나는 이제 더 이상 선비들의 상을 보지 않겠다."

"내가 많게는 수천 명, 적게는 수백 명의 상을 보면서, 천하의 선비들을 하나도 놓치지 않았다고 자부했는데, 오늘 모(毛) 선생을 보지 못하였다. 모 선생은 초나라에 가자마자 조나라를 구정(九鼎)과 대려(大呂)보다 더 무겁게 만들었다. 모 선생은 세 치의 혀로 백만의 군대보다 더 강하게 만들었다. 나는 이제 감히 선비의 상을 보지 않겠다."라고 선언하였습니다. 그로부터 모수를 상객(上客)으로 예우했음은 말할 것도 없습니다. 예로부터 모수와 같은 인재는 늘 존재합니다. 잘 살펴보아야 하는 이유입니다.(출전=『사기史記』「평원군열전平原君列傳」.)

◆ 囊: 주머니. 中: 속. 之: 어조사, ~의. 錐: 송곳.

내우외환(内憂外患)

나라 안팎의 근심과 걱정

안에 있는 걱정거리와
밖으로부터 오는 환란

제(齊)나라 환공(桓公)이 외전(外殿)에서만 지내고 성찬(盛饌)을 들지 않자, 중부제자[68]가 궁녀들에게 말했습니다. "너희들은 나가서 왕을 따르도록 하여라. 곧 거둥하실 것이다." 궁녀들이 모두 나와 환공을 따르자, 환공이 화를 내며 말했습니다. "내가 거둥하리라는 말을 누가 하더냐?" "천첩(賤妾)들은 중부제자에게 들었습니다." 환공은 곧 중부제자를 불러 물었습니다. "너는 어디서 내가 거둥한다는 말을 들었느냐?" 중부제자가 대답했습니다.

"저는 왕께서 내우가 있거나 외환이 있으면 외전에서 주무시고 성찬을 들지 않으신다고 들었습니다. 이제 왕께서 외전에서 주무시며 성찬을 들지 않으시는데, 내우는 아닌 것 같습니다. 그래서 저는 왕께서 곧 거둥하실 것을 알았습니다." 환공이 말했습니다. "대단하구나. 이런 일은 너와 상의할 건 아니지만 말이 나왔으니 너에게 말을 하겠다. 나는 지금 제후

68　궁녀들을 관장하는 여관(女官)을 말한다.

들을 모이게 하고 싶은데 오지 아니하니 어찌하면 좋겠느냐?" 중부제자
가 답했습니다.

"제가 다른 사람에게 시중드는 일을 하지 않자, 다른 사람도 저에게 옷
을 만들어 주지 않습니다. 생각해 보건대 '속내를 바꾸고 살피지 않은 것'
은 아닌지요?"[69] 다음 날 관중(管仲)이 조정에 나오자, 환공이 이 일에 관
해 자세히 말해주자 관중이 말했습니다. "이는 성인의 말입니다. 반드시
그대로 행하십시오."[70] 주제는 '내우외환'이지만 중부제자와 같은 신하가
존재하고, 이를 알아주는 관중이 존재했기 때문에 제나라가 건재했던 모
양입니다.(출전=『관자管子』「계戒」.)

◆ 內 : 안. 憂 : 근심하다, 걱정하다. 外 : 밖. 患 : 근심하다.

---

69 제후들을 오지 못하도록 만든 이유가 안에 있다는 의미.

70 『관자(管子)』,「계(戒)」: 桓公外舍而不鼎饋, 中婦諸子謂宮人曰, 盍不出從乎. 君將有行.
宮人皆出從. 公怒曰, 孰謂我有行者. 宮人曰, 賤妾聞之中婦諸子. 公召中婦諸子曰, 女焉聞
吾有行也. 對曰, 妾人聞之, 君外舍而不鼎饋, 非有內憂, 必有外患. 今君外舍而不鼎饋, 君
非有內憂也, 妾是以知君之將有行也. 公曰, 善. 此非吾所與女及也. 而言乃至焉, 吾是以語
女. 吾欲致諸侯而不至, 爲之奈何. 中婦諸子曰, 自妾身之不爲人持接也, 未嘗得人之布織
也, 意者更容不審耶. 明日, 管仲朝, 公告之, 管仲曰, 此聖人之言也, 君必行也.

노익장(老益壯)

늘어도 젊은이 못지않게 건장하다   나이를 먹을수록 기력이 왕성해짐

서한(西漢) 말년 부풍군(扶風郡)에 마원(馬援)이란 장사(壯士)가 있었습니다. 그는 어려서부터 야망을 품고 공부했습니다. 그런 마원을 적극 지지해준 사람이 있었습니다. 바로 마원의 형이었습니다. 하지만 어느 날 갑자기 젊은 나이에 세상을 뜨고 말았습니다. 충격을 받은 마원은 장례(葬禮)를 정성을 다해 치렀습니다. 물론 형수도 예(禮)를 다해 섬겼습니다. 후일 마원은 후한(後漢)의 광무제(光武帝) 때 대장군이 되어 혁혁한 전공(戰功)을 세웁니다. 마원이 삶 속에서 항상 입버릇처럼 중얼거린 말이 있습니다. "대장부가 뜻을 품었으면 어려울수록 굳세야 하며, 늙을수록 건장해야 한다."[71](출전=『후한서(後漢書)』「마원전(馬援傳)」.)

◆ 老 : 늙은이. 益 : 더하다. 壯 : 장하다, 씩씩하다.

---

71 『후한서(後漢書)』, 「마원전(馬援傳)」 : 大丈夫爲者, 窮當益堅, 老當益壯.

누란지위(累卵之危)

쌓아 올린 알의 위태로움 　　　　　 매우 위급한 상태

위(魏)나라에서 태어난 범수(范雎)[72]는 종횡가(縱橫家)[73]를 꿈꾸던 사람
이었습니다. 하지만 연줄(緣-)이 없어 기회가 주어지지 않았습니다. 궁
여지책으로 제(齊)나라에 사신으로 가는 중대부(中大夫) 수고(須賈)의 종자
(從者), 즉 수행원이 되었습니다. 하지만 뛰어난 변론으로 인기가 높아지
자, 중대부 수고는 귀국하여 재상에게 '범수는 제나라와 내통하고 있다'
는 참언(讒言)[74]을 합니다. 참소(讒訴)[75]를 받은 범수는 모진 고문 끝에 옥
에 갇힙니다. 그러나 모사(謀士)답게 옥졸을 설득하여 탈옥한 뒤, 정안평
(鄭安平)의 도움으로 숨어 살게 됩니다. 이름도 장록(張祿)으로 바꿉니다.
그리고는 망명(亡命)의 기회만 엿봅니다.

72　왕선신(王先愼)의 『한비자집해(韓非子集解)』에는 범저(范雎)로 표기되어 있다.
73　전국시대 때, 혀[舌] 하나로 제후들을 찾아다니면서 유세(遊說)하는 사람들을 일컫는다.
　　때로는 종책(縱策), 때로는 횡책(橫策)을 주장한 데서 종횡가로 불렸다.
74　거짓을 진실처럼 꾸며 남을 참소(讒訴)하는 것을 뜻한다.
75　남 헐뜯기를 넘어 없는 죄를 있는 것처럼 꾸미는 것을 뜻한다.

그러던 중, 진(秦)나라에서 사신 왕계(王稽)가 당도했다는 소식을 듣고 정안평이 추천[76]합니다. 장록을 진나라로 데려간 왕계는 소양왕(昭襄王)에게 "전하, 위나라의 장록은 천하의 외교가입니다. 그가 진나라의 정치를 평하길, '진나라는 지금 알을 쌓아둔 것처럼 위태롭다. 나를 얻으면 안전하게 될 수 있다. 그러나 글로는 그것을 전할 수 없다'고 하여 신이 데리고 왔습니다."[77] 추천 받은 소양왕은 불손하기 짝이 없는 손님을 바로 내치고 싶었으나 결국 기용합니다. 얼마 지나지 않아, 범수는 원교근공책(遠交近攻策), 즉 먼 나라와는 친교를 맺고, 가까운 나라는 공격하는 정책을 주장합니다.[78] 이 정책으로 재상까지 오릅니다.(출전=『사기史記』「범수열전范雎列傳」.)

◆ 累 : 쌓다. 卵 : 알. 之 : 어조사, ~의. 危 : 위태롭다.

---

76 왕계가 진나라로 데려갈 인재가 있느냐고 묻자, "천하의 형세를 잘 읽는 인재가 있다"고 장록을 추천했다.

77 『사기(史記)』, 「범수열전(范雎列傳)」: 秦王之國, 危於累卵, 得臣則安, 然不可以書傳也, 臣故載來.

78 진(秦)나라가 천하를 차지하게 된 데에는 역시 뛰어난 인재들을 발탁한 덕분이다. 본래 진나라는 서쪽 지방의 미개국(未開國)이었다. 이에 인재를 적극적으로 초빙하여 활용했다. 대표적인 인재를 꼽으면 상앙과 이사, 장의, 범수 등이 있다. 상앙과 이사는 내정(內政)에, 장의와 범수는 외교(外交)에 공헌했다. 장의가 연횡책(連衡策)을 주장했다면, 범수는 원교근공책(遠交近攻策)을 주장했다. 범수는, "한·위 두 나라를 거쳐 그것도 강국인 제나라를 친다는 것은 현명한 일이 아닙니다. 또 얼마 되지 않는 군사로 쳐보았자 제나라는 꿈쩍도 하지 않을 것이며, 그렇다고 대군을 출동시키는 것은 진(秦)의 안위에도 좋지 않습니다. 최상의 방책은 '먼 나라와 친교를 맺고 가까운 나라를 치는' 것입니다." 범수가 재상 자리까지 오른 이유다.

다다익선(多多益善)

많을수록 좋다   많을수록 더 능력을 발휘할 수 있다

한(漢)나라 고조(高祖) 유방(劉邦)에게 있어 천하의 명장을 꼽으라면 역시 한신(韓信)을 빼놓을 수 없을 것입니다. 실제로 통일 이후, 유방은 그를 가장 위협적인 인물로 보았습니다. 그래서 계략을 써서 초왕(楚王)에서 회음후(淮陰侯)라는 작은 지방의 제후로 좌천시켜 버렸지요.[79] 어느 날, 유방이 한신과 조용히 여러 장수들의 능력과 각각의 차이와 높고 낮음에 대해 논하면서 유방이 물었습니다. "나는 얼마만한 군사를 거느릴 수 있겠소?"

한신이 답하길, "폐하는 십만도 거느리지 못합니다." 이에 유방이, "그럼 그대는 어떻소?" 한신은, "신은 많으면 많을수록 좋습니다." 그러자 유방이 웃으며 물었습니다. "다다익선이라면서 어쩌다 나의 포로가 되었단 말인가?" 한신이 대답하길, "폐하는 군사를 거느리는 데는 능하지 못하지만, 장수를 거느리는 데는 훌륭하십니다. 이것이 신이 폐하의 포로가 된 까닭입니다. 또한 폐하는 이른바 하늘이 주신 것이지, 사람의 힘이 아닙니

---

79 이에 대한 내용은 323~324쪽 「토사구팽(兎死狗烹)」에서 자세히 다루었다.

다.”[80] (출전=『사기史記』 「회음후열전淮陰侯列傳」.)

◆ 多 : 많다. 多 : 많다. 益 : 더하다, 유익하다. 善 : 좋다, 착하다.

---

80 上嘗從容與信言諸將能不, 各有差, 高低. 上問曰, 如我能將幾何. 信曰, 陛下不過能將十
萬. 上曰, 於君何如. 曰, 臣多多益善耳. 上笑曰, 多多益善, 何爲爲我擒. 信曰, 陛下不能將
兵, 而善將將, 此信之所以爲陛下擒也. 且陛下所謂天授, 非人力也.

당랑거철(螳螂拒轍)

사마귀가 수레바퀴를 막아서다   자기 능력도 가늠하지 않고
강적에게 덤비다

『장자』에 다음과 같은 말이 있습니다. "당신은 사마귀를 알 테죠? 그는 팔뚝을 휘둘러 수레에 맞섭니다. 제 힘으로 감당할 수 없음을 모릅니다. 이런 것을 자기 재능의 훌륭함을 자랑한다고 하지요. 경계하고 삼가야 합니다. 당신 자신의 훌륭함을 자랑하여 상대방에게 거역하면 위험하게 됩니다."[81]

사마귀는 사람의 눈으로 보면 특이한 곤충 가운데 하나입니다. 수레가 와도 피하지 않고 버팁니다. 아니 두 팔을 번쩍 들어 덤빕니다. 그래서 잘 깔려 죽습니다. 녀석은 사람이 건드려도 마찬가지입니다. 피하기는커녕 사람을 향해 위협도 불사하며 싸울 태세를 갖춥니다. 그래서 종종 맞아 죽습니다.

다시 말해 사마귀는 자신의 처지는 아랑곳 않고 자신의 용감성만 믿고

---

81 『장자(莊子)』, 「인간세(人間世)」: 汝不知夫螳螂乎. 怒其臂以當車轍. 不知其不勝任也. 是 其才之美者也. 戒之愼之. 積伐而美者以犯之, 幾矣.

덤빕니다. 그래서 제대로 된 상대를 만나면 맞아 죽기도 하고 깔려 죽기

도 합니다. 사람도 주의해야 합니다. 자신의 힘만 믿고 상대를 깔보는 경

우입니다. 힘 있는 사람을 만날 경우, 무참히 당할 수 있음을 잊지 말아야

합니다.(출전=『장자莊子』「인간세人間世」.)

◆ 螳 : 사마귀. 螂 : 사마귀. 拒 : 막다. 轍 : 수레바퀴.

대학지도(大學之道)

대인(大人)이 배우는 길   대인(大人)의 학문 방법

주지하듯 대학(大學)이라는 말은 대인지학의 준말, 즉 대인의 학문을 뜻합니다. 대인의 자세는 모름지기 명덕(明德)[82], 즉 하늘에서 받은 '밝은 덕'을 세상에 밝히는데[明明德] 있습니다. 그러므로 배움에 있어서 항상 '밝은 덕'이 어디에서 비롯되는지를 끊임없이 궁구하여 지속해야 합니다. 그리하여 스스로 명덕을 밝히고 있다면, 다음 단계인 사회적 관계인 다른 사람들에게로 미쳐서 그들로 하여금 옛날에 물든 더러움을 제거토록[新民] 해야 하는 것입니다. 이러한 관계가 원만해지면 '지극한 선'에서 그칠 수 있다는 것[止於至善]이 이른바 '삼강령(三綱領)'의 핵심 내용입니다.

다시 말해, 세상을 살아가면서 '인간관계'를 멀리할 수는 없습니다. 이때 개인적으로는 태어날 때 품수(稟受)한 '밝은 덕'을 밝혀야 하고, 사회로 나아가서는 민중들을 새롭게 해야 하는 것이지요. 즉 수기(修己)와 치인(治

---

82 명덕(明德)은 허령(虛靈)하거나 어둡지 않을 뿐만 아니라 중리(衆理)를 갖추고 있어 만사(萬事)에 응한다.

人)의 관계를 원만히 유지하면, 최고의 윤리적 단계인 '지극한 선'에 머물 수 있는 것입니다. 학계에서는 『대학』 한편의 뜻을 총칭할 때, 일반적으로 팔조목(八條目)[83]을 언급합니다. 이 팔조목의 요지(要旨)를 종합하면, '삼강 령'에 지나지 않습니다. 이점을 고려하면, '삼강령'이 『대학』의 근본임을 알 수 있습니다. 끊임없이 절차탁마(切磋琢磨)해야 하는 이유입니다.(출전= 『대학大學』 경1장.[84])

◆ 大 : 크다. 學 : 배우다. 之 : 어조사, ~의. 道 : 방법.

---

83 유가(儒家)의 경전인 『대학(大學)』의 수기치인(修己治人) 여덟 조목을 일컫는다. 즉 격물
(格物), 치지(致知), 성의(誠意), 정심(正心), 수신(修身), 제가(齊家), 치국(治國), 평천하
(平天下)이다.

84 『대학(大學)』의 첫머리에 나오는 구절은 다음과 같다. "대학의 도는 밝은 덕을 밝힘에 있
고, 민중을 새롭게 함에 있으며, 지극한 선에 그침에 있다."[『대학(大學)』, 經1章 : 大學之
道, 在明明德, 在親(新)民, 在止於至善.]

도방고리(道傍苦李)

길가의 쓴 오얏[자두]   사람들이 무시하는 것은
                                        그럴 만한 까닭이 있다

진(晉)나라의 왕융(王戎)[85]이 일곱 살 때 일입니다. 다른 아이들과 놀다
길가의 오얏(자두)나무에 가지가 휘어질 정도로 많은 열매가 맺혀 있는 것
을 보았습니다. 아이들이 그것을 따려고 앞을 다투어 달려갔지요. 그런데
왕융만은 움직이려 들지 않았습니다. 어떤 사람이 그 이유를 묻자 왕융이
답하기를, "나무가 길가에 있는데 저렇게 열매가 많이 달려 있는 것을 보
면, 이는 반드시 쓴 오얏(자두)일 것입니다." 오얏[자두]을 따서 먹어 보니 과
연 그랬습니다.[86] (출전=『진서晉書』「왕융전王戎傳」, 『세설신어世說新語』「아량雅量」.)

◆ 道 : 길. 傍[87] : 곁. 苦 : 쓰다. 李 : 오얏, 자두.

---

85 진나라의 왕융(234~305)은 죽림칠현(竹林七賢)의 한 사람으로, 평소 노장사상(老莊思
    想)을 좋아하였다. 유유자적하며 정치에는 별 관심이 없었다.

86 『진서(晉書)』,「왕융전(王戎傳)」: 王戎七歲嘗與諸小兒遊, 看道邊李樹多子折枝. 諸兒競
    走取之. 惟戎不動. 人問之, 答曰, 樹在道邊而多子, 此必苦李. 取之信然.

87 원문에는 변(邊)으로 나온다.

도탄지고(塗炭之苦)

진흙 구렁에 빠지고	학정(虐政)으로 민중들이 심한
숯불에 타는 고통	고통을 받다

탕왕(湯王)은 군사를 일으켜 무도(無道)의 대명사로 불리는 하(夏)나라의 걸왕(桀王)을 멸망시켰는데, 이는 전례(前例)가 없는 일이었습니다. 그전에는 요(堯)가 순(舜)에게, 그리고 순이 우(禹)에게 양위(讓位)한 것과 같이 덕(德)이 있는 사람을 찾아 왕위를 계승했기 때문입니다. 행인지 불행인지하(夏)나라에 이르러 자손에게 왕위를 세습한 결과, 걸(桀)과 같은 포악한왕이 나타나 민중들이 도탄에 빠져 고통을 받게 된 것이지요. 이에 탕왕이 부득이 군사를 일으켜 하나라를 멸망시킨 것입니다.

그러나 이러한 현상을 밖에서 보면, 신하가 왕을 토벌한 것과 다름이없는 것으로 보이기 때문에 탕왕은 자신의 행위에 대해 크게 부끄러워하며 무력 혁명이나 정변의 전례로 남을까 싶어 항상 걱정을 하였습니다.[88]

---

88 성탕(成湯)이 걸(桀)을 남소로 추방하고 오직 자신의 덕을 부끄러워하는 마음으로 말했다. "나는 뒷날 이를 구실로 삼을까 두려워하노라." 중훼(仲虺)가 마침내 고(誥)를 지어 말했다. "아! 하늘이 민중들을 내심에 하고자 함이 있었으니, 임금이 없으면 곧 어지러워지는것이므로, 하늘이 총명함을 내시어 다스리는 것입니다. 하(夏)나라가 있었으나 덕이 없어

보다 못한 탕왕의 신하인 중훼(仲虺)가 군사를 일으킨 취지를 민중들에게 상세히 설명한 것이 이른바 중훼지고(仲虺之誥)입니다. 그가 여기서 강조한 것은 '탕왕의 무력 혁명은 걸왕의 폭정으로 인해 부득이 도탄에 빠진 민중들을 구원하기 위한 필연'이었다는 것이 핵심입니다.(출전=『서경書經』「상서尚書·중훼지고仲虺之誥」.)

◆ 塗：진흙. 炭：숯. 之：가다. 苦：고통, 쓰다.

민중들이 도탄에 빠졌으니, 하늘이 곧 왕에게 용기와 지혜를 주시어 만방을 당당하게 바로 잡아 우왕(禹王)의 옛 일을 잇게 한 것입니다. 이제 그 법통을 이어 받아 하늘의 명을 받들고 따라야 할 것입니다."[『서경(書經)』, 「상서(尚書)·중훼지고(仲虺之誥)」：成湯放桀于南巢, 惟有慙德曰, 予恐來世, 以台爲口實. 仲虺乃作誥曰, 嗚呼, 惟天生民有欲, 無主乃亂, 惟天生聰明, 時乂. 有夏昏德, 民墜塗炭, 天乃錫王勇智, 表正萬邦, 纘禹舊服, 茲率厥典, 奉若天命.]

동병상련(同病相憐)

같은 병을 앓는 사람끼리 서로 불쌍히 여기다	유사한 처지에서 고통을 겪는 사람끼리 서로 불쌍히 여기다

　오왕(吳王) 합려(闔閭)를 보필하여 패자(霸者)로 만든 이는 오자서(伍子
胥)입니다. 그의 집안은 6대에 걸쳐 초(楚)나라에 충성한 가문이었습니
다. 하지만 태자의 소부(少傅)인 비무기(費無忌)의 모함으로 선친과 형이
역적의 누명을 쓰고 죽습니다. 이에 오자서는 온갖 고통과 갈등 끝에 초
나라를 등지고 오나라로 망명합니다. 오자서는 오나라의 공자(公子) 광
(光)이 왕이 되려는 야심을 눈치 채고 자객 전저(專諸)를 소개합니다. 광
은 전저를 시켜 선왕인 요(僚)를 죽이고 등극합니다. 이 사람이 춘추오패
의 한 사람인 합려입니다. 합려는 오자서를 대부(大夫)로 임명[89]하고 국정
을 논했습니다.
　마침 비무기의 모함으로 초나라의 대신 백주리(伯州犁) 부자가 주살
당하자, 손자인 백비(伯嚭)가 오나라로 망명하였습니다. 오자서는 합려에

89　오자서를 공자 광(光)에게 천거한 사람은 관상을 잘 보는 대부 피리(被離) 덕분이었다. 피
　리는 오자서가 거지 행세를 하며 오나라 거리를 떠돌고 있을 때, 범상한 인물이 아님을 알
　아보았다.

게 추천했고, 합려는 백비를 대부에 임명합니다. 합려는 백비를 환영하는 연회를 베풀었습니다. 이때 백비를 탐탁하지 않게 여기던 대부 피리(被離)가 오자서에게 말했습니다. "초면인 사람에게 어찌 그리 신뢰 하시오?" 오자서가 답하기를, "그는 나와 같은 원한을 품고 있기 때문이오. 강가 사람들이 부르는 노래를 못 들었소? 같은 병은 서로 불쌍히 여기고, 같은 근심은 서로 구원한다."[同病相憐, 同憂相救.] 피리가, "이유가 정말 그것뿐입니까?"

오자서가 답하기를, "그렇소." "그렇다면 말씀드리지요. 백비의 눈은 매와 같고 걸음걸이는 호랑이를 닮았습니다. 그것은 사람 죽이기를 보통으로 아는 잔인한 상입니다. 절대로 친하게 지내서는 안 됩니다."[90] "설마 그럴 리야 있겠소?"하며 피리의 충고를 받아들이지 않았습니다. 뿐만 아니라 그를 태재(太宰)라는 벼슬에까지 오르게 합니다. 하지만 백비는 후일 적국인 월(越)나라의 뇌물에 팔려 오나라가 멸망하는데 결정적인 역할을 제공합니다. 충신이었던 오자서는 백비의 무고로 결국 자결까지 합니다. 동병상련의 마음으로 백비를 이끌어 주었으나, 그는 은공을 원수로 갚았습니다.(출전=『오월춘추吳越春秋』「합려내전闔閭內傳」.)

◆ 同 : 같다, 한가지. 病 : 병. 相 : 서로. 憐 : 불쌍하게 여기다.

---

90 『오월춘추(吳越春秋)』, 「합려내전(闔閭內傳)」: 吾觀嚭之爲人, 鷹視虎步, 專功殺之性, 不可親也.

동산재기(東山再起)

동산에서 다시 일어나다

은퇴하거나 실패한 사람이
재기하다

동진(東晉)에 사안(謝安)이란 걸출한 인물이 있었습니다. 그는 하남성 진군(陳郡) 양하(陽夏) 사람으로, 뛰어난 재능을 가지고 있었으나 조정의 부름에 응하지 않고 회계(會稽)의 동산(東山)에 집을 짓고 은둔 생활을 하면서 서성(書聖)으로 불리는 왕희지(王羲之), 지둔(支遁) 등과 교류하며 풍류를 즐기며 살았습니다. 조정엔 문벌 간 세력 다툼이 심해 출사(出仕)하기에 환경이 적합하지 않다고 여겼기 때문입니다.

어느 날, 양주자사(揚州刺史)로 있던 유영(庾永)이 그의 평판을 듣고 여러 차례 출사를 요청하자 마지못해 출사를 합니다. 하지만 한 달 남짓 관직에 있다 바로 사표를 내고 돌아왔습니다. 그렇게 지내다 40세 되던 해, 문벌 세력을 평정한 정서대장군 환온(桓溫)이 출사를 권하자 그의 휘하에 들어가 사마(司馬) 직책을 받아 수행합니다. 그러나 환온이 제위(帝位)를 넘보자 이를 제지하고 관직에서 물러났습니다.

후일, 효무제(孝武帝)가 즉위하자 사안은 그 공으로 재상에 제수(除授)됩니다. 하지만 당시 정국은 만만치 않았습니다. 북쪽에서는 전진(前秦)의 왕

부견(苻堅)이 북중국의 대부분을 통일한 뒤, 천하통일의 야심을 달성하기 위해 백만 대군을 이끌고 동진을 공격해 온 것입니다. 사안은 동생 사석(謝石), 조카 사현(謝玄)과 함께 비수(淝水)의 전투에서 부견의 백만 대군을 격파하여 동진을 위기에서 구해냈습니다.[91] (출전=『진서晉書』「사안전謝安傳」.)

◆ 東 : 동녘. 山 : 뫼. 再 : 다시. 起 : 일어나다.

---

91 사안(謝安)은 일찍이 회계의 동산에서 은거하다 나이 40세가 넘어 다시 나와 환온의 사마가 되고 연이어 중서, 사도 등 요직을 거쳤는데, 진나라 왕실은 그의 능력 덕분에 위기에서 평안으로 바뀌었다.(隱居會稽東山, 年逾四十復出爲桓溫司馬, 累遷中書司徒等要職, 晉室賴以轉危爲安.)

동시효빈(東施效矉)[92]

| 동시(東施)가 (서시가) 찡그리는 것을 따라 하다 | 아름다운 서시가 얼굴을 찡그리고 다니는 것을 추녀인 동시가 따라 하다 자기 특성은 고려하지 않고 무조건 남의 흉내를 내다 |

『장자(莊子)』, 「천운(天運)」에 보면 다음과 같은 이야기가 있습니다. "옛 날 서시(西施)는 가슴앓이 병이 있어서 언제나 손으로 가슴을 지그시 누르고, 얼굴을 찡그리고 다녔다. 마을의 어떤 못생긴 사람이 그게 아름답게 보였는지 자기도 손으로 가슴을 누르고 얼굴을 찡그리고 마을을 돌아다녔다. 마을의 부자들은 문을 굳게 닫아 버렸고, 가난한 자들은 가족을 데리고 떠나 버렸다. 그 사람은 찡그리는 것이 아름답게 보이는 것만 알았지, 찡그리는 것이 아름답게 보인 이유를 몰랐기 때문이다."[93]

이 말은 본래 노(魯)나라의 악사장(樂師長)인 사금(師金)이 공자의 제자

---

92 동시효빈(東施效矉)은 '찡그리는 것을 본받다.'라는 뜻의 효빈(效矉), 혹은 '서시가 눈을 찡그리다.'라는 뜻의 서시빈목(西施嚬目), '서시가 가슴을 손으로 감싸다.'라는 뜻의 서시봉심(西施捧心)으로도 쓰인다. 오늘날 중국에서는 '못생긴 여자가 눈을 찡그리는 것을 본받다.'라는 뜻의 추부효빈(醜婦效矉)으로도 쓰이고 있다.

93 『장자(莊子)』, 「천운(天運)」: 故西施病心而矉其里, 其里之醜人見而美之, 歸亦捧心而矉其里. 其里之富人見之, 堅閉門而不出, 貧人見之, 挈妻子而去之走. 彼知矉美而不知矉之所以美.

안연(顏淵)에게 한 말입니다. 장자는 사금의 말을 빌려 시대의 변천에 따라 제도나 도덕 또한 변해야 한다는 것을 강조하면서, 공자가 그 옛날 주(周)나라의 이상적인 정치를 노나라와 위(衛)나라에서 재현하려고 한 것은 마치 추녀가 자기 생긴 모습은 생각지 않고 무작정 천하의 미인인 서시를 흉내 내는 것과 다르지 않다고 공자의 상고주의(尚古主義)를 비판한 것입니다. 그리고 『장자』에는 동시(東施)라는 말이 없습니다.

그냥 마을의 '못생긴 사람(醜人)'이라고만 되어 있지요. '동시'라는 말은 후대에 만들어 진 것으로 추정되는데, 청나라 적호(翟灝)의 『통속(通俗)』, 「부녀(婦女)」에 처음으로 등장합니다. '서시'의 본명은 시이광(施夷光)으로, 절강성 저라촌(苧蘿村) 사람입니다. 저라촌에는 동촌과 서촌이 있었는데, 시이광은 서촌에 살고 있었으므로 서쪽의 시(施) 씨라는 뜻의 '서시'라고 불리게 된 것입니다. '동시'는 동쪽의 시 씨(施氏)를 말합니다. 서시는 후에 미인계를 써 오왕 부차를 멸망시키는데 한 몫 합니다.(출전=『장자莊子』 「천운天運」.)

◆ 東 : 동녘. 施 : 베풀다. 效 : 본받다. 顰 : 찡그리다.

등고자비(登高自卑)

| 높은 곳에 오르려면 | 무슨 일이든 순서가 있음 |
| 낮은 곳으로부터 | |

   이 말은 "군자의 도(道)는 비유하면 먼 곳을 갈 때에는 반드시 가까운 곳으로부터 출발하는 것과 같으며, 비유하면 높은 곳에 오르고자 하면 반드시 낮은 곳으로부터 시작하는 것과 같다."[94]는 『중용』의 일부입니다. 즉 군자의 이름에 걸맞은 행위를 위해선 성(性)과 천명(天命)을 이해하여 의리(義理)와 덕(德)을 쌓아야 한다는 말입니다.

   '덕'이 있고[有德者] '지위'가 있는 것[有位者]을 세상 사람들은 지향합니다. 이를 위해서는 가까운 곳으로부터 출발하고, 낮은 곳으로부터 시작하고자 하는 마음 자세가 중요하다는 뜻입니다. 군자의 도(道)는 고상함에 있을 뿐 아니라 이처럼 평범함 속에 자리하고 있습니다. 일상생활을 의연하고도 성실하게 이어가야 하는 이유입니다.(출전=『중용中庸』 제14장.)

◆ 登 : 오르다. 高 : 높다. 自 : 어조사, ~로부터. 卑 : 낮다.

---

94 『중용(中庸)』, 제14장 : 君子之道, 辟如行遠必自邇, 辟如登高必自卑.

망국지음(亡國之音)

망한 나라의 음악

나라를 망하게 하는
음미(淫靡)한 음악

『예기』에 이런 말이 있습니다. "음악은 사람의 마음에서 생겨난다. 감정이 속에서 움직이면 이로 인해 소리로 나타난다. 소리가 문채를 이룬 것을 음악이라 한다. 따라서 세상이 다스려진 음악은 편안하고 즐거우며, 그 정치가 조화롭다. 세상이 어지러운 음악은 원망과 분노로 가득 차 있으며, 그 정치도 바르지 않다. 나라를 망하게 하는 음악은 슬픈 마음이 일어나게 하고, 그 민중들을 곤궁하게 한다."[95]

『한비자』에는 '나라를 망하게 하는 소리'라는 뜻의 망국지성(亡國之聲)이란 말이 나옵니다. 한비자는 왕이 정치를 잘못해 나라를 망치는 열 가지 과실을 열거하고 있는데, 그중 네 번째 과실인 "정치에 힘쓰지 않고 오음(五音)을 좋아하는 것은 자신을 망치는 일이다."[96]라고 설명하면서, 망국지음(亡國之音)과 같은 '망국지성'을 언급합니다. "옛날 위(衛)나라 영

---

95 『예기(禮記)』, 「악기(樂記)」 : 凡音者, 生人心者也. 情動於中, 故形於聲, 聲成文, 謂之音. 是故治世之音, 安以樂, 其政和. 亂世之音, 怨以怒, 其政乖. 亡國之音, 哀以思, 其民困.

96 『한비자(韓非子)』, 「십과(十過)」 : 四曰, 不務聽治而好五音, 則窮身之事也.

공(靈公)이 진(晉)나라로 가던 중 복수(濮水) 부근에서 유숙하게 되었다. 밤중에 어디선가 북소리와 거문고 소리가 들려왔다. 전에 들어 보지 못했던 새로운 곡이었다. 영공은 사람을 시켜 좌우에 물어보았다. 모두들 들어 본 적이 없다고 하자, 동행하던 악사장인 사연(師涓)에게 악보를 익히게 했다. 사연은 하루를 더 묵으면서 익혔다. 다음 날 사연은 곡조를 다 익혀 진나라로 갔다."

진(晉)나라 평공(平公)이 영공을 위해 잔치를 베풀었습니다. 술이 취하자, 영공이 물었습니다. "새로운 음악이 있는데 들어 보시겠습니까?" 평공이 좋다고 하자, 영공은 사연을 불러 사광(師曠)[97]의 옆에 앉게 했습니다. 그러자 사연과 진의 악사장인 사광은 대로 올라 함께 앉았습니다. 사연이 거문고를 타기 시작했습니다. 그러나 연주를 마치기도 전에 사광이 거문고를 덮으며 말했습니다. "이는 망국의 소리입니다. 마칠 수 없습니다."[98] 놀란 평공이 묻자, "이는 옛날 사연(師延)이 주왕(紂王)을 위해 만든 곡인데, 음탕한 음악[99]입니다. 무왕(武王)이 주왕(紂王)을 치자, 사연은 거문고를 안고 동쪽으로 달아나다 복수(濮水)에 몸을 던졌습니다. 죽은 사연의 혼이 허공에 맴돌면서 이 곡을 연주하고 있는 것입니다. 사람들은 '망국지음'이라 하여 귀를 막고 다닙니다."(출전='『예기禮記』「악기樂記」.)

◆ 亡 : 망하다. 國 : 나라. 之 : 어조사, ~의. 音 : 소리, 음악.

---

97 사광이 음악을 연주하면, '학이 춤을 추고 흰 구름이 몰려든다'고 하는 명인이었다.
98 『한비자(韓非子)』, 「십과(十過)」 : 此亡國之聲, 不可逐也.
99 『한비자(韓非子)』, 「십과(十過)」 : 新聲百里, 靡靡之樂.

118

망매해갈(望梅解渴)

매화를 기대하며 갈증을 풀다

잠시의 공상으로
평안과 위안을 얻다

조조(曹操)의 일화입니다. 병사들이 행군 도중 심한 갈증에 시달렸습니다. 자칫 진군을 못할 상황이었습니다. 고민하다 병사들을 향해 외쳤습니다. "조금만 더 가면 큰 매화나무 숲이 있다. 열매도 많다. 맛은 달고도 새콤하다." 병사들은 매화가 많다는 말에 침이 돌기 시작했습니다. 모두들 정신을 가다듬고 다시 진군을 시작했는데, 과연 물이 있는 곳에 당도했습니다.

이렇게 망매해갈(望梅解渴)로 시작된 고사는 망매지갈(望梅止渴) 또는 매림해갈(梅林解渴)로도 쓰입니다. 하지만 위와 같이 실지가 아닌 예측만으로 무리를 이끄는 방법은 하책(下策)에 불과합니다. '망매해갈'을 주창하지 않고도 목표에 도달할 수 있는 방책이야 말로 상책(上策)일 것입니다.(출전=『세설신어世說新語』「가휼假譎」.)

◆ 望 : 바라다, 기대하다. 梅 : 매화. 解 : 풀다. 渴 : 목마르다, 갈증이 나다.

명경지수(明鏡止水)

맑은 거울과 고여 있는 잔잔한 물　　　고요하고 맑은 마음

『장자(莊子)』에 나오는 말입니다. 신도가(申徒嘉)는 정자산(鄭子産)과 함께 백혼무인(伯昏無人)을 스승으로 모시고 있었습니다. 어느 날, 정자산이 집정(執政)인데, 신도가가 업신여긴다고 생각하여 항의하자 신도가가 말했습니다. "선생의 집안에 참으로 집정이 있는 것이 이와 같구려. 그대는 그대가 집정인 것을 대단하게 여겨 남을 업신여기는 사람이라오. 들리는 말에 '거울이 밝으면 티끌이 앉지 않고, 티끌이 앉으면 밝지 못하다. 어진 사람과 오래 같이 있으면 허물이 없어진다.'고 들었소. 그런데 이제 그대가 크게 취한 것이 바로 우리 선생의 도(道)인데, 오히려 이와 같은 말을 하고 있으니, 또한 허물이 아니겠소?"[100]

유사한 말로는 공자의 제자인 상계(相季)가 형벌로 다리가 잘린 왕태(王駘)에게 많은 사람들이 모여드는 까닭을 공자에게 묻자, 다음과 같이 답을

100　『장자(莊子)』, 「덕충부(德充符)」 : 申徒嘉曰, 先生之門, 固有執政焉如此哉. 子而悅子之
執政, 而後人者也. 聞之日, 鑑明則塵垢不止, 止則不明也. 久與賢人處則無過. 今子之所
取大者先生也. 而猶出言若是, 不亦過乎.

했습니다. "사람들은 흐르는 물에 자기의 얼굴을 비춰 보지 않고, 고요한 물에 비춰 본다. 오직 멈춰 있는 고요한 물만이 (제 모습을 비춰 보려는 사람들을) 멈추게 할 수 있으니, 모두가 멈춘다."[101] 이는 왕태의 인품이 고요한 물처럼 잔잔하고 맑기 때문에 그를 따르는 사람이 많다는 이야기입니다. 신도가와 정자산의 이야기, 그리고 왕태의 이야기에서 '명경지수'가 비롯되었습니다. 명경지수는 본래 무위(無爲)의 경지를 가리켰으나, 후일 '깨끗한 마음'을 가리키게 되었지요.(출전=『장자莊子』「덕충부德充符」.)

◆ 明 : 밝다. 鏡 : 거울. 止 : 그치다, 멈추다, 고요하다. 水 : 물.

101　『장자(莊子)』,「덕충부(德充符)」: 仲尼曰, 人莫鑑於流水, 而鑑於止水. 唯止, 能止, 衆止.

명철보신(明哲保身)

이치에 밝아 몸을 보전하다 　　　　　매사에 요령 있게 처신해
　　　　　　　　　　　　　　　　　몸을 보전하다

『시경(詩經)』에 보면 다음과 같은 내용이 나옵니다. 함께 읽어보겠습니다.

엄숙한 왕의 명을	肅肅王命
중산보가 받들어 행하며	仲山甫將之
나라의 좋고 나쁨을	邦國若否
중산보가 밝히도다	仲山甫明之
이미 도리에 밝고 또 일을 살펴서	旣明且哲
그 몸을 보호하며	以保其身
밤낮으로 게을리 하지 아니하여	夙夜匪解
한 사람을 섬기도다	以事一人

위의 시(詩)는 주(周)나라 선왕(宣王)을 잘 보필한 명재상 중산보(仲山甫)의 덕(德)을 찬양하는 시로, 그가 왕명을 받들어 제(齊)나라에 성(城)을 쌓

으러 갈 때, 윤길보(尹吉甫)가 전송하면서 지은 것으로 전해지고 있습니다. 이와 유사한 내용으로는 『서경(書經)』, 「열명(說命)」에 나타납니다. "아아! 아는 것을 명철하다고 하는 것이니, 명철한 사람이 실지로 규칙을 만드는 것입니다."[102]

주자(朱子)에 따르면, 명(明)은 '이치에 밝은 것[明於理]'이고, 철(哲)은 '일을 살피는 것[察於事]'입니다. 그리고 보신(保身)은 '이치에 따라 몸을 지키는 것이지, 이익을 좇고 재앙을 피해서 구차하게 몸을 보전하는 것이 아닙니다. 따라서 명철(明哲)이란 '천하의 사리에 통하고 먼저 깨닫는 사람'을 뜻하며, 보신(保身)이란 '나오고 물러남에 있어 이치에 어긋남이 없음'을 뜻합니다.(출전=『시경詩經』「대아大雅·증민蒸民」.)

◆ 明 : 밝다. 哲 : 밝다. 保 : 지키다, 보호하다. 身 : 몸.

---

102 『서경(書經)』, 「열명(說命)」 : 嗚呼, 知之曰明哲, 明哲實作則.

무릉도원(武陵桃源)

속세와 완전히 동떨어진 별천지   이상향의 세계

진(晉)나라 태원(太元 : 孝武帝) 때 무릉(武陵)이라는 지방에 한 어부가 살았습니다. 어느 날, 어부는 평소와 같이 물고기를 잡기 위해 작은 배를 타고 강을 따라 올라갔지요. 얼마쯤 갔는데, 아주 낯선 곳에 다다랐습니다. 주변의 넓이가 수백 보나 됨직한 복숭아꽃의 숲이 펼쳐져 있는데, 감미로운 향기를 풍기며 복사꽃이 날리고 있었습니다.

보기 드문 풍경에 도취된 어부는 잠시 정신을 잃다가 숲의 한쪽 끝이 궁금해 계속 배를 저어가자, 수원(水源)의 산과 마주쳤습니다. 거기엔 굴이 있었는데, 굴 속이 희미하면서도 밝음이 있었습니다. 어부는 배에서 내려 굴 속으로 들어갔습니다. 처음엔 겨우 몸 하나 지날 정도의 넓이가 50~60보쯤 걷자, 갑자기 환해지면서 굉장히 넓어졌습니다.

부신 눈을 비벼가며 보자, 토지는 사방으로 펼쳐져 있는데, 집들이 정연하게 들어서 있고, 비옥한 전답에 뽕나무와 대나무들이 즐비했습니다. 조금 있으니 닭과 개소리가 들리고 밭에서 일하는 사람들의 소리도 들렸습니다. 일하는 사람들은 물론 노인들, 심지어는 어린이들도 모두 희희낙

락(嘉嘉樂樂)하는 모습들이 무척이나 행복해 보였습니다.

이런 광경에 놀라 멍 때리고 있던 어부를 목격한 사람들은 어디서 왔느냐고 물었습니다. 어부가 사실대로 답하자, 곧 그를 어느 한 집으로 데려가 크게 환대하였습니다. 그리고는 어부에게 이렇게 말했습니다. "진나라 때, 우린 조상이 전란을 피해 처자들과 이곳으로 피난해 온 이래 세상에 나가지 않고 살고 있습니다. 바깥세상은 어떻습니까?"

어부는 세상에서 일어난 일에 대해 자세히 얘기해 주었습니다. 이후 어부는 주식(酒食)을 대접 받으며 이 집 저 집을 순회하며 이야기를 전해주느라 여러 나날이 지났습니다. 겨우 마을 사람들과 작별 인사를 나누고 배를 두었던 곳으로 나와 강을 따라 나왔습니다. 그곳을 떠날 때, 사람들은 다른 사람들에게 알리지 말아달라고 부탁하였습니다.

하지만 어부는 너무도 놀라운 광경에 돌아 나오는 길에 여기저기 표시를 하고 왔습니다. 집으로 돌아온 어부는 그곳의 일이 머리에서 사라지지 않았습니다. 참지 못한 어부는 군의 태수를 찾아가 자신의 경험을 모두 일러주었습니다. 이야기를 들은 태수도 흥미진진하여 함께 그곳을 찾았으나 표시해둔 것이 모두 사라져 찾을 수가 없었습니다. (출전=도연명陶淵明의 『도화원기桃花源記』.)

◆ 武 : 힘쓰다. 陵 : 언덕. 桃 : 복숭아. 源 : 근원.

무용지용(無用之用)

쓸모없는 것이 쓸모 있다   쓸모없는 것이 어떤 경우엔
크게 쓰인다

무용지용(無用之用)이란 말이 있습니다. 말 그대로 '쓸모없는 것이 쓸모 있다.'는 말입니다. 반듯하게 자란 나무는 목수의 눈에 잘 띄어 오래가지 못하고 일찍 잘릴 일이 많습니다. 하지만 쓸모없이 자란 나무는 오히려 잘 자라 후일 거대한 나무로 성장하여 만인의 쓸모 있는 나무가 되는 수가 있습니다. 『장자(莊子)』에 다음과 같은 말이 있습니다.

장석(匠石)이 제(齊)나라로 가다가 곡원에 이르러 [그곳 토지신(土地神)을 모신] 상수리나무 사당(祠堂)의 나무를 보았다. 그 크기는 수천 마리의 소를 가릴 정도이며 (굵기는) 재어 보니 백 아름이나 되고, 그 높이는 산을 내려다 볼 정도이며, 여든 자[尺]쯤 되는데서 가지가 나와 있었다. 그 가지도 배를 만들 수 있을 정도의 것이 수십 개나 되었다.

(그 둘레는) 구경꾼이 장터처럼 모여 있으나 장석은 거들떠보지도 않으며 끝내 멈추지 않고 그대로 지나쳐 버렸다. 제자가 한동안 지그시 그 나무를 지켜보다 장석에게 달려와 물었다. "저는 도끼를 잡고 선생님을 따라다니게 된 뒤로 이처럼 훌륭한 재목은 본 적이 없습니다. 선생님은 거

들떠보지도 않고 그대로 지나쳐 버리시니 어찌된 일입니까?"

장석이 대답했다. "그만, 그런 소리 말게. (그건) 쓸모없는 나무라네. (그것으로) 배를 만들면 가라앉고, 널을 짜면 곧 썩어버리며, 기물(器物)을 만들면 곧 망가져버리고, 문(門)을 만들면 진이 흐르며, 기둥을 만들면 좀[蟲]이 생긴다네. (그러니) 저건 재목이 결코 될 수 없는 나무라네. 아무 쓸모가 없다보니 저처럼 크고 오래도록 살 수 있었다네."[103] (출전=『장자莊子』「인간세人間世」.)

◆ 無 : 없다. 用 : 쓰다. 之 : 어조사, ~의. 用 : 쓰다.

---

103 『장자(莊子)』,「인간세(人間世)」 : 匠石之齊, 至於曲轅, 見櫟社樹. 其大蔽數千牛, 絜之百圍, 其高臨山, 十仞而後有枝. 其可以爲舟者旁十數. 觀者如市, 匠伯不顧, 遂行不輟. 弟子厭觀之, 走及匠石, 曰, 自吾執斧斤以隨夫子, 未嘗見材如此其美也. 先生不肯視, 行不輟, 何邪. 曰, 已矣, 勿言之矣. 散木也. 以爲舟則沈, 以爲棺槨則速腐, 以爲器則速毀. 以爲門戶則液樠, 以爲柱則蠹. 是不材之木也. 無所可用, 故能若是之壽.

무행지난(無行地難)

걸을 때 땅을 밟지 않기는 어렵다

일찍이 장자(莊子)는 구속 없는 절대자유의 경지에서 노니는 것을 「소요유」라 하였습니다. 현실세계에서는 여러 차별이나 구별 등이 있어 사람의 마음을 구속하곤 하지요. 신분으로 인한 차별, 도덕과 권위, 삶과 죽음, 빈부갈등 등 끝도 없습니다. 장자는 신경을 곤두세우고 이욕(利慾)에 눈이 멀어 날뛰는 인간들의 희로애락(喜怒哀樂)을 비웃으며 도(道)의 세계, 즉 초월적인 자유의 경지로 안내합니다.

이러한 사상을 펴는 장자가 「인간세」에서는 다음과 같은 이야기를 합니다. "걷지 않기란 쉽지만, 걸을 때 땅을 밟지 않기란 어렵다. 사람에게 사역될 때 그를 속이기는 쉬우나, 하늘에게 사역될 때 하늘을 속이기는 어렵다. 날개가 있어서 난다는 이야기는 들었어도, 날개 없이 난다는 이야기는 들은 일이 없다. 지식이 있어서 사물의 이치를 안다는 말은 들었으나, 지식 없이 안다는 말은 들은 적이 없다."[104]

---

104 『장자(莊子)』, 「인간세(人間世)」: 絶迹易, 無行地難. 爲人使易以僞, 爲天使難以僞. 聞

여기서 덧붙이고 싶은 말은 '걷지 않기는 쉽지만, 걸을 때 땅을 밟지 않기란 어렵다'는 논의입니다. 걸을 때, 걸을 수 있는 폭이나 길이는 극히 제한되어 있습니다. 땅이라고 모두 밟을 수 있는 것이 아니란 말씀입니다. 하지만 걸을 수 있는 제한된 폭과 길이만 남겨 둔다면 그 밖의 땅인 여지(餘地)는 모두 쓸모없는 땅에 불과할까요? 아니지요. 그 쓸모없는 땅 때문에 마음 놓고 걸을 수 있는 것입니다. (출전=『장자莊子』「인간세人間世」.)

◆ 無 : 없다. 行 : 가다, 걷다. 地 : 땅. 難 : 어렵다.

以有翼飛者矣, 未聞以無翼飛者也. 聞以有知知者矣, 未聞以無知知者也.

문경지교(刎頸之交)

대신 목 베임을 당해 줄 수 있을   생사(生死)를 함께 할 수 있는 사귐
정도로 절친한 사귐

전국시대(戰國時代) 때, 조(趙)나라의 혜문왕(惠文王)은 인상여(藺相如)와

염파(廉頗)라는 걸출한 인물들이 있었습니다. 이들로 인해 강국인 진(秦)

나라도 감히 조나라를 넘보지 못했지요. 이른바 완벽귀조(完璧歸趙)[105]로

후세에 이름을 남긴 인상여는 원래 혜문왕의 환자령(宦者令) 무현(繆賢)의

사인(舍人)에 불과했지만, 조나라와 진나라 사이의 화씨벽(和氏璧) 문제를

깨끗이 해결함으로써 일약 상대부(上大夫) 자리에 오르게 된 인물입니다.

그로부터 3년 후, 진왕이 조왕에게 면지(澠池)에서 회동을 요청했습니

---

105 조(趙)나라의 혜문왕(惠文王)이 초(楚)나라의 화씨벽(和氏璧)을 손에 넣었다. 이 사실
    을 알게 된 진(秦)나라 소왕(昭王)이 진나라의 15개 성과 화씨벽을 교환하자고 제안해
    왔다. 조왕은 대장군 염파 등 여러 대신들과 상의했으나 마땅한 방안이 없었다. 이때 환
    자령(宦者令) 무현(繆賢)이 인상여(藺相如)를 추천했다. 인상여가 화씨벽을 들고 진왕
    을 찾았다. 벽옥을 확인한 진왕은 크게 기뻐했다. 하지만 진왕이 성을 줄 마음이 없음을
    인지한 인상여는 약속을 지키지 않으면 벽옥을 머리로 받아 깨뜨려 버리겠다고 위협했
    다. 놀란 진왕은 자신의 잘못을 인정하며 인상여를 조나라로 돌려보냈다. 인상여의 용기
    와 지혜로 완벽귀조(完璧歸趙) 했을 뿐 아니라 완인귀조(完人歸趙)까지 하게 되었다.
    인상여는 그 공으로 상대부(上大夫)에 임명되었다.

다. 조왕은 진나라가 두려워 회동에 응하고 싶지 않았으나 염파와 인상여의 권고로 응하게 되었지요. 인상여가 수행했고, 염파는 국경까지 전송했습니다. 염파는, "왕께서 무사히 다녀오시기를 빕니다. 거리를 계산해 볼 때 회합을 마치고 돌아오시기까지 30일을 넘지 않을 것 같습니다. 30일이 지나면 태자를 왕위에 세워 진나라의 야망을 끊어 버리도록 해 주시기를 바랍니다."

이에 왕은 허락하고, 마침내 진왕과 면지에서 만났습니다. 술자리가 무르익자 진왕이 말했습니다. "과인은 조왕께서 음악을 좋아하신다고 들었습니다. 슬(瑟)을 연주해 주시기를 바랍니다." 조왕이 슬을 연주하자 진나라의 어사(御史)가 앞으로 나와 "모년 모월 모일 진왕이 조왕과 만나 술을 마시며 조왕에게 슬을 타게 했다."고 기록했습니다. 이에 인상여가 앞으로 나가 말했습니다. "조왕께서도 진왕께서 진나라 음악에 능하시다고 들었습니다."

"청컨대 분부(盆缶)[106]를 연주하여 서로가 즐기도록 해 주십시오." 진왕은 성내며 허락하지 않았습니다. 인상여는 굴하지 않고 분부를 받쳐 들고 앞으로 다가가 무릎을 꿇고 진왕에게 청했습니다. 진왕이 부를 두들기려 하지 않자, 인상여는, "왕과 신의 거리는 다섯 걸음도 안 됩니다. 제 목의 피로써 대왕을 적실 수도 있습니다." 인상여의 협박에 좌우의 사람들이 인상여를 칼로 치려다가 인상여가 눈을 부릅뜨고 꾸짖자 모두 뒤로 물러났습니다.

진왕은 마지못해 부를 한 차례 두들겼습니다. 인상여는 조나라의 어

---

106 옹기로 된 악기를 말한다.

사를 불러 "모년 모월 모일 진왕이 조왕을 위해 부를 쳤다."고 적게 했습니다. 잠시 후 진나라 신하들이 말했습니다. "조나라가 열다섯 성을 바쳐 진왕의 수(壽)를 축복해 주시기 바랍니다." 그러자 인상여도 맞받았습니다. "진나라의 함양을 들어 조왕의 수를 축복해 주셨으면 하오." 진왕은 주석(酒席)이 파할 때까지 조나라에게 당했습니다. 조나라가 철저히 대비한 덕분입니다.

면지(澠池)에서의 회동 후, 인상여가 염파의 윗자리인 상대부에 올랐습니다. 이에 염파는 매우 불쾌해 했습니다. "나는 조나라의 장군으로 전쟁에 큰 공이 있었다. 그런데 인상여는 겨우 입과 혀를 수고롭게 했을 뿐인데, 나보다 윗자리에 있다. 게다가 상여는 본래 천한 출신이다. 부끄러워 도저히 그의 밑에 있을 수가 없다." 그러면서 염파는 틈만 나면 공공연하게 다음과 같은 말을 하고 다녔습니다. "인상여를 만나면 기필코 모욕을 주고 말겠다."

이 말을 전해들은 인상여는 염파와 마주치지 않으려고 했습니다. 인상여는 조회 때마다 병을 칭하고 나가지 않았습니다. 염파와 지위 다툼을 하지 않기 위해서였지요. 인상여는 외출을 했다가 멀리 염파가 오는 것이 보이면, 수레를 끌고 숨어 버릴 정도였습니다. 이에 인상여의 사인들이 불평을 쏟아내기 시작했습니다. "저희들이 친지를 떠나 당신을 모시는 것은 당신의 높은 의기를 흠모하기 때문입니다. 지금 당신은 염파와 동렬에 있습니다."

"염파가 나쁜 소리를 하고 다녀도 어떤 변명도 안 하고 계십니다. 아니 오히려 피해 다니고 계십니다. 염파가 그렇게도 두려우십니까? 이는 평범한 사람들도 부끄러워하는 일이거늘 하물며 장군이나 재상에 있어

서이겠습니까? 저희는 불초하여 더 이상 당신을 모실 수가 없습니다. 이제 떠날까 합니다." 인상여가 만류하며 물었습니다. "그대들이 볼 때 염 장군과 진왕 중 누가 더 무서운 사람인가?" "그야 염 장군보다 진왕이 더 무서운 사람이지요."

인상여가 젊잖게 일러줍니다. "그런 진왕의 위엄을 상대하여 나는 궁정에서 그를 꾸짖고 그 신하들을 욕되게 했다. 내 비록 노둔하나 어찌 염 장군을 두려워하겠는가? 생각해 보건대 강한 진나라가 감히 우리 조나라를 공격하지 못하는 것은 우리 두 사람이 있기 때문이다. 지금 두 마리 호랑이가 싸우게 되면 형세로 보아 둘 다 무사하지 못할 것이다. 내가 이렇게 하는 것은 국가의 위급한 것을 먼저 생각하고, 사사로운 원한을 뒤로 하기 때문이다."[107]

이 말을 들은 염파는 웃옷을 벗고 가시나무 회초리를 등에 지고 인상여의 집 문 앞에 이르러 사죄했습니다. "비천한 사람이 장군께서 이토록 관대한 줄을 알지 못했소." 이에 두 사람은 마침내 화해를 하고 문경지교를 맺었습니다.[108] (출전=『사기史記』 「염파인상여열전廉頗藺相如列傳」.)

◆ 刎: 목 베다. 頸: 목. 之: 가다. 交: 사귀다.

---

107 『사기(史記)』, 「염파인상여열전(廉頗藺相如列傳)」: 今兩虎共鬪, 其勢不俱生, 吾所以爲此者, 先國家之急, 而後私讐也.

108 『사기(史記)』, 「염파인상여열전(廉頗藺相如列傳)」: 廉頗聞之, 肉袒負荊, 因賓客至藺相如門謝罪. 曰, 鄙賤之人, 不知將軍寬之至此也. 卒相與驩, 爲刎頸之交.

문전성시(門前成市)

문 앞에 저자를 이루다

권세가나 실력자 집 앞이
방문객으로 저자를 이루다

전한(前漢) 말, 11대 황제인 애제(哀帝) 때의 일입니다. 애제가 즉위하자 조정의 실권은 대사마(大司馬) 왕망(王莽)을 포함한 왕 씨 일족으로부터 외척인 부 씨(傅氏), 정 씨(丁氏) 두 가문으로 넘어갔습니다. 그리고 당시 20세였던 애제는 동현(董賢)이라는 미동(美童)과 동성연애에 빠져 국정을 돌보지 않았습니다. 그리하여 중신들이 간언(諫言)했으나, 우이독경(牛耳讀經), 마이동풍(馬耳東風)이었지요. 그 가운데 상서복야(尙書僕射) 정숭(鄭崇)은 거듭 간하다가 애제로부터 미움만 사고 말았습니다.

그 무렵, 조창(趙昌)이라는 상서령(尙書令)이 있었는데, 그는 천하의 아첨배로 왕실과 인척간인 정숭을 시기하여 모함할 기회만 노리고 있었습니다. 어느 날, 조창은 애제에게 이렇게 고했습니다. "폐하, 아뢰옵기 황공하오나 정숭(鄭崇)의 집 문 앞이 저자를 이루고 있습니다[門前成市]. 이는 심상치 않은 일이오니 엄중히 문초하시옵소서." 애제는 즉시 정숭을 불러 물었습니다. "듣자하니, 그대의 '문전은 저자와 같다[君門如市]'고 하는데 사실이오?" 이에 정숭은 조금도 거리낌 없이 대답합니다.

"그러하옵니다. '신의 문전은 저자와 같습니다[臣門如市].' 하지만 신의 마음은 물같이 깨끗하옵니다. 한 번 더 조사해 주시옵소서." 하지만 애제는 정숭(鄭崇)의 소통(疏請)을 묵살하고 옥에 가둬 버렸습니다. 그러자 사예(司隷)인 손보(孫寶)가 옳고 그름을 자세히 조사하여 애제에게 상소하였습니다. 허위사실을 인지한 애제는 화를 내며 조창의 참언(讒言)[109]을 공박하고, 서인(庶人)으로 내쳤습니다. 그러나 정숭(鄭崇)은 이미 옥에서 죽어 버렸습니다. 통탄을 금치 못할 일은 이처럼 왕왕 벌어집니다.(출전=『한서漢書』「손보전孫寶傳 · 정숭전鄭崇傳」.)

◆ 門 : 문. 前 : 앞. 成 : 이루다. 市 : 저자, 시장.

---

109   사람을 해치기 위해 거짓을 진실처럼 꾸며 참소(讒訴)하는 것을 뜻한다.

문전작라(門前雀羅)

문 앞에 그물을 설치하다

세도가 몰락하여 새들이 모여들다
사람들의 발길이 끊어져 한산하다

『사기』의 「급·정렬전」에 보면, 한(漢)나라 무제(武帝) 때 급암(汲黯)과 정당시(鄭當時)라는 걸출한 두 현신(賢臣) 이야기가 나옵니다. 그들은 한때 구경(九卿)[110]의 지위에까지 오른 이른바 '전설'로 통하는 인물들입니다. 급암과 정당시는 당대의 유명한 협객(俠客)으로서 손님을 우대했습니다.

특히 정당시는 문하의 있는 사람들을 훈계할 때, "손님이 오시면 귀천(貴賤)을 묻지 말고, 문간에서 기다리게 해서는 안 된다. 빈주(賓主)의 예로써 공손하게 예우를 해야 한다."고 강조했습니다. 그리고 자신이 높은 지위에 있음에도 불구하고 남에게는 항상 겸손하게 대했음은 물론입니다.

하지만 두 사람 모두 관복(官福)은 이름에 걸맞지 않았나 봅니다. 부침(浮沈)이 거듭되었다는 얘기입니다. 급암은 모든 공적 업무에 있어서 그 어떤 꾸밈도 없이 간(諫)하는 성품 때문에 무제(武帝)로부터 미움을 받아 벼슬자리에서 진퇴(進退)를 거듭하다 결국 회양군의 태수로 내려갑니다.

---

110 9개 부처의 으뜸 벼슬을 뜻한다.

정당시도 천거한 자의 죄에 연루되어 서인이 되었다가 이후 여남군의 태수로 내려갑니다. 후일 그 자리도 도중에서 파면당해 관직에서 물러나자, 가세가 기울기 시작했습니다. 그러자 그 많던 문객들도 이산(離散)되고 말았습니다. 사마천은 두 사람의 전기를 밝히면서 이렇게 덧붙입니다.

"급암과 정당시와 같은 현인도 세력이 있을 때는 빈객이 40배나 되나, 세력이 없어지자 곧 떠나 버린다. 보통 사람은 말할 필요도 없다. 하규(下邽)의 적공(翟公)은 이러했다. 처음 적공이 정위(廷尉)가 되자, 빈객은 문안에 넘쳐났으나 적공이 파면되자, 빈객은 한 사람도 찾아오지 않았다."

"문전이 참새 떼가 그물을 칠 정도였다. 적공이 다시 정위가 되자, 빈객들은 또 모여들었다. 적공이 문에 크게 써 붙였다. 일사일생(一死一生), 즉 교정(交情)을 알고, 일빈일부(一貧一富), 즉 교태(交態)를 알며, 일귀일천(一貴一賤), 즉 교정(交情)이 나타난다. 이 어찌 슬픈 일이 아니겠는가!"(출전=『사기史記』「급汲·정렬전鄭列傳」.)

◆ 門 : 문. 前 : 앞. 雀 : 참새. 羅 : 새그물.

미생지신(尾生之信)

미생의 신의   우직하나 융통성이 없음

전국시대 때, 종횡가(縱橫家)로 유명한 소진(蘇秦)이 있었습니다. 그가 어느 날, 연왕(燕王)에게 말했습니다. "왕께서 저를 믿지 않는 것은 필시 누군가 중상하는 사람이 있기 때문일 것입니다. 저는 증삼(曾參) 같은 효도도 없고, 백이(伯夷) 같은 청렴도 없고, 미생(尾生)같은 신의도 없습니다. 그러니 왕께선 증삼 같은 효도와, 백이 같은 청렴과 미생 같은 신의가 있는 사람을 얻어 왕을 섬기도록 하면 어떻겠습니까?"

이에 연왕이 답하기를, "좋은 생각이오." 소진이 대뜸 대꾸합니다. "그렇지 않습니다. 효도가 증삼 같으면 하룻밤도 부모를 떠나 밖에서 자지 않을 텐데, 왕께서 어떻게 그를 걸어서 천 리 길을 오게 할 수 있겠습니까? 백이는 무왕의 신하가 되는 것이 싫어 수양산에서 굶어 죽고 말았는데 어떻게 그런 사람을 천 리 길 제(齊)나라로 달려가게 하여 그들을 물리칠 수 있겠습니까? 신의가 미생[111]같다면 어떻겠습니까?"

---

111 이는 소진이 연나라 소왕(昭王)을 설득하는 내용이다. 소진은 여기에서 미생을 '신의 있는 사람의 본보기'로 들고 있다.

"그는 어떤 여자와 다리 밑에서 만나기를 약속했으나 여자가 오지 않자 물이 불었는데도 떠나지 않고 다리 기둥을 안은 채 죽었는데, 이런 사람에게 천 리를 달려가 제나라의 강한 군사를 물리치게 할 수 있겠습니까?[112] 저는 불효하고, 청렴하지 못하고, 신의가 없다고 중상하는 사람들이 있지만, 때문에 저는 부모를 버리고 여기까지 와서 약한 연나라를 도와 제나라를 달래 빼앗긴 성을 다시 되찾아오게 한 것입니다."

세상에서 현사라고 말하는 백이와 숙제는 고죽국(孤竹國)의 임금을 그만두고 수양산에서 굶어 죽어 그 뼈도 묻히지 못하였고, 포초(鮑焦)[113]는 미친 척하며 세상을 비방하다가 나무를 안은 채 죽었으며, 신도적(申徒狄)은 임금의 잘못을 간했으나 받아들여지지 않자 돌을 지고 스스로 강물에 몸을 던져 물고기의 밥이 되었고, 개자추(介子推)는 충성이 지극해서 그 다리 살을 베어 진(晉)나라 문공(文公)을 먹여 살렸습니다.

하지만, 후에 문공이 나 몰라라 하자, 화가 잔뜩 난 개자추는 산에 들어가 나무를 껴안은 채 불에 타 죽었으며, 미생은 어떤 여자와 다리 밑에서 만나기를 약속했는데 여자가 오지 않자 물이 불었음에도 떠나지 않고 다리 기둥을 안은 채 죽었습니다. 이 여섯 사람은 책형(磔刑)[114]을 받은 개나 물에 떠내려간 돼지와 같으며, 그 이름을 구하는 꼴은 쪽박을 들고 밥을 빌어먹는 거지와 다름없다고 비판하기도 합니다.[115]

---

112 『사기(史記)』, 「소진열전(蘇秦列傳)」: 信如尾生, 與女子期於梁下, 女子不來, 水至不去, 抱柱而死. 有信如此, 王又安能使之步行千里齊之彊兵哉.

113 주나라의 은자(隱者)로 알려져 있다.

114 '책형'은 죄인을 기둥에 묶고 사지부터 시작하여 한 칼 한 칼 도려내는 형벌을 말한다.

115 이 이야기는 『장자(莊子)』, 「도척(盜跖)」에 나오는데, 여기서 '미생지신'은 '융통성 없는 우직한 사람'을 말한다.

말하자면 이들은 모두 이름이라는 명분에 사로 잡혀 죽음을 가벼이 여긴 사람들로, 본성을 생각해 목숨을 지키지 못했다. … 미생이 물에 빠져 죽은 것은 신의에 얽매인 데서 오는 비극이라는 얘기입니다. 이 밖에도 『전국책』에서는 "미생의 신의는 사람을 속이지 않는데 불과할 따름"이라 하고, 『회남자』에서는 "미생의 신의는 차라리 상대방을 속여 순간의 위험을 피하고 후일을 기하는 것만 같지 못하다."고 하였습니다.

이처럼 '미생'의 이야기는 『장자』, 『전국책』, 『사기』, 『회남자』 등 여러 전적(典籍)에서 보이지만, 모두 미생이 다리 밑에서 여자를 기다리다 물에 빠져 죽었다는 이야기만 있을 뿐, 미생에 대한 자세한 내용은 없습니다. 미생지신이 오늘날 우리에게 시사가 되는 점은 상도(常道)[116]와 권도(權道)[117]를 적절히 활용할 수 있어야 한다는 점일 것입니다. 지나친 '상도'도 문제지만 지나친 '권도'도 문제가 되기 때문입니다.(출전=『사기史記』「소진열전蘇秦列傳」, 『장자莊子』「도척盜跖」, 『전국책戰國策』「연책(燕策)」, 『회남자淮南子』「설림훈說林訓」.)

◆ 尾 : 꼬리. 生 : 살다. 之 : 어조사, ~의. 信 : 신의, 믿다.

---

116 항상 지켜야 하는 도리.

117 상황을 전제로 한 도리. 예컨대 맹자(孟子)는 '남녀가 물건을 주고받을 때 직접 손을 맞대지 않는 것은 예(禮)'이고, 형수가 물에 빠졌을 때 손을 잡아 건져주는 것은 권도(權道)'라 하였다. 또 율곡(栗谷)은 '때에 따라 중(中)을 얻는 것'을 권도(權道)라 하였다.

반근착절(盤根錯節)

구부러진 뿌리와 울퉁불퉁한 마디   얽히고설켜 처리하기 곤란한 사물
                                    세상일에는 난관이 많음

후한(後漢)의 상제(殤帝)가 재위 8개월 만에 죽자, 13세인 안제(安帝)가 등극했습니다. 이에 어머니인 태후가 정사를 맡고 태후의 오빠인 등즐(鄧騭)이 대장군이 되었습니다. 그 무렵 서북 변경에서는 이민족의 세력이 강성하여 병주(幷州)와 양주(涼州)가 침략당하고 있었습니다. 이에 대장군 등즐은 군대를 둘로 나누어 병력을 약화시키기보다는 양주를 포기하고 북쪽의 병주에 주력하자고 하였습니다. "비유컨대 옷이 해지면 하나를 버려 다른 옷을 기우면 되는 것과 같습니다. 이렇게 하지 않으면 두 곳을 다 지킬 수 없게 됩니다."

등즐의 의견에 대체로 동의했지만, 우후(虞翊)[118]는 동의하지 않고 태위 이수에게 건의합니다. "옛말에 함곡관(函谷關)의 서쪽에서는 장군, 동쪽에서는 재상이 나온다고 했습니다. 양주의 민중들은 군사에 대하여 잘 알고

---

118   우후(虞翊)는 어려서 고아가 되어 할머니의 손에서 자랐다. 그는 할머니를 모시기 위해 관직을 사양하다가 할머니가 90세를 일기로 세상을 떠나자, 비로소 태위(太尉) 이수(李修)의 천거로 벼슬을 하였다.

있을 뿐 아니라, 모두 용감하여 전투에 능합니다. 지금 강족들이 감히 관중(關中)에 침입하지 못하는 까닭도 사실은 양주의 민중들을 두려워하기 때문입니다. 지금 양주를 포기하는 것은 좋은 계책이 아닙니다." 등즐은 우후의 말을 전해 듣고는 그가 자신에게 맞선다고 생각하고 추후 보복하겠다는 생각을 합니다.

얼마 후, 조가(朝歌)에서 민란이 일어나 관리들을 살해하는 일이 발생했습니다. 조정에서는 여러 차례 관리를 파견했으나 번번이 실패하고 말았습니다. 등즐은 보복할 수 있는 좋은 기회라 여겨 우후를 천거합니다. 이로 인해 우후는 조가의 현령으로 나갑니다. 이 소식을 들은 우후의 친지들이 걱정하자, 우후는 웃음을 지어 보이며 말했습니다. "쉬운 일만 구하지 아니하고, 어려운 일을 피하지 않는 것이 신하의 직분이라네. 만약 구부러진 뿌리와 울퉁불퉁한 마디를 만나지 못한다면, 어떻게 날카로운 무기를 구별할 수 있겠는가?"[119]

우후는 조가에 부임하여 민란을 말끔하게 수습했습니다. 또한 골칫거리인 강족도 물리쳤습니다. 조정에서는 능력을 높이 평가하여 무도태수(武都太守)에 임명합니다. '반근착절'에 관한 이야기는 송대(宋代)에도 이어집니다. "얽히고설킨 복잡한 일을 만나면 내 재능을 시험할 수 있고, 사람들이 바람에 쏠리듯 쫓아가는 일을 만나면 내 지조를 시험할 수 있으며, 어렵고 힘든 일을 만나면 내 사유 능력을 시험할 수 있고, 흔들림을 만나고 적과 싸워 이기면 내 힘을 시험할 수 있으며, 훼방과 모욕을 만나면 내

---

119 『후한서(後漢書)』,「우후전(虞詡傳)」: 詡笑日, 志不求易, 事不避難, 臣之職也. 不遇盤根錯節, 何以別利器乎.

도량을 시험할 수 있다."[120] (출전=『후한서後漢書』「우후전虞詡傳」.)

◆ 盤 : 소반, 쟁반. 根 : 뿌리. 錯 : 섞이다. 節 : 마디.

---

120 『계자통록(戒子通錄)』: 盤根錯節, 可以驗我之才. 波流風靡, 可以驗我之操. 艱難險阻, 可以驗我之思. 震撼折衝, 可以驗我之力. 含垢忍辱, 可以驗我之量.

반부논어(半部論語)

반 권의 논어   자신의 지식을 겸손하게 이르거나
                                                        배움의 중요함을 이름

일찍이 북송(北宋)의 명재상으로 불린 조보(趙普)[121]는 『논어』를 논함에 있어서, '반 권의 분량만 가지고도 능히 천하를 다스릴 수 있는 책'으로 높이 평가한바 있습니다. 그만큼 『논어』 속에 잠재하고 있는 치세의 진리가 듬뿍 담겨있음을 의미합니다. 사실 그가 명재상으로 이름이 난 것은 『논어』에 관한 일화 때문입니다. 조광윤을 도와 천하를 통일하는데 큰 공을 세웠지만 학문은 그리 깊지 않았습니다. 그가 관료로 임용된 이후, 태조가 학문을 권하자 손에서 책을 놓지 않았습니다. 태조에 이어 태종이 즉위한 뒤에도 승상으로 중용이 되었죠.

이에 반대하는 사람들이 적지 않았습니다. 그가 산동 사람임에도 『논

---

121 조보(趙普)가 어느 날, 황제에게 인재 한 사람을 천거했다. 하지만 황제는 마음에 들지
않아 결재를 하지 않았다. 계속해서 결재할 것을 요구하자, 황제는 조보 앞에서 결재서
류를 조각조각 찢어 버렸다. 그러나 조보는 눈 하나 깜짝 않고 찢어진 결재서류를 모아
집으로 가져갔다. 다음날 찢어진 서류를 그대로 붙여 황제에게 다시 결재를 청하자, 결
국 재가했다.

어』밖에 읽을 줄 몰라 중책을 맡기기에 적합하지 않다고 비방한 것이죠. 태종이 이 말을 듣고 조보에게 확인하자, 조보는 숨기지 않고 답했습니다. "신이 평생에 아는 바는 진실로『논어』를 넘지 못합니다. 그러나 과거에 그 절반으로 태조께서 천하를 평정하는 것을 보필했고, 이제 그 나머지 반으로써 폐하께서 태평성대를 이룩하는 것을 보필하고자 합니다."[122] 후일 조보가 죽은 뒤, 가족들이 유품을 정리하면서 조보의 책 상자를 열어 보니, 정말『논어』밖에 들어 있지 않았습니다.(출전=나대경羅大經,『학림옥로鶴林 玉露』.)

◆ 半 : 반, 절반. 部 : 나누다, 거느리다. 論 : 말하다, 말씀. 語 : 말씀.

---

122 나대경(羅大經),『학림옥로(鶴林玉露)』:趙普再相, 人言普山東人, 所讀者止論語. 太宗 嘗以此語問普, 普略不隱, 對曰, 臣平生所知, 誠不出此. 昔以其半輔太祖定天下, 今欲以 其半輔陛下致太平.

반식재상(伴食宰相)

하는 일 없이 자리만 지키는
무능한 재상

당나라의 6대 황제인 현종(玄宗)은 정권 탈취의 음모를 꾸미던 태평공주(太平公主)[123]와 그 일파를 제거하고 연호를 개원(開元)으로 바꾸었습니다. 그리고는 과감한 개혁을 실시하였습니다. 문무백관(文武百官)의 호사스러운 관복을 모두 불살라 사치를 금하고, 조세와 부역을 줄여 민중들의 부담을 덜어주는 동시에 형벌제도를 바로잡고, 부역을 면하기 위해 승적(僧籍)을 가지고 있는 사람들을 환속시키는 등 민생 안정에 주력하였습니다.

이와 같은 현종의 치세가 성공할 수 있었던 요인은 요숭(姚崇)과 송경(宋璟)이라는 걸출한 인물들 덕분이었습니다. 요숭이 재상으로 있을 때였습니다. 노회신(盧懷愼)도 마침 재상의 자리에 있었는데, 그는 청렴결백하고 검소한 인물이었습니다. 그가 재상 자리에 있을 당시, 재산 증식은 말할 것도 없고, 오히려 있는 재산을 어려운 사람들에게 나누어주어 식솔

---

123 측천무후(則天武后 : 624~705)의 딸.

들은 살아가기가 어려울 정도였지요. 하지만 그는 결정적으로 무능했습니다.

어느 날 요숭이 10여 일간 휴가를 떠나자, 노회신이 정사(政事)를 대행했습니다. 그는 정책을 결정해야 할 때마다 쩔쩔매지 않을 수 없었습니다. 날이 갈수록 처리 못한 공문서는 산더미처럼 쌓였습니다. 휴가를 마치고 돌아온 요숭은 노회신이 처리하지 못한 문서들을 신속하고도 깔끔하게 정리했습니다. 이때 노회신은 자신의 능력이 요숭에 크게 미치지 못함을 인식하고, 모든 정사를 요숭과 상의한 다음에야 처리할 수 있었습니다.

이 때문에 조정의 많은 관리들은 그를 가리켜 상반대신(相伴大臣)이라고 비웃거나, 같은 재상 옆에서 '하는 일 없이 자리만 차지하고 있는 무능한 재상'이란 뜻의 반식재상(伴食宰相)이라고 조롱하였습니다. 능력이나 전문지식과는 상관없이 학연이나 지연, 혈연에 따라 인사가 이루어지는 정서야 말로 조속히 배격해야 할 적폐(積弊) 가운데 하나입니다. 유능한 인사들 덕분에 자리만 지키고 있는 자들은 하루 빨리 떠나야 할 것입니다.(출전=『구당서舊唐書』「노회신전盧懷愼傳」.)

◆ 伴 : 짝. 食 : 먹다. 宰 : 재상, 벼슬아치. 相 : 서로.

백면서생(白面書生)

얼굴이 하얀 선비 　　　　　글만 읽어 세상 물정에 어두운 선비

　　남북조시대(南北朝時代) 때입니다. 449년 북위(北魏)의 태무제(太武帝)가
북방의 이민족인 유연(柔然)을 공격하자, 송(宋)나라의 문제(文帝)는 이때가
숙적 북위를 칠 절호의 기회라고 생각하고 문신(文臣)들과 북위를 공격할
방법을 의논했습니다.

　　이에 무신(武臣)인 심경지(沈慶之)[124]는 북벌(北伐) 실패의 전례를 들어 출
병을 반대하면서 이렇게 말했습니다. "국가를 다스리는 일은 집안일에 비
유할 수 있습니다. 밭가는 일은 농부에게 물어보고, 베 짜는 일은 하녀에
게 물어야 합니다."

　　"지금 폐하께서는 적국을 치려고 하면서 백면서생(白面書生)들과 도모

124　심경지는 어려서부터 무예를 익혀 기량이 뛰어났다. 이미 10세 때, 사병들을 이끌고 동진
　　(東晉)의 장군 손은(孫恩)의 반란을 진압했고, 40세 때는 이민족의 반란을 진압한 공로
　　로 장군에 임명되었다. 그 후에도 수많은 공을 세워 건무장군(建武將軍)에 임명되어 변
　　경 수비군의 총수로 부임하기도 하였다.

하시려고 하니, 일을 어떻게 이룰 수 있겠습니까?"[125] 하지만 문제(文帝)는 심경지의 충고를 무시하고 문신들과 논의 이후, 곧 바로 출병을 강행했다가 대패하고 말았습니다.(출전=『송서宋書』「심경지전沈慶之傳」.)

◆ 白:희다. 面:얼굴. 書:글. 生:살다.

---

125 『송서(宋書)』,「심경지전(沈慶之傳)」:爲國譬如家. 田事可問奴, 織事可問婢. 今陛下將欲攻敵國, 與白面書生輩謀之, 事何由濟.

백아절현(伯牙絶絃)

백아(伯牙)가 거문고 줄을 끊다   자기를 알아주는 참다운 벗을 잃다

『열자』에 나오는 이야기입니다. 백아(伯牙)는 거문고 연주의 대가였습니다. 하지만 그것을 들어줄 수 있는 능력의 소유자가 없다면 아무 소용이 없을 것입니다. 마침 백아에게는 종자기(鍾子期)[126]라는 음악에 소질이 탁월한 친구가 있었습니다. 따라서 백아가 거문고를 탈 때마다 그 뜻이 높은 산에 있으면, "훌륭하다! 우뚝 솟은 그 느낌이 태산 같구나!" 뜻이 흐르는 물에 있으면,

"멋있도다! 넘칠 듯이 흘러가는 그 느낌은 마치 강과 같구나!"라고 하였습니다. 그야말로 이심전심(以心傳心)[127]의 벗이었습니다. 백아가 뜻하는

---

126 백아와 종자기의 이야기는 『여씨춘추(呂氏春秋)』, 「본미(本味)」에도 나온다.

127 마음에서 마음으로 전하는 것. 어느 날, 석가세존이 제자들을 영취산(靈鷲山)에 모아 놓고 설법을 하였다. 그때 하늘에서 꽃비가 내렸다. 세존은 손가락으로 연꽃 한 송이를 말 없이 집어 들고 약간 비틀어 보였다. 제자들은 세존의 그 행동을 알 수 없었다. 그러나 가섭(迦葉)만이 그 뜻을 깨닫고 빙그레 웃었다. 그제야 세존도 빙그레 웃으며 가섭에게 말했다. "나에게는 정법안장(正法眼藏)과 열반묘심(涅槃妙心), 실상무상(實相無相), 미묘법문(微妙法門), 불립문자 교외별전(不立文字 敎外別傳)이 있다. 이것을 너에게 주마."

바를 종자기는 모두 알아들은 것이지요. 그러던 어느 날, 종자기가 죽고 말았습니다. 충격을 받은 백아는 더 이상 세상에서 자기를 알아주는 사람[知音]이 없다고 말하고, 거문고를 부수고 줄을 끊고 종신토록 연주를 하지 않았습니다.[128] (출전=『열자列子』「탕문湯問」.)

◆ 伯 : 맏이. 牙 : 어금니. 絶 : 끊다. 絃 : 줄, 거문고 줄.

이렇게 하여 불교의 진수는 가섭에게 전해졌다.

128 『열자(列子)』, 「탕문(湯問)」 : 伯牙善鼓琴, 鍾子期善聽. 伯牙鼓琴, 志在高山, 鍾子期曰, 善哉. 峨峨兮若泰山. 志在流水. 鍾子期曰, 善哉. 洋洋兮若江河. 伯牙所念, 鍾子期必得之. 子期死, 伯牙謂世再無知音, 乃破琴絶絃, 終身不復鼓.

백안시(白眼視)

눈을 하얗게 뜨고 보다

사람을 흘겨보거나
냉정한 눈길로 대하다

중국의 삼국시대 때, 완적(阮籍)[129]이란 은자(隱者)가 있었습니다. 그는 죽림칠현(竹林七賢)의 한 사람으로, 노장 사상에 심취하여 한세상을 보낸 사람입니다. 그도 본래는 관직에 나아갔으나 사마의(司馬懿)가 정변을 일으켜 정권을 잡자 벼슬을 그만두고 산야에 묻혀 살았지요. 그에 관한 내용이 『진서』, 「완적전」에 실려 있습니다. "완적은 예교에 얽매이지 않았고, (눈동자를 굴려) 흰자위를 드러나게 하거나 호의의 눈빛을 보이게 할 수 있었다. 세속의 예의범절에 얽매인 선비를 보면 흰자위를 드러내 흘겨보며 대했다."

"어느 날 혜희(嵇喜)가 찾아오자 완적은 눈의 흰자위를 드러냈다. 혜희는 기분이 상해 돌아가고 말았다. 혜희의 동생 혜강(嵇康)이 소식을 듣고

---

129 완적(阮籍 : 210~263)은 중국의 삼국시대 때 위나라 말기의 시인이며, 자(字)는 사종(嗣宗)이며 진류(陳留) 사람이다. 혜강과 함께 죽림칠현의 중심인물이다. 완적은 혜강의 형인 혜희에 대해서는 아첨하는 선비로 규정, 백안(白眼)으로 대했으나 아우인 혜강에게는 청안(靑眼)으로 대했나.

술을 들고 거문고를 끼고 찾아왔다. 완적은 크게 기뻐하며 검은 눈동자로 대했다. 이로부터 예법을 중시하는 선비들은 그를 원수 대하듯 미워했다."[130] 다시 말해 백안(白眼)은 흰자위를 드러내 흘겨봄을 뜻하고, 청안(靑眼)은 검은 눈동자를 가운데로 오게 하는 눈빛을 말합니다. 즉 완적이 '마음에 들지 않는 사람이 찾아오면, 흰자위를 드러낸 것이죠. '백안'은 이렇게 비롯되었습니다.(출전=『진서晉書』「완적전阮籍傳」.)

◆ 白 : 희다. 眼 : 눈. 視 : 보다.

---

130 『진서(晉書)』,「완적전(阮籍傳)」: 阮籍不拘禮敎, 能爲靑白眼. 見俗禮之士, 以白眼對之. 及嵆喜來, 卽籍爲白眼, 喜不懌而退. 喜弟康聞之, 乃齎酒挾琴造焉. 籍大悅, 乃見靑眼. 由是禮法之士疾之若讐.

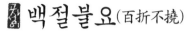

백절불요(百折不撓)

백 번 꺾여도 휘어지지 않는다
어떠한 상황에서도 굽히지 않는
강인한 정신력과 꿋꿋한 자세

후한(後漢) 때, 교현(喬玄)이란 청렴하고 강직한 사람이 있었습니다. 그는 항상 그릇된 일들과 맞서 싸웠습니다. 젊은 시절 한 현(縣)에서 직무를 수행할 때 외척 양기(梁冀)의 비호를 받던 진왕(陳王)의 상국(相國) 양창(羊昌)의 죄를 적발했고, 한양의 태수로 있을 때는 현령 황보정(皇甫禎)이 횡령죄를 범하자 사형에 처한 일도 있었습니다. 교현은 영제(靈帝) 때 상서령이 되었는데, 태중대부 개승(蓋升)이 황제를 배경 삼아 민중들에게 착취를 일삼자, 이를 조사하여 처벌토록 상소하였으나 받아들여지지 않자, 병을 핑계로 사직했습니다. 이후 영제가 태위(太尉) 벼슬을 내렸으나 끝내 받아들이지 않았지요.

하루는 교현의 열 살 난 아들이 강도들에게 붙잡혀 가는 일이 벌어졌습니다. 양구(陽球)라는 장수가 즉시 관병을 동원하여 뒤를 쫓았지만, 교현의 아들이 다칠까 염려가 되어 강도들을 포위만 하고 있을 뿐, 어떻게 손을 쓰지 못하고 있었죠. 그러자 교현이 화를 참지 못하고 소리쳤습니다. "강도들은 법을 무시하고 날뛰는 무리들인데, 어찌 나의 아들 때문에 그들을 놓아준다는 말인가!" 그의 사자후(獅子吼)와 같은 소리에 놀란 관병들은 즉각 강도들을 체포하였습니다. 그러나 안타깝게도 강도들을 제압하는 과정에서 아들은 살해되고 말았습니다. 이 때문인지 사람들은 교현을 더욱 높이 평가하였습니다.

교현은 죽으면서 남긴 유산이 전혀 없었고, 장례도 극히 간소하게 치러졌습니다. 조조(曹操)는 교현의 무덤을 직접 찾아 제사를 지내 주었으며, 채옹(蔡邕)은 교현을 위하여 태위교현비(太尉喬玄碑)라는 비문을 지었습니다. "그 성품은 엄격했으며, 화려함을 미워하고 소박함을 숭상했다. 백 번 꺾일지언정 휘어지지 않았고, 큰 절개에 임하여서는 빼앗을 수 없는 풍도를 지녔다."[131]고 칭송하였는데, 바로 채옹이 쓴 비문에서 백절불요(百折不撓)가 비롯되었습니다. '백절불요'와 유사한 말로는 백절불굴(百折不屈), 백절불회(百折不回), 불요불굴(不撓不屈), 위무불굴(威武不屈) 등이 세상에 전하고 있습니다.(출전=『후한서後漢書』「교현전喬玄傳」.)

◆ 百 : 일백. 折 : 꺾다. 不 : 아니다. 撓 : 휘어지다, 구부러지다.

---

131 『후한서(後漢書)』, 「교현전(喬玄傳)」 : 其性莊, 疾華尙朴. 有百折不撓, 臨大節而不可奪之風.

백중지세(伯仲之勢)

우열의 차이가 없이 엇비슷함 서로 어금버금한 형세

『예기(禮記)』라는 책에 보면 다음과 같은 구절이 있습니다. '어려서 이름을 짓고, 관례(冠禮)를 하고서 자(字)를 붙이며, 50세에 백중(伯仲)으로써 하고, 죽으면 시호(諡號)를 내리는 것은 주(周)나라의 도리(道理)이다.' 다시 말해, 아이가 태어나면 3개월 만에 이름을 짓고, 20세가 되면 손님들을 초대하여 관(冠)을 씌우고, 자(字)를 짓습니다. 50세가 되면 백(伯)과 중(仲) 등 형제의 순서를 나타내고, 죽으면 시호(諡號)를 내립니다. 이것이 주(周)나라의 관습입니다. 따라서 백중(伯仲)이란 본래 형제의 순서를 나타내는 말에서 비롯된 것입니다.

말하자면 형제는 서로 비슷하게 닮기 때문에 비교하여 우열(優劣)을 가리기 어렵다는 뜻입니다. 백중지세(伯仲之勢)에서 말을 살짝 바꿔 사용한 예가 있습니다. 바로 계절입니다. 가령 춘하추동(春夏秋冬)의 사계절을 나누어 지칭할 때, 봄에는 맹춘(孟春), 중춘(仲春), 계춘(季春)으로 나누고, 여름엔 맹하(孟夏), 중하(仲夏), 계하(季夏)로 나눕니다. 가을엔 맹추(孟秋), 중추(仲秋), 계추(季秋)로 나눕니다. 그리고 겨울엔 맹동(孟冬), 중동(仲冬), 계동(季冬)

으로 나누지요. 여기서 세 번째인 숙(叔)을 뺀 것은 열흘씩 나누다 보니 빠

진 것입니다.(출전=『예기禮記』「단궁상檀弓上」.)

◆ 伯 : 맏이. 仲 : 버금. 之 : 가다. 勢 : 기세, 형세.

부득요령(不得要領)

요령을 얻지 못하다   핵심이나 요점을 터득하지 못하다

한(漢)나라 무렵까지 만리장성의 서쪽은 미지의 세계였습니다. 한무제(漢武帝) 때, 흉노(匈奴)가 전성기를 맞아 침략을 일삼자 한나라는 큰 고통을 겪었습니다. 이에 무제는 대월지국과 연합하여 흉노를 협공키로 하였습니다. 문제는 대월지국으로 갈 사신이 없었습니다. 대대적으로 모집공고를 냈는데, 응한 사람이 장건(張騫)이라는 낭관(郎官)이었습니다.

장건은 농서(隴西)를 지나 흉노의 영토를 통과하다 그만 흉노의 포로가 되고 말았습니다. 흉노의 선우는, "월지는 우리나라 북쪽에 있는데 한나라가 사신을 보낼 수 있겠소? 내가 월(越)나라에 사신을 보낸다면 한나라는 기꺼이 허락하겠소?"라고 말하면서 장건을 억류했지요. 장건은 십여 년 동안이나 붙잡혀 있으면서 혼인도 하고 자식까지 두었습니다.

하지만 그는 한나라의 사신으로서의 직책만은 굳게 지키고 투항하지 않았습니다. 포로로 잡힌 지 10년이 지나 흉노의 감시가 느슨해지자 처자를 데리고 서방으로 탈출하여 월지로 향했습니다. 장건은 수십 일 후에 대원에 도착했습니다. 한나라에 물자가 풍부하다는 것을 알고 교류를 하

고 싶었던 대원의 왕은 장건 일행을 월지까지 안내해 주었습니다.

월지에서는 왕이 흉노에게 피살된 후, 태자를 왕으로 세웠으며 대하(大夏)를 정복하여 통치하고 있었는데, 땅이 기름져 생산물이 풍부하고 침략하는 나라도 없다 보니 안락한 생활을 했습니다. 따라서 한나라를 먼 나라로 여김은 물론 흉노를 보복할 마음도 없었습니다. 장건은 월지를 떠나 대하에 이르렀지만, 끝내 월지의 진의를 파악할 수 없었습니다.[132]

귀국 길에 오른 장건은 곤륜산 남쪽 기슭을 따라 카슈가르(Kashgar), 야르칸드(Yarkand), 우전(于闐), 누란(樓蘭)에서 차이담(Tsaidam) 분지를 지나 농서에 이르는 길, 곧 서역 남로를 택했습니다. 그러다 차이담 분지의 강족에게 또다시 억류되고 말았습니다. 장건은 1년여의 억류 끝에 겨우 탈출에 성공하여 무려 13년 만에 장안에 도착할 수 있었습니다.

목숨을 건 험난한 사신의 길이었지만, 그 과정에서 장건에 의해 알려진 동서 교통로는 이후 당나라 시대에 크게 형성된 비단길(Silk Road)이라는 중요한 무역로가 되었습니다. '부득요령'의 요(要)는 허리의 요(腰)와 같으며, 령(領)은 옷깃으로, 관건이나 핵심을 뜻합니다. 중국에서는 일반적으로 '부득요령'이라 하고, 우리나라에서는 '요령부득'이라 합니다. (출전=『사기史記』「대원열전大宛列傳」.)

◆ 不 : 아니다. 得 : 얻다. 要 : 허리. 領 : 옷깃, 목.

---

132 『사기(史記)』, 「대원열전(大宛列傳)」: 大月氏王已爲胡所殺, 立其太子爲王. 旣臣大夏而居, 地肥饒, 少寇, 志安樂. 又自以遠漢, 殊無報胡之心. 騫從月氏至大夏, 竟不能得月氏要領.

빈자일등(貧者一燈)

가난한 사람이 밝힌 등불 하나

물질의 많고 적음보다 정성이 중요
가난한 여인이 등불 하나를
석가세존께 바치다

코살라국의 사위성(舍衛城)에 난타(難陀)라는 여인이 살고 있었습니다. 그녀는 구걸로 겨우 목숨을 이어 갈 정도로 가난했습니다. 어느 날, 석가세존(釋迦世尊)이 사위성에 온다는 소식이 전해지자, 국왕을 비롯한 많은 사람들이 신분에 맞는 등불 공양을 올리기 위해 분주히 움직였습니다. 그녀 또한 등불 공양을 올리고자 했지만 너무 가난하여 할 수 있는 게 아무것도 없었습니다. 스스로 한탄하며 이렇게 말했지요. "전생에 범한 죄 때문에 가난하고 천한 몸으로 태어나 세상에서 가장 존귀한 분을 위해 등불 공양도 할 수 없구나."

스스로 한탄하며 온 종일 구걸해서 얻은 돈 한 푼을 들고 기름집으로 달려갔습니다. 기름을 사서 등불을 만들고자 한 것이지요. 하지만 기름집 주인은, "아니, 겨우 한 푼어치의 기름을 가지고 어디에 쓰려오?" 하면서 기름을 팔지 않았습니다. 기름이 너무도 간절한 그녀는 속에 있는 말을 진실하게 표하자, 주인은 감동하여 몇 배나 되는 기름을 주었습니다. 그녀는 기쁨에 넘쳐 등불 하나를 밝혀 석가세존께 바쳤습니다. 밤이 깊어 가면서, 세찬 바람이 불었습니다. 다른 등불은 다 꺼졌으나 그녀의 등불만은 홀로 밝게 빛났습니다.

등불이 다 꺼지기 전에는 석가세존이 잠을 이루지 않을 것이기에 시자(侍者) 아난이 가사 자락으로 등불을 끄려 하였으나 꺼지지 않았습니다. 이때 석가세존이 아난에게 말했습니다. "아난아, 부질없이 애쓰지 말아라! 그것은 가난하지만 마음 착한 한 여인의 넓고 큰 서원과 정성으로 켠 등불이니 결코 꺼지지 않으리라! 그 등불의 공덕으로 이 여인은 앞으로 30겁(劫) 뒤에 반드시 성불할 것이다. 그리고 이름을 수미등광여래(須彌燈光如來)라 할 것이다." 속담에 지성(至誠)이면 감천(感天)이라 했는데, 이와 같은 경우라 하겠습니다.(출전=『현우경賢愚經』「빈녀난타품貧女難陀品」.)

◆ 貧 : 가난하다. 者 : 사람. 一 : 하나. 燈 : 등불.

빙탄불상용(氷炭不相容)

얼음과 숯[불]은   성질이 완전히 달라
서로 용납할 수 없다   화합할 수 없는 사이

굴원(屈原)[133]은 초(楚)나라의 왕족으로 태어나 초나라 회왕(懷王) 때에 정사를 주관하는 좌도(左徒), 즉 보좌관에 임명되어 내정과 외교에서 활약하였습니다. 그는 삼려대부(三閭大夫)[134]라는 벼슬까지 올랐으나, 법령 입안 때 근상(靳尚) 등 정적들의 중상모략으로 왕의 곁에서 멀어지게 되었습니다.

굴원은 제(齊)나라와 동맹하여 진(秦)나라에 대항해야 한다는 합종책을 주장[135]했으나, 회왕은 오히려 연횡책을 받아들여 제나라와 단교하고 진

---

133 기울어 가는 초나라의 앞날을 걱정하며 왕에게 끊임없이 간(諫)했다. 이름은 평(平)이고, 원(原)은 자이다. 『사기(史記)』에서는 그의 일생을 이렇게 평했다. "흙투성이 허물을 벗고 매미가 빠져나오는 듯한 삶이었다. 혼탁한 세상에서 빠져나온 듯 티끌 하나 묻히지 않고 살아간 사람이다."

134 소(昭)·굴(屈)·경(景)의 세 귀족 집안을 다스리던 벼슬.

135 일반적으로 전국시대하면 일곱 나라를 지칭하지만, 실질적으로는 진(秦)나라, 초(楚)나라, 제(齊)나라 이렇게 3파전이었다. 결국 진나라의 시황제가 천하를 통일하지만, 진나라를 대신할 만한 나라가 있었다고 한다면 그것은 초나라였다. 굴원의 시대에는 아직 초나라에도 가능성이 있었고, 굴원은 그런 믿음을 가지고 국내의 친진파(親秦派)와 싸우다

나라와 화친하려 했다가 오히려 진나라에 기만당했습니다. 그럼에도 양국의 강화를 위해 자진하여 초나라의 인질이 된 장의(張儀)[136]마저 석방하였습니다.

그 후 진나라의 소왕(昭王)이 회왕에게 진나라 방문을 요청합니다. 굴원은 이를 반대했지만 회왕은 막내아들 자란(子蘭)의 권유에 따라 진나라를 방문했다가 억류당해 결국 돌아오지 못하고 객사했습니다. 큰아들 횡(橫)이 그 뒤를 이었고[경양왕(頃襄王)], 막내아들 자란은 영윤(令尹)[137]이 되었습니다.

굴원은 자란이 아버지를 객사하게 한 장본인이라고 비난하다가 또다시 모함을 받아 장강 이남의 소택지로 유배[138]당했습니다. 굴원은 결국 멱라수(汨羅水)에 몸을 던져 죽고 말았습니다. '빙탄불상용'은 이처럼 굴원의 '강직한 충성과 간신들의 아첨이 서로 용납될 수 없음'을 비유하여 쓴 말입니다.

한(漢)나라 무제(武帝) 때, 유별나게 박식한 인물이었던 동방삭(東方朔)[139]

패배한 것이다.

136 위나라 출신으로, 연횡책의 대가(大家)이다. 강대국 초나라를 망국의 위기로 몰아넣은 장본인이다.

137 재상(宰相) 이름.

138 유배되어 초췌한 몰골로 호숫가를 거닐고 있는 굴원에게 어부가 유배당한 이유를 묻는다. 세상 사람들이 모두 부패했는데 자기 혼자만 깨끗했기 때문에 추방당했고, 세상 사람들이 모두 술에 취해 있는데 자기 혼자만 맑은 정신이어서 추방당했다고 하였다. 이러한 굴원의 비타협적 선언에 어부는 노를 지으며 혼잣말처럼 노래하며 떠나갔다. 창랑의 물이 맑으면 갓끈을 씻고, 창랑의 물이 흐리면 발을 씻는다.(滄浪之水淸兮, 可以濯吾纓. 滄浪之水濁兮, 可以濯吾足.)

139 유별나게 박식한 사람으로 무엇을 물어도 모르는 것이 없어 한(漢)나라 무제(武帝)의 좋은 말상대로도 널리 알려진 인물이다.

은 초(楚)나라의 우국 시인이자 정치가였던 굴원(屈原)을 추모하며 「칠간
(七諫)」을 지었습니다. 멱라수에 몸을 던진 굴원이 이 시를 보면 어떨까
요? 「자비(自悲)」에 다음과 같은 내용이 들어 있습니다. 잠시 감상하겠습
니다.

인사의 불행을 슬퍼하면서	哀人事之不幸兮
목숨은 천명에 속한 바 함지에 위임한다	屬天命而委之咸池
몸은 병들어 쾌유되지 않은 채 있고	身被疾而不間
마음은 들끓어서 뜨거운 물과도 같도다	心沸熱其若湯
얼음과 숯이 서로 같이할 수 없음이여	氷炭不可以相并兮
내 본래부터 목숨이 길지 못한 것을 알았노라	吾固知乎命之不長
홀로 고생하다 죽어 낙이 없음이여	哀獨苦死之無樂兮
그대 연수(年數)를 다하지 못함을 안타까워하노라	惜子年之未央

(출전=『사기史記』「활계전滑稽傳」, 『초사楚辭』「칠간七諫」.)

◆ 氷 : 얼음. 炭 : 숯(불). 不 : 아니다. 相 : 서로. 容 : 얼굴, 용납하다.

사자후(獅子吼)

사자의 울부짖음   큰 목소리로 열변을 토하다

석가세존이 태어나자마자, 한 손은 하늘을 가리키고 한 손은 땅을 가리키며 일곱 걸음을 옮겨 돈 다음 사방을 돌아보며 이르기를, 천상천하유아독존(天上天下唯我獨尊.)[140]이라 하였습니다. 이는 『경덕전등록(景德傳燈錄)』에 나오는데, 여기서 '천상천하유아독존'은 다음과 같은 뜻으로 풀이하고 있습니다. "석가모니 부처님께서 도솔천에 태어나, 손을 나누어 하늘과 땅을 가리키며 사자후의 소리를 냈다."[141] 그리고 『유마경(維摩經)』에서는 "석가모니 설법의 위엄은 마치 사자가 부르짖는 것과 같으며, 그 강설은 우레가 울려 퍼지는 것과 같았다."[142]고 기록하고 있습니다.

아울러 '사자후'를 달리 해석하면, 뭇 짐승들이 사자의 울부짖음 앞에서는 꼼짝도 못하듯 석가세존의 설법 앞에서는 모두가 마음을 빼앗긴다

---

140   우주 속에 오직 나 홀로 존귀하다.

141   『경덕전등록(景德傳燈錄)』: 牟尼佛生兜率天, 分手指天地, 作獅子吼聲.

142   『유마경(維摩經)』, 「불국품(佛國品)」: 演法無畏, 猶獅子吼. 其所講說, 乃如雷震.

는 뜻으로 이해하기도 합니다. 한편 사자후를 아내의 불호령으로 쓰인 때도 있었습니다. 소동파(蘇東坡)는 친구인 오덕인(吳德仁)에게 보낸 시(詩) 가운데 같은 친구인 진계상(陳季常)[143]의 아내[144]가 남편에게 퍼붓는 욕설을 사자후로 표현한 것입니다. 편지로 된 이 시에는 다음과 같은 대목이 있습니다. 시 속에 나오는 용구 거사는 진계상으로, '하동(河東)의 사자 울음소리'로 불리는 아내의 소리에 꼼짝 못하는 공처가였습니다.

누가 용구 거사만큼 어진 사람 있던가	誰似龍丘居士賢
공(空)과 유(有)를 논하면서 밤을 지새우건만	談空說有夜不眠
문득 들려오는 하동의 사자후에	忽聞河東獅子吼
지팡이도 손에서 떨어지고 넋도 완전히 나갔다네	拄杖落手心茫然

(출전=『유마경維摩經』「불국품佛國品」 소동파蘇東坡의 시詩.)

◆ 獅: 사자. 子: 아들. 吼: 크게 울다.

---

143 소동파(蘇東坡)는 일찍이 황강(黃岡)으로 귀양을 갔었는데, 진계상과 심히 즐겁게 노닐었다. 진계상은 스스로 선학(禪學)에 심취했다고 생각했는데, 그의 처 유 씨는 표독스럽고 투기가 심해 진계상은 항상 처를 두려워했다. 손님들이 오면 욕을 그치지 않았는데, 소리가 밖에까지 들려 손님들은 좌불안석하다가 모두들 자리를 피해 버리곤 했다. 소동파는 시를 지어 진계상을 놀려댔다.(東坡謫黃岡, 與陳季常愜遊, 樂甚. 季常自以爲飽禪學, 而妻柳氏頗悍忌, 季常畏之. 客至, 或詬罵不已, 聲達於外, 客不安席, 數引去. 東坡因詩戲之云.)

144 일명 '하동(河東)의 사자 울음소리'라는 별칭이 붙은 사람이다.

사해 형제(四海兄弟)

세상의 모든 사람들이 형제   세상 사람들이 마음을 같이하면
                            누구나 형제처럼 지낼 수 있다

공자의 제자 가운데 사마우(司馬牛)라는 사람이 있습니다. 그가 걱정하면서 말했습니다. "사람들은 모두 형제가 있는데, 나만 유독 없구나!"[145] 자하(子夏)가 말했습니다. "내가 들으니, 죽음과 삶은 명(命)에 달려 있고, 부유함과 귀함은 하늘에 달려 있다고 하였다. 군자가 공경하고 실수하지 않으며, 남과 더불어 공손하고 예가 있으면 사해의 안이 모두 형제이니, 군자가 어찌 형제가 없음을 걱정하겠는가?"[146]

『춘추좌씨전(春秋左氏傳)』에 보면 송공(宋公)과 환퇴(桓魋)가 권력 투쟁하는 내용이 나옵니다. 사마우에게는 환퇴 외에도 상소(向巢)라는 형이 있었고, 자기(子顧)와 자거(子車)라는 두 동생이 있는 것으로 나옵니다. 따라서

---

145 사마우의 형 사마환퇴(司馬桓魋)는 포악무도한 악한으로 송(宋)나라에서 일어났던 반란에 가담(권력 투쟁)하였다가 실패한 후, 망명하여 떠도는 신세였다. 한때 공자를 죽이려고까지 하였다.

146 『논어(論語)』, 「안연(顏淵)」: 司馬牛憂曰, 人皆有兄弟, 我獨亡. 子夏曰, 商聞之矣. 死生有命, 富貴在天. 君子敬而無失, 與人恭而有禮, 四海之內, 皆兄弟也. 君子何患乎無兄弟也.

그의 형제는 적어도 다섯이나 되는 것으로 보입니다. 하지만 송공과 권력 투쟁 결과, 패배하여 환퇴는 위(衛)나라로 도망가고 상소는 노(魯)나라로, 사마우는 제(齊)나라로 도망갔습니다.

후에 환퇴가 위나라에서 제나라로 도망가자, 제나라에 있던 사마우는 오(吳)나라로 도망갔습니다. 이를 볼 때, 형제들의 관계가 그리 좋지 않았던 것으로 보입니다. 형제가 사방으로 흩어져 생사를 알 수 없게 되자, 걱정이 된 사마우가 형제가 있어도 없는 것처럼 한탄하자, 이 말을 들은 자하가 사마우를 위로하면서 위와 같은 말을 한 것입니다. 형제들의 관계가 얼마나 중요한지를 알 수 있는 대목입니다. (출전=『논어論語』「안연顏淵」.)

◆ 四 : 넷. 海 : 바다. 兄 : 형. 弟 : 아우.

삼마태수(三馬太守)

세 마리의 말만 타고 오는 태수   재물을 탐하지 않는 청백리

송흠(宋欽)은 조선 성종(成宗) 때인 1492년 식년과(式年科)에 급제하여 승문원(承文院)에서 근무하던 중 연산군(燕山君)의 폭정을 비판하다 관직에서 물러났습니다. 그러나 중종반정(中宗反正) 이후, 1516년에 복직하여 홍문관 박사(弘文館博士), 사헌부 지평(司憲府持平) 등의 관직에 올랐으며, 담양부사(潭陽府使)와 장흥 부사(長興府使), 전주 부윤(全州府尹), 전라도 관찰사(觀察使) 등 지방의 외직을 두루 거쳤습니다.

당시 조선에서는 지방관이 사용할 수 있는 역마(驛馬)의 수를 관직에 따라 법으로 정해 놓고 있었습니다. 『경국대전(經國大典)』에 의하면, 부사의 경우에는 짐을 운반하는 태마(駄馬) 1필을 포함하여 3필의 말을 쓸 수 있었고, 수행하는 사람을 위해 4필의 말을 쓸 수 있도록 되어 있었죠. 그 때문에 대부분의 지방관은 7~8필 이상의 말을 타고 떠들썩하게 부임하기 일쑤였습니다. 하지만 송흠은 세 필을 넘지 않았습니다.

그는 항상 검소하게 행차했으며, 짐도 대단히 간략하게 꾸렸습니다. 때문에 그는 재물을 탐하지 않는 청렴한 관리로 민중들에게 존경받았으며,

이른바 삼마태수(三馬太守)로 불렸습니다. 여기서 비롯된 '삼마태수'는 후일 청백리(淸白吏)를 뜻하는 말로 쓰였습니다. 대부분의 고사(故事)가 중국에서 유래됐지만, 이 고사는 우리나라에서 주로 거론되고 있습니다. 송흠과 관련한 당시 사람들 평은 위와 같이 청렴 그 자체였습니다.[147] (출전=『연려실기술燃藜室記述』「중종조中宗朝의 명신名臣」.)

◆ 三 : 셋. 馬 : 말. 太 : 크다. 守 : 지키다.

---

147 "송흠(宋欽)은 매번 지방에 수령으로 부임할 때에 신영(新迎)하는 말이 세 필밖에 안 되었다. 공이 타는 말이 한 필이고, 그의 어머니와 아내가 각각 한 필씩 탔다. 당시 사람들은 그를 삼마태수라고 불렀다."(『연려실기술(燃藜室記述)』 : 宋孝憲公欽, 每出宰赴任, 新迎馬只三匹, 蓋公之所乘者一馬, 而母與妻各一馬. 時人謂之三馬太守.)

선자외시(先自隗始)

먼저 외(隗)로부터 시작하라

큰일을 이루려면
가까운 일부터 시작하라

전국시대(戰國時代), 연(燕)나라는 제(齊)나라에게 영토의 태반을 정복당한 적이 있습니다. 그런 이유로 당시 왕위에 오른 소왕(昭王)은 국력회복과 인재를 구하는 일에 힘썼지요. 소왕이 신하인 곽외(郭隗)에게 나라를 일으키는데 충분한 인재는 어떻게 하면 얻을 수 있는지를 물었습니다. 곽외는 다음과 같이 답했습니다.

"저는 이러한 이야기를 들었습니다. 옛날 어느 군공(君公)이 천금을 내걸고 천리마(千里馬)를 구하려고 했으나, 3년이 지나도록 뜻을 이루지 못했습니다. 그때 한 사람의 연인(涓人)[148]이 자원하고 나섰으므로 천금을 내주며 천리마를 구해오라고 했습니다. 그 사나이는 3개월 정도 걸려 천리마가 있는 곳을 알아냈습니다."

"하지만 안타깝게도 그 사나이가 도착하기 전에 말이 죽어버렸습니다. 그래서 죽은 말의 뼈를 5백금을 주고 사가지고 왔지요. 군공(君公)은 크게

---

148 궁중(宮中) 내에서 소식을 전하거나 청소하는 사람을 말한다.

노(怒)하여 '내가 바라는 것은 산말이다. 어찌 죽은 말을 5백금이나 주고 사왔느냐?'라며 호통을 쳤습니다. 그러자 사나이는 물러서지 않고, '아닙니다. 제 말씀을 들어주십시오."

"천리마(千里馬)라면 죽었음에도 5백금으로 사겠다고 하였으니, 살아있는 말이라면 얼마나 많은 돈을 줄 것인가? 하고 사람들은 생각할 것입니다. 염려하지 않으셔도 멀지 않아 반드시 희망하는 말이 찾아올 것입니다.'라고 답했습니다. 과연 1년도 채 되지 않아 천리마를 끌고 온 사람이 세 사람이나 되었다고 합니다."

"진정 현인(賢人)을 원하신다면 '먼저 이 외(隗)로부터 시작'하십시오! '외(隗)같은 사람도 저렇게 후한 대접을 받고 있는데, 하물며 그보다 어진 사람들이야 이를 것이 있겠는가?' 라며 현인들은 천리를 마다 않고 올 것입니다." 이리하여 소왕은 외(隗)를 위해 황금대(黃金臺)라는 궁전을 세우고 스승으로 예우했습니다.

이 사실이 순식간에 제국(諸國)에 퍼지자, 천하의 현인들이 앞을 다투어 연(燕)나라로 찾아왔습니다. 조(趙)나라의 명장 악의(樂毅)가 오고, 음양설의 시조인 추연(鄒衍), 정치의 대가인 극신(劇辛) 등이 왔습니다. 이들의 도움으로 소왕은 오래지 않아 제국과 함께 제(齊)나라를 격파하여 숙원(宿怨)을 이루게 되었습니다.(출전=『전국책戰國策』「연책燕策」.)

◆ 先 : 먼저. 自 : ~로부터. 隗 : 나라이름. 始 : 시작하다.

성동격서(聲東擊西)

동쪽에서 소리를 내고
서쪽을 치다

상대방을 교묘하게 속여 공략하다
중국의 고대 병법인
『삼십육계비본병법(三十六計秘本兵法)』
의 6번째 계책

『회남자(淮南子)』,「병략훈(兵略訓)」에 다음과 같은 말이 있습니다. "용병의 도는 부드러운 것으로 적에게 보여 주고 강함으로 맞이하며, 약한 것으로 보여 주고 강함을 타며, 움츠리는 것처럼 했다가 펴는 것으로 대응하며, 서쪽을 도모하려면 동쪽으로써 보여 준다."[149] 이른바 '성동격서'의 대표적인 예로는 조조(曹操)가 1만 명의 군대로 원소(袁紹)의 10만 대군을 격파한 관도(官渡)의 전투를 들 수 있습니다.

원소와 조조는 젊은 시절부터 경쟁을 했던, 숙명의 라이벌이었습니다. 원소는 증조부 원안(袁安)이 사도(司徒)가 된 후 4대에 걸쳐 삼공(三公)을 배출한 최고 명문가에서 태어난 귀공자였지요. 조조 역시 표면상으론 권문세가의 자제였습니다. 환관이 조정을 좌지우지하던 후한(後漢)의 환제(桓帝) 시대 환관의 최고 관직인 중상시(中常侍)였던 조등(曹騰)이 조조의 아버

---

149 『회남자(淮南子)』,「병략훈(兵略訓)」: 用兵之道, 示之以柔而迎之以剛, 示之以弱而乘之
    以强, 爲之以歙而應之以張, 將欲西而示之以東.

지 조숭(曹嵩)을 양자로 들인 덕분이었지요.

조조의 집안은 원래 하후(夏侯)씨였으나 이로부터 조(曹) 씨 성을 지니게 된 것입니다. 조조나 원소는 모두 젊은 시절부터 비교적 탄탄한 정치적 경험을 쌓았습니다. 원소는 20세에 복양(濮陽) 현장(縣長)으로 재임했고, 조조도 20세에 효렴(孝廉)에 추천되어 관계(官界)에 진출한 후 유능한 관리로 활약했지요. 당시 조조는 낙양북부위(洛陽北部尉)로 임명되어 엄격한 법 시행으로 낙양의 치안을 바로잡았습니다.

30세 때 제남국(濟南國)의 상(相)으로 승진한 조조는 뇌물이 횡행하고 독직 사건이 빈번했던 영내의 관료 8할을 면직시키고, 민중들을 괴롭히는 제사를 엄금하는 등, 눈부신 활약을 펼쳤습니다. 때 마침, 후한의 제12대 황제인 영제(靈帝)가 죽자, 대장군 하진(何進)과 원소는 환관들을 일소할 계획을 세우고 동탁(董卓) 등 무장들을 부릅니다. 하지만 계획이 누설되어 하진은 동탁이 합류하기 전에 살해당합니다.

환관과 외척의 싸움에서 환관이 승리를 거둡니다. 하지만 궁중이 또 다시 혼란에 빠지자 원소는 틈을 이용하여 환관들을 모두 죽여 버립니다. 막강한 군사력을 보유한 동탁은 상경하자마자 소제(少帝)를 폐하고 진류왕(陳留王)을 황제로 세웠는데, 이 사람이 후한의 마지막 황제인 헌제(獻帝)입니다. 원소는 표면적으로 동탁에게 복종하는 척했으나, 결국 기주(冀州)로 도망하여 동탁 토벌 동맹군을 결성합니다.

조조 역시 진류(陳留)로 돌아가, 가재(家財)를 털어 군사를 일으킵니다. 이처럼 각처에서 일어난 군웅들이 모여 이른바 '반동탁군'인 관동군(關東軍)을 결성하고 그 맹주로 원소를, 분무장군(奮武將軍)으로 조조를 추대합니다. 그러나 군벌들은 서로 눈치만 보며 사태를 관망하고 있었고, 조조는

174

동탁군에 맞서 고군분투하다 대패하여 목숨까지 잃을 뻔했습니다. 원소는 사실 동탁을 칠 생각까지는 없었습니다.

따로 황제를 세운 후에 상황을 봐서 자리를 대신할 속셈이었죠. 이처럼 군벌들의 서로 다른 셈법들 때문에 동맹군의 활동은 지속되지 못했습니다. 한편 농서(隴西) 출신으로 농서 쪽에 세력 기반을 가지고 있던 동탁은 낙양에 있는 것 보다는 농서에 가까운 장안(長安)에 있는 것이 유리하다는 생각에 헌제를 모시고 장안으로 돌아갑니다. 동탁은 낙양을 떠나면서 낙양을 파괴하고 민중들을 강제 이주시켰습니다.

후일, 왕윤(王允)이 동탁과 여포(呂布)의 사이를 갈라놓자, 여포가 동탁을 살해합니다. 이렇게 되자 중앙은 권력의 공백 상태를 맞이하게 되었고, 이 공백을 자연스럽게 메운 사람이 조조입니다. 조조는 건안(建安) 원년(196) 헌제의 부름으로 낙양에 입성하여 '천자를 옆에 끼고 제후를 호령하는'[150] 실권자로 부상합니다. 같은 해, 조조는 낙양이 황폐해졌다는 이유로 자신의 근거지인 허창(許昌)으로 천도합니다.

그리고 자신은 스스로 대장군(大將軍)이 됩니다. 조조는 헌제를 배후에서 조종하여 원소를 태위에 임명하였습니다. 하지만 원소가 이 직책을 정면으로 거부하고 나서자, 조조는 원소를 달래기 위해 대장군의 직위를 그에게 양보합니다. 또한 손권(孫權)을 파로장군(破虜將軍)으로 봉하고 회계태수(會稽太守)를 겸직하도록 하는 등, 조조는 천자를 끼고 제후를 호령하면서 급속하게 그 세를 확장시켜 나갔습니다.

건안 2년(197) 봄, 원술(袁術)이 수춘(壽春)에서 황제를 칭하자, 조조는

---

150 挾天子以令諸侯.

'천자의 명을 거부하는 자에게 호령한다'는 명분을 내걸고 원술을 즉각 멸망시켰습니다. 이어 여포를 멸하고, 장양(張楊)의 내분을 이용해 하내(河內)를 손에 넣었습니다. 조조의 세력은 서쪽으로 관중(關中), 동쪽으론 연주(兗州), 예주(豫州), 서주(徐州)까지 미쳐 황하 이남과 회수(淮水), 한수(漢水) 이북의 광활한 땅을 차지하게 됩니다.

한편 원소는 건안 3년(198) 유주(幽州)의 공손찬(公孫瓚)을 멸망시키고 청주(靑州), 유주, 기주(冀州), 병주(幷州)를 얻어, 황하 이북의 광대한 땅을 수중에 넣습니다. 그리고 많은 인재를 모았으며, 10만의 정예부대와 1만의 기병을 갖췄습니다. 상황이 이렇게 되자, 화북을 두고 원소와 조조 사이에 전운이 감돌기 시작했습니다. 하지만 조조는 원소의 대군 외에 또 하나 급하게 해결해야 할 복병이 있었습니다.

바로 동방에 있던 유비(劉備)였습니다. 유비가 원소와 연대하여 쳐들어 올 가능성이 높았기 때문입니다. 건안 4년(199) 정월, 조조는 선즉제인(先則制人)하기 위해 신속하게 부대를 이끌고 서주(徐州)의 유비 진영을 쳤습니다. 유비는 겨우 피신하여 원소에게 투신합니다. 조조는 또 하비성(下邳城)을 공략(攻略)하여 유비의 대장인 관우(關羽)를 생포하는 공적을 올렸습니다. 장비(張飛) 또한 도망치고 말았습니다.

원소의 모사인 전풍(田豊)은 기회를 틈타 허창을 공격할 것을 건의했으나 원소는 아들이 병이 났다는 등의 이유로 출병하지 않았습니다. 조조가 성공리에 출정을 마치고 관도로 돌아오고 난 후에야 원소는 비로소 여러 장수를 불러 모아 허창 공격을 논의합니다. 모사 전풍은 이미 형세가 변했다며 원소에게 뒷날을 기약할 것을 건의했지만, 원소는 전풍이 군심을 동요시켰다는 이유로 감옥에 넣어 버립니다.

그리고 그는 주저하지 않고 허창 공격의 깃발을 높이 듭니다. 이것이 이른바 성동격서(聲東擊西)의 전략이 나온 관도 전투의 역사적 배경입니다. 건안 4년(199) 6월, 원소는 저수(沮受)를 감군(監軍)으로 하여 10만 대군을 이끌고 근거지인 업성(鄴城)을 출발합니다. 원소는 황하를 건너 백마(白馬)를 손에 넣고 관도를 탈취하여 허창을 함락시킬 계획을 세웁니다. 다급해진 조조는 긴급 참모회의에 돌입합니다.

곽가(郭嘉)와 순욱(荀彧) 등의 참모와 논의한 결과, 당시의 형세와 양쪽 진영의 정황 등을 종합적으로 고려해 볼 때 '방어가 최선책'이라 판단하고, 그해 8월 주력부대를 관도 일대에 포진시키고 원소를 기다렸습니다. 관도는 허창에서 200리(80여 킬로미터) 거리에 불과하여 인후(咽喉)에 해당하는 전략적 요충지[151]였습니다. 게다가 원소는 병사가 많았으므로 조조군의 퇴로를 차단하는 작전으로 나왔습니다.

원소는 안량(顔良)에게 군사 1만을 주어 조조군의 전략적 요충지인 백마성(白馬城)을 공격하도록 하고, 자신은 군대를 이끌고 조조군을 섬멸하고자 했습니다. 충분히 많은 군사를 거느리고 있는 만큼 군사를 나누어 일거에 밀어붙이겠다는 전략이었지요. 안량의 공격으로 백마성이 위급해지자 수비대장인 유연(劉延)이 조조에게 긴급 지원을 요청합니다. 급보를 받은 조조는 대책을 위해 참모들과 숙의했습니다.

참모 가운데 순유(荀攸)가 계책을 내놓았습니다. "원소의 근거지인 '업성'을 공격하는 척하십시오. 원소는 반드시 군대를 나누어 '업성'을 구하러 갈 것입니다. 그러면 우리는 그 틈을 타 정예부대를 보내 백마성을 포

---

151 관도를 잃으면 허창의 방어선이 뚫리는 셈이었기 때문에 신중하지 않을 수 없었다.

위하고 있는 안량의 군대를 습격하는 것입니다." 조조는 이 계책에 따라 군사를 이끌고 연진(延津)으로 출발합니다. 이 소식을 들은 원소는 역시 군대를 이끌고 연진으로 급히 달려갔습니다.

순유의 예측대로 원소가 조조의 계략에 빠져 군대를 움직이자, 조조는 즉시 방향을 바꾸어 백마성으로 향했습니다. 백마성을 포위하고 있던 안량은 조조가 연진과 업성을 공격하기 위해 군대를 움직였다는 소식을 듣고 느긋하게 있다 조조의 기습을 받게 됩니다. 이 전투에서 조조에게 상빈(上賓)의 예우를 받던 관우는 안량이 죽자 안량이 이끌던 군대는 와해되었으며, 이로써 백마의 포위는 풀리게 되었습니다.

한편, 원소가 연진에 달려가 보니 연진은 무사했습니다. 하지만 적의 함정에 빠진 것을 알게 된 원소는 급히 백마성으로 달려갔으나, 성(城)을 공격하던 군사들은 물론 안량도 이미 죽고 말았습니다. 원소의 공격으로부터 백마성을 더 이상 지키기 어렵다고 판단한 조조는 민중들을 이끌고 백마성을 빠져나갔습니다. 원소가 백마성을 점령하면 민중들을 하나도 남김없이 살육할 것이 분명했기 때문이었지요.

원소는 유비와 문추(文醜)를 보내 조조를 추격했지만, 조조의 계략에 빠져 다시 한 번 대패하고 명장인 문추를 잃고 말았습니다.[152] 결과적으로 관도의 전투에서 승리한 조조는 황하를 건너 북상하여 창정(倉亭)의 전투에서 또다시 원소의 군을 깨뜨립니다. 원소는 '업성'으로 돌아갔고, 조조는 '허창'으로 개선했습니다. 조조에게 대패한 원소는 충격을 받아 건안 7년

---

152 문추를 누가 죽였는지 정사에는 기록이 없다. 『삼국연의(三國演義)』에는 관우가 죽인 것으로 되어 있으나, 실제로는 관우가 아닌 혼전(混戰) 중에 죽은 것으로 추측된다.

(202), 피를 토하다가 5월에 사망했습니다.(출전=『회남자淮南子』「병략훈兵略訓」, 『삼국지三國志』「위서魏書」.)

◆ 聲 : 소리. 東 : 동녘. 擊 : 치다. 西 : 서녘.

성중형외(誠中形外)

안에 있는 진실함은	마음속에 품은 순수한 마음은
겉으로 드러난다	저절로 밖으로 드러난다

『대학』에 다음과 같은 말이 있습니다. "이른바 그 뜻을 '성실히 한다'는 것은 '스스로 속이지 않는 것'이니, 나쁜 냄새를 싫어하는 것처럼 하며, 아름다운 색을 좋아하는 것처럼 하는 것이다. 이것을 일러 스스로 만족[153]한다고 한다. 그러므로 군자는 반드시 그 홀로 삼가는 것이다. 소인은 한가롭게 있을 때 선(善)하지 않은 일을 하면서 이르지 않는 바가 없이 하다가 군자를 본 후에 은근슬쩍 그 선하지 않음을 가리고 그 선함을 드러낸다."

"남들이 자기 보는 것을 그 폐(肺)와 간(肝)을 보듯 하니, 그런즉 무슨 유익함이 있겠는가? 이것을 일러 마음이 성실하면 밖으로 드러난다고 한다. 그러므로 군자는 반드시 그 홀로 있음을 삼가는 것이다. 증자가 이르기를, '열 눈이 보는 바이며, 열 손이 가리키는 바이니, 그 엄중함이여!' 부유함은 집을 윤택하게 하고, 덕(德)은 몸을 윤택하게 한다. 마음이 넓어지면 몸이 펴지니, 그러므로 군자는 반드시 그 뜻을 성실히 하는 것

153　여기서 '만족'은 겸(謙=慊)의 다른 말이다.

180

이다."[154] (출전=『대학大學』 전6장).

◆ 誠 : 정성. 中 : 가운데. 形 : 형상. 外 : 바깥.

---

154 『대학(大學)』, 傳六章 : 大學所謂誠其意者, 毋自欺也. 如惡惡臭, 如好好色, 此之謂自謙.
故君子必愼其獨也. 小人閒居, 爲不善, 無所不至, 見君子而後, 厭然揜其不善, 而著其善.
人之視己, 如見其肺肝, 然則何益矣. 此謂誠於中形於外. 故君子必愼其獨也. 曾子曰, 十
目所視, 十手所指, 其嚴乎. 富潤屋, 德潤身. 心廣體胖, 故君子必誠其意.

소규조수(蕭規曹隨)

소하(蕭何)가 법을 만들고 조참(曹參)은 따르다	예전부터 쓰던 제도를 그대로 따르다

유방(劉邦)이 한(漢)나라를 창업하는데 크게 기여한 소하(蕭何)와 조참(曹參)은 유방의 고향인 패현(沛縣)의 하급 관리 출신으로, 유방이 거병하자 유방을 따라나섰습니다. 매우 친했던 두 사람은 초한(楚漢) 전쟁 승리 후, 논공행상(論功行賞)하는 가운데 사이가 틀어졌습니다. '한 번도 전장에서 말을 달린 일 없이 그저 붓과 입만 놀린'[155] 소하가 일등 공신이 되어 승상으로 임명된 반면, 수많은 부상을 통해 혁혁한 무공을 세운 조참은 산동(山東) 지방 제후국의 상국(相國)으로 임명되어 황제의 곁을 떠났기 때문이지요.

한나라 고조가 죽고 혜제(惠帝)가 그 뒤를 이은 2년 후, 소하가 죽었습니다. 이 소식을 들은 조참은 상경(上京)을 서두르면서 '내 곧 승상이 될 것이다.'라고 말합니다. 얼마 후, 과연 황제의 사자(使者)가 당도했습니다. 두 사람은 천하가 다 알 만큼 사이가 나빴지만, 조참은 소하가 죽으면서 자

---

155 『사기(史記)』, 「조상국세가(曹相國世家)」: 未嘗有汗馬之勞, 徒持文墨議論.

신을 후임으로 천거할 것을 짐작하고 있었기 때문입니다. 조참은 마침내 승상에 오른 뒤, 오로지 전임 승상이 만든 법을 충실히 따를 뿐, 무엇 하나 고치는 일이 없었습니다. 다만 언행이 질박하고 꾸밈없는 사람을 발탁했습니다.

또한 눈에 보이는 실적과 명성만 탐하는 관리들은 내쳤습니다. 나머지는 밤낮으로 술만 마셨습니다. 경대부와 관리들, 그리고 빈객들이 간언을 위해 오면 좋은 술을 대접했으며, 말을 하려고 하면 다시 술을 권해 대취하게 만들어 그냥 돌아가게 했습니다. 승상이 이렇게 정무를 돌보지 않자, 혜제는 마침내 승상을 불러 면전에서 힐문(詰問)합니다. 이에 조참이 관을 벗으며 답했습니다. "폐하와 선제 중에 누가 더 뛰어나다고 생각하십니까?" "짐이 어찌 선제를 넘보겠소." "그러면 저와 소하 중 누가 더 낫습니까?"

"그대가 미치지 못하는 것 같소." 그러자 조참이 말합니다. "폐하의 말씀이 옳습니다. 선제와 소하는 천하를 평정하고 법령과 제도를 제정했습니다. 그러므로 폐하는 가만히 계시면 되고, 신(臣) 등은 직책을 잘 따르기만 하면 되지 않겠습니까?" 이에 혜제는, "그대 말이 옳소. 그만 하시오!"[156] 이처럼 소하가 정해 놓은 법령을 조참이 운용만 하던 상황을 전한(前漢) 말의 학자인 양웅(揚雄)은 『양자법언(揚子法言)』에서 "소하는 법규를

---

156 『사기(史記)』, 「조상국세가(曹相國世家)」: 參免冠謝曰, 陛下自察聖武孰與高帝. 上曰. 朕乃安敢望先帝乎. 曰, 陛下觀臣能孰與蕭何賢. 上曰, 君似不及也. 參曰, 陛下言之是也. 且高帝與蕭何定天下, 法令旣明, 今陛下垂拱, 參等守職, 遵而勿失, 不亦可乎. 惠帝曰, 善, 君休矣.

만들고, 조참은 따랐다."[157]고 기록하고 있습니다. '소규조수'의 유래입니

다.(출전=『사기史記』「조상국세가曹相國世家」.)

◆ 蕭 : 쓸쓸하다. 規 : 법. 曹 : 무리. 隨 : 따르다.

---

157 『양자법언(揚子法言)』,「연건(淵騫)」: 蕭也規, 曹也隨.

송양지인 (宋襄之仁)

송(宋)나라 양공(襄公)의 인(仁)

쓸데없는 인정을 베풀거나
불필요하게 배려하는 어리석은 행동

춘추시대(春秋時代) 때, 송나라의 환공(桓公)이 세상을 떠나자, 태자 자보(玆父)가 뒤를 이어 왕위에 올랐는데, 이 사람이 양공(襄公)입니다. 양공은 서형(庶兄)인 목이(目夷)[158]를 재상에 임명했습니다. 양공 7년, 송나라 땅에 운석이 비처럼 쏟아졌는데, 이를 본 양공은 자신이 패자(覇者)가 될 징조라며 야망을 품기 시작합니다. 이듬해인 양공 8년, 당시의 패자인 제(齊)나라 환공(桓公)이 죽습니다. 양공은 야망을 이루기 위해 제나라로 쳐들어가 공자 소(昭)를 세워 추종 세력을 만들었습니다.[159]

---

158 송나라 환공(桓公)이 병석에 있을 때, 태자인 자부(玆父)는 인덕(仁德)이 있는 서형(庶兄) 목이(目夷)에게 태자 자리를 양보하려 했으나 목이가 사양함에 따라 자보가 위(位)에 올라 양공(襄公)이라 일컫고 목이를 재상에 임명한 것이다.

159 당시 제나라 환공은 관중(管仲)이 죽은 후, 관중이 추천한 습붕(隰朋)을 등용하지 않고 자신이 신임하는 내시 수조(竪刁)를 재상에 임명하였다. 수조는 재상이 된 지 3년 만에 개방, 역아 등과 공모하여 난을 일으켜 환공을 남문에 있는 침전 수위의 방에 가두어 굶어 죽게 만들었다. 환공이 죽자 그의 다섯 아들이 아버지의 뒤를 잇기 위해 서로 다투느라 장례도 치르지 못해 환공의 시체가 67일 동안 방치되어 시체에서 생긴 구더기가 문밖까지 기어 나올 정도였다. 양공은 이 틈을 타 제나라를 친 것이다.

상황이 유리하게 돌아가자, 양공은 점점 교만해졌습니다. 목이는, "작은 나라가 패권을 다투는 것은 화근"이라 간언했으나 양공은 듣지 않았습니다. 그해 가을 우(盂) 땅에서 회맹했는데, 초(楚)나라가 양공을 포로로 잡았다가 겨울에 풀어줍니다. 이런 치욕을 당하고도 양공의 야망은 수그러들지 않습니다. 이듬해 여름, 양공은 자기를 무시하고 초나라와 통교한 정(鄭)나라를 쳤습니다. 그러자 그해 가을, 초나라는 정나라를 구원하기 위해 대군을 파병합니다. 양공이 초나라와 싸우게 되었습니다.

대부 자어(子魚)가 불가하다고 간했지만, 양공은 초나라 군대를 홍수(泓水)에서 맞아 싸우기로 했습니다. 송나라 군대가 먼저 홍수에 도착했고, 초나라 군대는 나중에 도착하여 막 강을 건너고 있었습니다. 목이가 건의합니다. "저쪽은 수가 많고 우리는 적으니 건너기 전에 쳐야 합니다."[160] 그러나 양공은 듣지 않았습니다. 초나라 군대가 강을 건너와 전열을 정비하고 있자 목이가 지금이야 말로 기회라고 여겨 치자고 했습니다. 이에 양공은 적이 진용을 정비한 후에 치자며 거부했습니다.

초나라 군대가 전열을 정비하자, 이제야 송나라는 공격을 했습니다.[161] 하지만 대패했습니다. 양공 자신도 부상을 입었습니다. 사람들은 양공을 비난했습니다. 그러자 양공이, "군자는 다른 사람이 어려움에 처해 있을 때 곤란하게 만들지 않고, 전열을 갖추지 않은 상대방을 공격하

---

160 『사기(史記)』, 「송미자세가(宋微子世家)」: 彼衆我寡, 及其未濟擊之.

161 당시만 해도 싸울 장소나 시간을 정하고, 북이 울리면 전쟁을 시작하고, 기습 공격은 절대 안 되고 정면공격만 허락되었다.(『공양전(公羊傳)』, 「환공(桓公) 10년」.) 또한 반백의 늙은이를 포로로 잡으면 안 되고(不擒二毛), 부상당한 적의 병사를 재차 살상하면 안 되었다.(『좌전(左傳)』, 「희공(僖公) 22년」.)

지 않는다고 했소."[162] 자어가 탄식했습니다. "싸움이란 승리하는 것이 공을 세우는 것이다. 무슨 예의가 필요하다는 말인가. 왕의 말대로 해야 한다면, 처음부터 싸울 필요도 없이 노예가 되었어야 하지 않은가!"[163]

양공은 이 싸움에서 입은 부상으로 이듬해 세상을 떠났습니다. 세상 사람들은 양공의 행위를 두고 송양지인(宋襄之仁)이라 비웃었습니다. 그 런데 '송양지인'과 같이 이해하기 어려운 이야기가 나오게 된 것은 당시 의 전쟁 방식 때문이었습니다. 춘추시대에는 상대국을 복속시키는 것이 전쟁의 주된 목표였으므로 전쟁이 제법 신사적이었습니다. 가령 '농사 철이나 민중들에게 질병이 돌 때는 전쟁을 하지 않았습니다. 또 적이 국 상(國喪)을 당하거나, 기근이 있을 때도 전쟁을 하지 않았습니다.

뿐만 아니라 겨울과 여름에도 전쟁을 하지 않았습니다.[164] 반면, 전국 시대에는 상대국의 영토를 겸병하는 쪽으로 변하면서 병법이 발달하게 되었습니다. 그리고 청동기시대였던 춘추시대에 비해 철기시대였던 전 국시대에는 무기가 더욱 발달함으로써 전쟁도 치열해졌음은 말할 것도 없습니다.(출전=『사기史記』「송미자세가宋微子世家」.)

◆ 宋 : 송나라. 襄 : 돕다. 之 : 어조사, ~의. 仁 : 어질다.

---

162 『사기(史記)』,「송미자세가(宋微子世家)」: 君子不困人於阨, 不鼓不成列.

163 『사기(史記)』,「송미자세가(宋微子世家)」: 兵以勝爲功, 何常言與. 必如公言, 卽奴事之 耳, 又何戰爲.

164 『사마법(司馬法)』: 戰道. 不違時, 不歷民病, 所以愛吾民也. 不加喪, 不因凶, 所以愛夫其 民也. 冬夏不興師, 所以兼愛民也.

수구지정(首丘之情)

머리를 구릉을 향해 두는 마음

여우는 죽을 때 머리를 굴이
있던 구릉을 향해 둔다
자신의 근본을 잊지 않거나
혹은 죽어서라도
고향 땅에 묻히고 싶은 마음

널리 알려진 인물인 강태공(姜太公)[165]은 제(齊)나라의 영구(營丘)에 봉해져 5대에 이르기까지 살았으나 주(周)나라에 와서 장례(葬禮)를 지냈습니다. 군자가 다음과 같이 말했습니다. "음악은 그 자연적으로 발생하는 바를 즐기고, 예는 그 근본을 잊지 않는 것이다. 옛사람의 말에 '여우가 죽을 때 언덕으로 머리를 향한다.'고 했는데 그것이 바로 인(仁)이다."[166]

초(楚)나라의 시인이자 정치가인 굴원(屈原)은 다음과 같은 구절을 쓴 적이 있습니다. "새는 날아서 고향으로 돌아가고, 여우는 죽으면 머리를 언덕으로 향한다."[167] 수구지정(首丘之情)은 수구초심(首丘初心) 혹은 호사수

---

165 강태공은 많이 알려져 있는 것처럼 태공망(太公望), 즉 문왕(文王)과 무왕(武王)을 도와 은(殷)나라를 멸하고 주(周)나라를 일으킨 여상(呂尙)을 가리킨다. 비록 제나라에 봉해져 시조로 불리지만 항상 주나라를 그리워했기 때문에 죽어서 주나라에 묻힌 것이다. 그의 후손들도 5대에 걸쳐 죽은 뒤에는 모두 주나라에 묻혔다.

166 『예기(禮記)』, 「단궁상(檀弓上)」: 太公封於營丘, 比及五世, 皆反葬於周. 君子曰, 樂, 樂其所自生, 禮, 不忘其本. 古之人有言曰, 狐死正丘首, 仁也.

167 『초사(楚辭)』, 「구장(九章)·섭강(涉江)」: 鳥飛反故鄕兮, 狐死必首丘.

구(狐死首丘)라고도 합니다. 요즘 사람들은 젊어서 도시에 나가 살다가 죽으면 고향으로 돌아가 묻히길 원합니다. 같은 정서일 것입니다.(출전=『예기 禮記』「단궁상檀弓上」.)

◆ 首 : 머리. 丘 : 언덕, 구릉. 之 : 가다. 情 : 뜻.

수불석권(手不釋卷)

손에서 책을 놓지 않다

항상 손에 책을 들고
부지런히 공부하다

일반적으로 기다리는 시간이나 차를 탈 때, 심지어는 화장실에서도 책이 손에서 떨어지지 않는 사람이 있습니다. 이런 경우를 이른바 수불석권(手不釋卷)이라 합니다. 말 그대로 '손에서 책을 놓지 않다', '부지런히 책을 읽다'라는 뜻이지요. 어느 날, 손권(孫權)이 여몽(呂蒙)과 장흠(蔣欽)에게 말했습니다.

"경(卿)들은 이제 권한을 가지고 국가 대사를 맡게 되었으니 공부를 해서 지식을 함양해 두는 것이 어떻겠소?" 여몽이, "군 내부에 할 일이 많아 책을 읽을 겨를이 없습니다."라고 답하자, 손권은, "내가 경에게 경학(經學)을 공부하여 박사(博士)라도 되라고 하는 줄 아는 모양이구려." "다만 지난 일들168을 섭렵하라는 것이오. 경이 할 일이 많다고는 하나 나보다 많겠소? 나는 어릴 적에 『시경』과 『서경』, 『예기』, 『좌전』, 『국

---

168 선현(先賢)들이 남긴 기록을 지칭한다.

어』를 읽었고 『주역』만 읽지 못했소. 업무를 통솔한 이래 삼사(三史)[169]와 모든 병서(兵書)를 살펴보았는데, 스스로 생각해도 큰 이익이 되는 것 같소. 두 분 경들은 성정이 총명하고 이해력이 있어 공부하면 반드시 얻게 될 것인데, 어찌 하지 않는 것이오? 당장 『손자』, 『육도』, 『좌전』, 『국어』와 삼사를 읽어야 할 것이오. 일찍이 공자도 '하루 종일 먹지도 않고 자지도 않고 생각만 했는데 얻은 것이 없었다. 차라리 책을 읽는 편이 낫다.'고 말씀하셨소. 그리고 후한의 광무제는 군무에 바쁜 중에도 손에서 책을 놓지 않았고, 맹덕[170] 역시 늙어서까지도 배우기를 좋아했다고 스스로 말했소. 경들은 어찌 스스로 노력하지 않는단 말이오."[171]

이로부터 여몽은 주야장천(晝夜長川) 글을 읽었습니다. 후에 더 큰 공(功)을 세웠음은 물론입니다. 언제부턴가 독서량이 줄었다는 소식이 들려옵니다. 지도층과 일반 민중을 가리지 않습니다. 모두가 바쁘다고 합니다만, 변명입니다. 특히 사회를 이끌어 가는 지도층은 논할 필요도 없습니다. 수불석권은 필수입니다.(출전=『삼국지三國志 · 오서吳書』「여몽전呂蒙傳」.)

◆ 手 : 손. 不 : 아니다. 釋 : 풀다. 卷 : 책.

---

169 삼사(三史)는 『사기(史記)』와 『한서(漢書)』, 『후한서(後漢書)』를 말한다.

170 맹덕(孟德)은 조조(曹操)의 자(字)를 말한다.

171 『삼국지(三國志) · 오서(吳書)』, 「여몽전(呂蒙傳)」: 權謂蒙及蔣欽曰, 卿今泣當塗掌事, 宜學問以自開益. 蒙曰, 在軍中常苦多務, 恐不容復讀書. 權曰, 孤豈欲卿治經爲博士邪. 但當令涉獵見往事耳. 卿言多務孰若孤. 孤少時歷詩, 書, 禮記, 左傳, 國語, 惟不讀易. 至統事以來, 省三史, 諸家兵書, 自以爲大有所益. 如卿二人, 意性朗悟, 學必得之, 寧當不爲乎. 宜急讀孫子, 六韜, 左傳, 國語及三史. 孔子言, 終日不食, 終夜不寢以思, 無益, 不如學也. 光武當兵馬之務, 手不釋卷. 孟德亦自謂老而好學. 卿何獨不自勉勖邪.

수석침류(漱石枕流)

돌로 양치질하고	실수를 인정하지 않거나,
흐르는 물로 베개 삼다	남에게 지지 않으려고 억지를 부림

진(晉)나라 초기, 풍익(馮翊)의 태수를 지낸 손초(孫楚)¹⁷²라는 사람이 있었습니다. 그는 문재(文才)는 말할 것도 없고 임기응변도 탁월했습니다. 그가 활동하던 당시는 사대부들 사이에서 속세의 도덕이나 문명(文名)을 경시하고, 노장(老莊)의 철리(哲理)를 중히 여겨 담론하는 이른바 청담(淸談)이 유행하던 때였습니다. 이때 첨단에 있던 학자들로 완적(阮籍)이나 혜강(嵇康) 등 죽림칠현(竹林七賢)¹⁷³이 있었습니다.

손자형이 어린 시절, 은거(隱居)하기로 작정하고 왕무자(王武子)에게 침석수류(枕石漱流)¹⁷⁴라고 말해야 할 것을 수석침류(漱石枕流)¹⁷⁵라고 잘못 말

---

172 자(字)가 자형(子荊)이라 흔히 손자형(孫子荊)으로 불렸다.

173 진(晉)나라 초기에 노장(老莊)의 무위사상(無爲思想)을 숭상하며 죽림에 모여 청담(淸談)으로 세월을 보낸 일곱 명의 선비를 말한다. 산도(山濤), 왕융(王戎), 유영(劉伶), 완적(阮籍), 완함(阮咸), 혜강(嵇康), 상수(尙秀)가 이에 해당한다.

174 돌로 베개 삼고 흐르는 물로 양치질하다.

175 흐르는 물로 베개 삼고 돌로 양치질하다.

한 적이 있습니다. 그러자 왕무자가 물었습니다. "흐르는 물로 어떻게 베개 삼고 돌로 어떻게 양치질을 할 수 있단 말인가?" 이에 손자형이 둘러댔습니다. "흐르는 물을 베개로 삼겠다는 것은 귀를 씻기 위해서이고, 돌로 양치질한다는 것은 이를 연마하기 위함이라네."[176]

이는 위에서 보는 바와 같이 '돌로 베개 삼고, 흐르는 물에 양치질 한다'는 의미의 침석수류(枕石漱流)라고 해야 할 것을 실수로 '수석침류'라고 말한 것입니다. 하지만 지기 싫어하는 성품 때문에 잘못을 고칠 기회를 잃고 말았습니다. 이런 경우를 궤변(詭辯)이라 합니다. '궤변'은 '타당해 보이는 논증을 이용하여 거짓을 참인 것처럼' 보이게 합니다. 그러나 거짓은 거짓일 뿐입니다. 인정하고 고치는 게 상책입니다.(출전=『세설신어世說新語』「배조排調」.)

◆ 漱 : 양치질하다. 石 : 돌. 枕 : 베다. 流 : 흐르다.

---

176 『세설신어(世說新語)』,「배조(排調)」: 孫子荊年少時, 欲隱, 語王武子當枕石漱流, 誤曰漱石枕流. 王曰, 流可枕, 石可漱乎. 孫曰, 所以枕流, 欲洗其耳. 所以漱石, 欲礪其齒.

수어지교(水魚之交)

물과 고기의 사귐

물고기가 물을 떠나서는
잠시도 살 수 없는 것처럼
매우 밀접한 관계

후한(後漢) 말엽, 유비(劉備)는 관우(關羽), 장비(張飛)와 의형제를 맺고 한실(漢室)의 부흥을 위해 군사를 일으켰습니다. 하지만 능력을 발휘할 기회를 잡지 못하고 허송세월(虛送歲月)하다 마지막에는 형주의 자사 유표(劉表)에게 의지하는 신세가 되었습니다.

유능한 참모의 필요성을 절감한 유비는 여러 사람들을 통해 제갈량(諸葛亮)의 존재를 알게 되었습니다. 이에 관우와 장비를 대동(帶同)하여 예물을 싣고 양양(襄陽)에 있는 그의 초가집을 세 번이나 방문[177]한 끝에 그를 군사(軍師)로 모실 수 있었습니다.

제갈량의 지략에 힘입어 유비는 촉한(蜀漢)을 건국할 수 있었습니다. 따라서 조조(曹操), 손권(孫權)과 삼국정립(三國鼎立)의 형세를 이루게 된 것입니다. 유비는 제갈량을 매우 존경했고, 제갈량 또한 유비의 두터운 예우에

---

177 유비가 제갈량을 세 번 방문한 것을 이르러 삼고초려(三顧草廬) 혹은 삼고모려(三顧茅廬)라고 한다.

충성을 다했음은 물론입니다.

두 사람의 뜻이 갈수록 깊어지자, 유비는 모든 정사를 제갈량으로부터 지도를 받은 다음에 결정할 정도로 관계가 돈독해졌습니다. 그러자 유비와 의형제인 관우와 장비는 제갈량에 대한 유비의 태도가 지나치다고 판단하여 종종 불평과 불만을 표출했습니다.

상황이 이상하게 돌아가자 유비가 아우들을 불러 타일렀습니다. "내가 제갈량을 얻게 된 것은 물고기가 물을 얻은 것과 같다네. 자네들은 더 이상 말을 하지 않도록 하게!" 유비와 제갈량의 관계를 들은 관우와 장비는 더 이상 불만을 표하지 않았습니다.[178] (출전=『삼국지三國志 · 촉서蜀書』「제갈량전諸葛亮傳」.)

◆ 水 : 물. 魚 : 고기. 之 : 어조사, ~의. 交 : 사귐.

---

178 『삼국지(三國志) · 촉서(蜀書)』,「제갈량전(諸葛亮傳)」: 關羽張飛等不悅. 先主解之曰, 孤之有孔明, 猶魚之有水也. 願諸君勿復言. 羽飛乃止.

순망치한(脣亡齒寒)

입술이 없으면 이가 시리다

한쪽이 망하면 다른 쪽도
같은 운명에 처하다
서로 밀접한 관계

춘추시대 초기, 주혜왕(周惠王) 때입니다. 진헌공(晉獻公)은 오래전부터 괵(虢)나라를 치고자 했으나, 그러려면 우(虞)나라를 지나야만 했습니다. 고민 끝에 우나라에 많은 뇌물을 보내 형제의 우의를 약속하며 길을 통과시켜 줄 것을 청했습니다. 우공은 뇌물과 감언에 솔깃하여 청을 받고자 했습니다. 이에 궁지기(宮之奇)라는 현신(賢臣)이 우공에게 간했습니다. "괵나라는 우나라의 보호벽입니다. 괵나라가 망하면 우나라도 괵나라를 따르게 됩니다. 진나라의 야심을 조장하면 안 되며, 외적을 가볍게 봐서도 안 됩니다. 속담에 '덧방나무와 수레는 서로 의지하고, 입술이 없으면 이가 시리다.'고 했는데, 바로 우와 괵을 두고 한 말입니다."[179] 우공은, "아니야, 진나라는 우리의 종국(宗國)인데, 해를 가할 리가 없어." 그러자 궁지기는 재차 우공을 설득합니다. "가계(家系)로 말씀하면 괵도 역시 동

---

179 『좌전(左傳)』, 희공(僖公) 5年 : 晉侯復假道於虞以伐虢. 宮之奇諫曰, 虢, 虞之表也. 虢亡, 虞必從之. 晉不可啓, 寇不可玩. 一之謂甚, 其可再乎. 諺所謂輔車相依, 脣亡齒寒者, 其虞虢之謂也.

196

종입니다. 그런데 어떻게 우하고만 친하겠습니까? 게다가 진나라는 종조형제(從祖兄弟)가 되는 환공(桓公)과 장공(莊公)의 일족도 죽였습니다. 친하다 해도 이처럼 믿을 수 없는 나라입니다."

우공은, "나는 신(神)을 모시며 언제나 훌륭한 것을 바쳐 깨끗하게 살고자 애를 쓰고 있으므로 '신'이 나를 보호해 주실 것이다." 궁지기가, "신(神)은 한 개인을 친애하지 않습니다. 그 사람의 덕이 있는 것을 보고 나서야 친애합니다. '신'을 믿어서는 안 됩니다." 우공은 결국 진나라 사자(使者)의 요구를 들어줍니다. 궁지기는 곧 재앙이 닥칠 것을 예견하고 가족들을 거느리고 우나라를 떠나면서 말했습니다. "우나라는 이제 연말의 제사를 지낼 수 없게 되겠구나. 이번에 우나라가 멸망하면 진나라는 더 이상 병사들을 보낼 필요가 없게 될 것이다." 겨울철인 12월, 진나라는 괵나라를 멸망시켰습니다. 그리고는 궁지가 예견한대로 돌아오는 길에 우나라에 주둔했다가 기회를 틈타 우나라까지 멸망시켰습니다. 진나라는 우공과 대부 정백(井伯)을 사로잡고 그들을 진헌공(晉獻公)의 딸 목희(穆姬)가 시집가는데 노비로 삼았습니다.[180] (출전=『춘추좌씨전春秋左氏傳』 희공僖公 5년.)

◆ 脣 : 입술. 亡 : 잃다, 망하다. 齒 : 이. 寒 : 시리다, 차다.

---

180 다행히도 우나라의 제사는 폐하지 않았고, 우나라의 공물은 주나라 왕실로 돌렸다.

술이부작(述而不作)

기술만 할 뿐 지어내지 않는다

옛 성인(聖人)의 말을 전하고
자기의 설을 지어내지 않는다

『논어(論語)』에 이런 말이 있습니다. 공자가 이르기를, "전술하고 창작하지 아니하며, 믿고 옛 것을 좋아하는 것을 가만히 우리 노팽(老彭)[181]에게 비교해 본다."[182] 여기서 술(述)이라는 것은 '옛사람이 한 것을 뒤에 사람이 전하는 것'을 뜻하고, 작(作)은 '옛사람이 하지 않은 것을 내가 비로소 한 것'을 의미합니다. 이를 통해서 보면, 공자는 옛사람이 지은 것을 전(傳)하기만 할 뿐 감히 짓지 않았음을 알 수 있습니다. 천하의 이치가 거기에 담겨 있다고 보았기 때문입니다. 믿음이 깊어 의심치 않고 독실하게 좋아하여 다시 창작하지 않은 것입니다.(출전=『논어論語』「술이述而」.)

◆ 述:기술하다, 짓다. 而:말을 잇다. 不:아니다. 作:짓다.

181 상(商)나라의 어진 대부를 말한다. 성명(姓名)은 전갱(箋鏗)이다.
182 『논어(論語)』,「술이(述而)」: 子曰, 述而不作, 信而好古, 竊比於我老彭.

십보방초(十步芳草)

열 걸음 안에   도처에 인재(人才)가 있다
아름다운 꽃과 풀이 있다

한(漢)나라의 유향(劉向)이 지은 글에 나타납니다. 예컨대 십보(十步)는 열 걸음을 뜻하고, 방초(芳草)는 향기 나는 꽃이나 풀을 의미합니다. 이를 직역하면 '열 걸음 안에 아름다운 꽃이나 풀이 있다'는 뜻입니다. 의역하면 '도처에 인재(人才)가 존재한다'거나 혹은 '세상엔 훌륭한 사람이 많다'는 것을 비유합니다.

다른 말로 "열 걸음밖에 안 되는 작은 연못일지라도 반드시 향기로운 풀이 있고, 열 채밖에 안 되는 작은 마을이라도 반드시 충성스러운 선비가 있다. 초목은 가을이 되면 죽지만 소나무와 잣나무는 홀로 남아 있고, 물이 만물을 뜨게 해도 옥과 돌은 남아 머물러 있다."[183]는 이야기도 같은 뜻을 지니고 있습니다.

또 다른 말로 "무릇 열 걸음의 짧은 거리에도 반드시 풀이 무성하고,

---

183 『설원(說苑)』, 「담총(談叢)」: 十步之澤, 必有芳草, 十室之邑, 必有忠士. 草木秋死, 松柏獨在. 水浮萬物, 玉石留止.

열 채밖에 안 되는 작은 마을이라도 반드시 준수한 선비가 있다."[184]는 말과 "이제 우주가 하나로 통일되고, 문장과 궤범도 통일되었으니, 열 걸음 안에 반드시 향기로운 풀이 있듯이 어찌 세상에 빼어난 인재가 없겠는가."[185]라는 말도 있습니다.(출전=『설원說苑』「담총談叢」.)

◆ 十 : 열. 步 : 걸음. 芳 : 꽃답다. 草 : 풀.

---

184 『잠부론(潛夫論)』,「실공(實貢)」: 夫十步之間, 必有茂草, 十室之邑, 必有俊士.

185 『수서(隋書)』,「양제기(煬帝紀)」: 方今宇宙平一, 文軌攸同, 十步之內, 必有芳草, 四海之中, 豈無奇秀.

아장동사(我將東徙)

나는 장차 동쪽으로 이사 가려고 한다	자신의 잘못이나 허물을 고치려 하지 않고 남의 탓만 하다

올빼미가 비둘기를 만났습니다. 비둘기가 묻기를, "그대는 어디로 가려고 하는가?" 올빼미가 답합니다. "나는 동쪽으로 이사를 가려고 한다네." 비둘기가, "무슨 이유라도 있는가?" 올빼미는, "마을 사람들이 모두 나의 우는 소리를 싫어하기 때문에 동쪽으로 이사가려고 한다네." 그러자 비둘기가 말합니다. "울음소리를 고치는 것이 옳은 일이네. 울음소리를 고칠 수 없다면 동쪽으로 이사를 가더라도 여전히 그대의 소리를 싫어할 것이네."[186]

이 고사는 마을 사람들이 올빼미의 울음소리를 싫어해서 올빼미가 동쪽으로 이사가겠다고 한 말에서 아장동사(我將東徙)라는 말이 생겨났습니다. 물론 효장동사(梟將東徙)로 불리기도 합니다. 핵심은 삶의 태도입니다. 가령 사람들이 싫어하는 행동[습관]을 반복적으로 행하면 어떤 현상이 벌

---

186 『설원(說苑)』, 「담총(談叢)」: 梟逢鳩, 鳩曰, 子將安之. 梟曰, 我將東徙. 鳩曰, 何故. 梟曰, 鄕人皆惡我鳴, 以故東徙. 鳩曰, 子能更鳴可矣. 不能更鳴, 東徙, 猶惡子之聲.

어질까요? 아마도 비난이 쇄도할 것입니다. 따라서 시선만 피할 게 아니라 즉시 개선하는 게 좋습니다. 어딜 가나 관계에서 벗어날 수 없기 때문입니다.(출전=『설원說苑』「담총談叢」.)

◆ 我 : 나. 將 : 장차. 東 : 동녘, 동쪽. 徙 : 옮기다.

안자지어(晏子之御)

안자의 마부

안자의 마부가 말을 몰다
하찮은 지위로 잘난 체하다

안영(晏嬰)은 춘추시대 제(齊)나라의 영공(靈公)과 장공(莊公), 경공(景公)을 섬긴 명재상으로 오늘날까지 인구에 회자되는 인물입니다. 어느 날, 안영이 수레를 타고 외출하였는데, 마부의 아내가 문틈으로 남편의 거동을 엿보았습니다. 마부는 머리 위에 큰 일산을 펼쳐 햇빛을 가리고 채찍을 휘두르며 네 필의 말을 몰았는데, 의기양양하여 매우 만족한 모습이었지요. 마부가 귀가하자, 아내는 이혼을 요구합니다.

놀란 마부가 이혼해야 하는 연유를 묻자, 아내는 이렇게 말합니다. "안자(晏子)께서는 키가 6척도 안 되지만 제나라의 재상이 되어 제후들 사이에 명성이 자자합니다. 오늘 제가 그분께서 외출하실 때 보니 뜻과 생각이 깊은데도 항상 자신을 낮추는 모습이었습니다. 그런데 당신은 키가 8척이나 되지만 남의 마부에 지나지 않으면서도 오히려 스스로 만족하여 뻐기고 있으니 제가 떠나겠다고 하는 것입니다."

충격을 받은 마부는 그날 이후로 항상 겸손한 태도를 취했습니다. 평소와 다른 마부의 행동을 확인한 안영이 이상하게 여겨 그 까닭을 묻자, 마부는 사실대로 답하였습니다. 안영은 그의 자세를 높이 평가, 추천하여 대부(大夫)로 삼았습니다.[187] 마부 아내의 인재관, 아내의 문제제기에 적극 반영하여 자세를 바로 한 마부, 안영의 사람됨을 알아보는 안목은 오늘날에도 본보기로 삼기에 충분하다 하겠습니다.(출전=『안자춘추晏子春秋』.)

◆ 晏: 늦다. 子: 존칭어, 즉 안영(晏嬰)을 높이기 위해 안자(晏子)로 씀.
　之: 어조사, ~의. 御: 마부, 다스리다.

---

187 『안자춘추(晏子春秋)』: 晏子爲齊相, 出, 其御之妻從門閒而窺其夫. 其夫爲相御, 擁大蓋, 策駟馬, 意氣揚揚, 甚自得也. 旣而歸, 其妻請去. 夫問其故. 妻曰, 晏子長不滿六尺, 身相齊國, 名顯諸侯. 今者妾觀其出, 志念深矣, 常有以自下者. 今子長八尺, 乃爲人僕御, 然子之意自以爲足, 妾是以求去也. 其後夫自抑損. 晏子怪而問之, 御以實對. 晏子薦以爲大夫.

앙급지어(殃及池魚)

재앙이 연못 속의 물고기에 미치다   화(禍)가 엉뚱한 곳에 미치다

춘추시대(春秋時代) 송(宋)나라의 사마(司馬)였던 환퇴(桓魋)는 천하의 진귀한 구슬[寶珠]을 가지고 있었습니다. 어느 날, 죄를 지어 벌을 받게 되자 구슬을 가지고 도망쳤습니다. 왕은 어떻게든 그것을 손에 넣고자 안달했습니다. 그래서 사람들을 시켜 구슬의 행방을 찾게 했습니다. 환퇴가 대답하기를, "아! 구슬? 연못에 던져 버렸소." 구슬을 연못에 버렸다는 답을 들은 왕은 수단과 방법을 가리지 말고 찾아오라고 지시했습니다. 수많은 사람들이 연못의 물을 퍼내고 구슬을 찾았으나 구슬은 보이지 않았습니다. 애초부터 거짓이었기 때문입니다. 하지만 연못에 살던 물고기는 모두 죽고 말았습니다.[188]

앙급지어(殃及池魚)와 유사한 이야기도 전해옵니다. 『태평광기(太平廣記)』에 다음과 같은 구절이 있습니다. "성문(城門)에 불이 붙었는데, 그 화

---

188 『여씨춘추(呂氏春秋)·효행람(孝行覽)』, 「필기(必己)」 : 宋桓司馬有寶珠, 抵罪出亡. 王使人間珠之所在, 曰, 投之池中. 於是竭池而求之, 無得, 魚死焉.

(禍)가 연못의 물고기에 미쳤다."[189] 이 구절에 대해서는 두 가지 설이 존재합니다. 송나라 도성의 성문에 화재가 났을 때, 진압하느라 근처 연못의 물을 다 퍼내 씀으로써 물고기들이 모두 말라 죽었다는 설(說)과, 성문이 불탈 때 그 근처에 살던 지중어(池中魚)라는 사람의 집에도 불이 옮겨 붙어 그도 불에 타 죽었다는 설[190]이 그것입니다. '앙급지어'는 지어지앙(池魚之殃)의 다른 이름입니다. 무엇이 되었든 화(禍)가 엉뚱한 곳으로 미치지 않도록 해야겠습니다.(출전=『여씨춘추呂氏春秋·효행람孝行覽』「필기必己」.)

◆ 殃 : 재앙. 及 : 미치다. 池 : 연못. 魚 : 고기.

---

189 『태평광기(太平廣記)』 : 城門失火, 殃及池魚.

190 초나라 원숭이 이야기도 있다. 왕궁에서 원숭이를 기르다 놓쳤는데, 원숭이를 잡기 위해 달아난 산에다 불을 놓았다. 원숭이는 잡지 못하고 나무만 모두 태워버렸다.

야서지혼(野鼠之婚)

두더지의 혼인

자신의 처지를 헤아리다
두더지에게는 두더지가 가장 좋은 배필
분수를 모르는 인간의 허영심

속담에 '짚신도 짝이 있다'는 말이 있습니다. 보잘 것 없는 사람도 짝은 있다는 말이지요. 그렇다면 두더지[野鼠]의 짝은 어떤 것이기에 이런 말이 나왔을까요? 한 두더지가 자식을 위해 좋은 혼처를 구하려고 애를 쓰고 다녔습니다. 자신은 항상 땅 속에서만 생활하는 것이 영 못마땅했기 때문이지요. 그래서 자식에게는 보다 넓은 세상에서 당당하게 살게 해주고 싶었습니다. 고민 끝에 '하늘'이 가장 훌륭하다고 여겨 하늘에게 청혼하였습니다.

하늘이 답하기를, "내 비록 세상을 품고는 있지만 해와 달이 아니면 덕을 드러낼 수가 없다네." 하며 거절했습니다. 그러자 두더지는 '해와 달'을 찾아 혼인해 달라고 청했습니다. 해와 달은, "나는 구름이 가리면 세상을 비출 수 없네."하며 사양하였습니다. 두더지는 이제 '구름'을 찾아 청혼을 하니, "내 비록 해와 달의 빛을 가릴 수는 있지만, 바람이 한 번 불면 확 흩어진다네!" 하면서 거절했습니다. 할 수 없이 이번엔 '바람'을 찾아 갔습니다.

바람이 말하기를, "내 구름을 흩어지게 할 수는 있으나, 저기 밭 가운데의 돌부처는 끄떡도 하지 않는다네!" 하면서 사양했습니다. 하는 수없이 이번엔 '돌부처'를 찾아가자, 이렇게 말하는 것이 아니겠습니까? "내 비록 거센 바람도 두렵지 않지만, 오직 두더지가 내 발밑을 뚫으면 바로 넘어진다네!"[191] 이 말을 들은 두더지는 의기양양(意氣揚揚)해 하면서 "천하의 높은 것이 우리만한 것이 없도다!" 드디어 동류의 두더지에게 혼인을 시켰지요.(출전=홍만종,『순오지旬五志』.)

◆ 野 : 들. 鼠 : 쥐. 야서(野鼠) : 두더지. 之 : 어조사, ~의.

　　婚 : 혼인(婚姻)[192]하다.

191　『순오지(旬五志)』 : 我雖不畏風, 惟野鼠, 穿我足底, 則傾倒.

192　혼인(婚姻)의 혼(婚)은 신부가 시어머니, 시아버지가 계시는 시가(媤家)에 가는 것을 뜻하고, 인(姻)은 신랑이 장인, 장모가 계시는 장가(丈家)가는 것을 뜻한다. 따라서 결혼(結婚)이라 하면, 여성이 남성에게 종속되는 것을 의미하므로 올바른 어휘가 아니다. 수평적인 개념의 혼인(婚姻)으로 써야 한다.

양두구육(羊頭狗肉)

양머리와 개고기

양머리를 걸어 놓고 개고기를 팔다
겉은 훌륭하나 속은 변변치 못하다
겉은 그럴듯하나
실제로는 형편없는 물건

전국시대(戰國時代) 때, 제(齊)나라의 영공(靈公)은 한때 궁중의 모든 여자들에게 남장을 시켰습니다. 그러자 민중들도 모두 남장을 했습니다. 그러자 영공은 민중들에게 "여자인데 남자 옷을 입는 자는 옷을 찢고 허리띠를 잘라 버리겠다."고 경고하며 남장을 금지했으나, 서로 바라보면서 멈추질 않았습니다.

이유를 모르는 영공은 재상인 안자(晏子)에게 물었습니다. "과인이 관원을 시켜 여자들의 남장을 금지시키고 옷을 찢고 허리띠를 자르는데도 서로 바라만 보면서 그치지 않는 것은 무엇 때문이오?" 안자가 대답하길, "왕께서 궁중의 여자들에게는 남장을 하라고 하시면서 민중들에게만 하지 말라고 하십니다."

"이것은 마치 쇠머리를 문에다 걸어 놓고, 안에서는 말고기를 파는 것과 같은 경우입니다. 궁중에서도 남장을 못 하게 하면, 민중들 사이에서도 감히 따라하지 못할 것입니다." 영공은 옳다고 하며 궁중에서도 곧 남장을 하면 안 된다는 영(令)을 내립니다. 한 달여가 지나자 아무도 남장을 하지 않았습니다.¹⁹³(출전=『안자춘추晏子春秋』.)

◆ 羊:양. 頭:머리. 狗:개. 肉:고기.

---

193 『안자춘추(晏子春秋)』:靈公好婦人而丈夫飾者. 國人盡服之. 公使吏禁之. 曰, 女子而男
飾者, 裂其衣, 斷其帶. 裂衣斷帶, 相望而不. 晏子見, 公問曰, 寡人使吏禁女子而男子飾,
裂斷其衣帶, 相望而不止者何也. 晏子對曰, 君使服之於內, 而禁之於外. 猶懸牛首於門,
而賣馬肉於內也. 公何以不使內勿服, 則外莫敢爲也. 公曰, 善. 使內勿服. 踰月, 而國莫
之服.

양약고어구(良藥苦於口)

좋은 약은 입에 쓰다　　　　　　충언은 귀에 거슬린다

공자(孔子)가 이르기를, "좋은 약은 입에 쓰나 병에는 이롭고, 충언은 귀에 거슬리지만 행실에 이롭다. 탕왕(湯王)과 무왕(武王)은 곧은 말을 하는 충신이 있었기 때문에 번창했고, 걸왕(桀王)과 주왕(紂王)은 무조건 따르는 신하들이 있었기 때문에 멸망했다. 임금에게 간쟁하는 신하가 없고, 부모에게 간쟁하는 자식이 없고, 형에게 간쟁하는 동생이 없고, 선비에게 간쟁하는 친구가 없고도 잘못을 저지르지 않는 사람은 없다. 그러므로 임금이 잘못을 저지르면 신하가 간해야 하고, 부모가 잘못을 저지르면 아들이 간해야 하고, 형이 잘못을 저지르면 동생이 간해야 하고, 자신이 잘못을 저지르면 친구가 간해야 한다. 이 때문에 나라에 위태롭거나 망하는 징조가 없고, 집안에 패륜의 악행도 없고, 부자와 형제에 잘못이 없고, 친구와의 사귐도 끊어지지 않는 것이다."[194] (출전=『공자가어孔子家語』 「육본六本」, 『설원說苑』

194　『공자가어(孔子家語)』, 「육본(六本)」: 孔子曰, 良藥苦於口而利於病, 忠言逆於耳而利於行. 湯武以諤諤而昌, 桀紂以唯唯而亡. 君無爭臣, 父無爭子, 兄無爭弟, 士無爭友, 無己過者, 未之有也. 故曰君失之, 臣得之. 父失之, 子得之. 兄失之, 弟得之. 己失之, 友得之.

「정간正諫」.)

◆ 良:좋다. 藥:약. 苦:쓰다. 於:어조사, ~에. 口:입.

___

是以國無危亡之兆, 家無悖亂之惡. 父子兄弟無失, 而交遊無絶也.

어부지리(漁父之利)

두 사람이 다투는 사이   양자(兩者)가 다투는 사이에
엉뚱한 사람이 이득을 보다   제삼자가 이득을 얻다

전국시대(戰國時代) 때입니다. 제(齊)나라에 많은 군사를 파병한 연(燕)나라에 기근(饑饉)이 들어 허약해지자, 조(趙)나라 혜문왕(惠文王)은 기다렸다는 듯이 침략 준비를 하였습니다. 다급해진 연나라의 소왕(昭王)은 종횡가(縱橫家)로서 그간 연나라를 위해 견마지로(犬馬之勞)[195]를 다해 온 소대(蘇代)에게 혜문왕을 설득해달라고 부탁합니다. 조(趙)나라에 도착한 소대(蘇代)는 소진(蘇秦)의 아우답게 거침없이 혜문왕을 설득하여, 마침내 연나라 침공 계획을 철회시켰습니다. 소대가 혜문왕을 설득한 이야기의 핵심입니다.

"오늘 귀국(貴國)에 들어오는 길에 역수(易水)를 지나다 문득 강변을 바라보니, 조개[방합(蚌蛤)]가 조가비를 벌리고 햇볕을 쬐고 있었습니다. 그때 갑자기 도요새[휼(鷸)]가 날아와 뾰족한 부리로 조갯살을 쪼았습니다. 깜짝 놀란 조개는 화가 나서 조가비를 굳게 닫고 부리를 놓아주지 않았습

---

195   임금이나 나라에 충성을 다하는 노력.

니다. 그러자 다급해진 도요새가 '이대로 오늘도 내일도 비가 오지 않으면, 너는 말라 죽고 말 것이다.'라고 하자, 조개도 지지 않고 '내가 오늘도 내일도 놓아 주지 않으면, 너야말로 굶어 죽고 말 것이다.'라고 맞받았습니다."

"이렇게 쌍방이 한 치의 양보도 없이 팽팽히 맞서 논쟁하는 사이, 운수 사납게도 그곳을 지나던 어부(漁夫)에게 그만 조개와 도요새가 동시에 잡히고 말았습니다. 전하께서는 지금 연나라를 치려고 하십니다만, 연나라가 '조개'라면, 조나라는 '도요새'입니다. 연(燕)과 조(趙) 두 나라가 공연히 싸워 민중들을 피폐하게 한다면, 조나라와 인접해 있는 저 강대한 진(秦)나라가 어부가 되어 맛있는 국물까지 다 마셔 버리고 말 것입니다." 이에 혜문왕은, "과연 옳은 말씀이오!"라고 하면서 연나라 침략을 중지했습니다. (출전=『전국책戰國策』「연책燕策」.)

◆ 漁 : 고기 잡다. 父 : 아비. 之 : 가다. 利 : 이롭다.

엄이도령(掩耳盜鈴)

귀를 막고 방울을 훔치다

자신을 속이거나, 얕은꾀로 남을 속이다
자신이 모른다고 남도 모르는 줄 안다
남의 말을 듣지 않으려는
독선적이고 어리석은 사람

전국시대(戰國時代) 때입니다. 진(晉)나라의 범(范) 씨 가문이 몰락하자, 어떤 사람이 종을 훔치러 들어갔습니다. 종을 등에 지고 가려 했으나 종이 너무 커서 질 수가 없었지요. 이 사람은 (종을 깨뜨려 조각내어 가져가기로 하고) 망치로 종을 내리쳤습니다. 종에서 천지를 진동하는 듯한 소리가 나자 다른 사람이 듣고 빼앗아 갈까 싶어 급히 자기 귀를 막았습니다.

다른 사람이 듣는 것이 싫은 것은 그럴 수 있지만, 자기가 듣는 것을 싫어하는 것은 도리에 어긋난 일이지요. 사람의 왕이 되어 그 잘못을 말하는 것을 듣기 싫어하는 것이 어찌 이와 같은 것이 아니겠습니까? 사람들이 왕의 잘못을 말하는 것은 오히려 괜찮은 것입니다.[196] 이 이야기가 나온 이후, 임금이 바른말을 하는 신하를 소중히 여긴 실례가 있습니다.

위(魏)나라 문후(文侯)가 어느 날, 신하들과 술을 마시는 자리를 마련하

---

196 『여씨춘추(呂氏春秋)』,「불구론(不苟論)」: 范氏之亡也, 百姓有得鍾者, 欲負而走, 則鍾
大不可負, 以椎毁之. 鍾況然有音, 恐人聞之而奪己也, 遽揜其耳. 惡人聞之, 可也. 惡己
自聞之, 悖矣. 爲人主而惡聞其過, 非猶此也. 惡人聞其過尙猶可.

였습니다. 문후는 대부들에게 자신에 대해 자유롭게 평가를 해보도록 했습니다. 어떤 사람은 왕이 지혜롭다고 하자, 왕이 반색을 했습니다. 임좌(任座)의 차례가 되자, "왕은 불초합니다. 중산을 멸한 뒤 왕의 동생을 봉하지 않고 아들을 봉했습니다. 이로써 왕이 불초한 것을 알게 되었습니다."

문후가 불쾌한 표정을 짓자, 임좌는 그 자리에서 뛰쳐나갔습니다. 적황(翟黃) 차례가 돌아왔습니다. "왕은 어진 왕입니다. 왕이 어질어야 신하가 바른말을 할 수 있다고 들었습니다. 방금 임좌가 바른말을 하는 것을 보니 이로써 왕이 어질다는 것을 알 수 있었습니다." 문후는 곧 다시 임좌를 부른 뒤, 몸소 계단 아래까지 나가 그를 맞이하고 상좌에 앉게 했습니다.(출전=『여씨춘추呂氏春秋』「불구론不苟論」.)

◆ 掩: 가리다. 耳: 귀. 盜: 훔치다. 鈴: 방울.[197]

197 본래는 '귀를 가리고 종을 훔친다'는 엄이도종(掩耳盜鐘)이었으나, 후대에 종(鐘) 대신 령(鈴)으로 바뀌었다.

역린(逆鱗)

거슬러 난 비늘

지도자의 노여움

『한비자』에 나옵니다. "상대가 명성과 높은 지조를 동경하고 있는데 두터운 이익으로 그를 설득하면, 상대는 자신을 지조 없고 비루한 사람으로 대한다고 여겨 멀리할 것이다. 상대가 두터운 이익을 원하고 있는데 명예와 지조로 그를 설득한다면, 받아들여지지 않을 것이다. 상대가 속으로는 큰 이익을 바라고 있으면서 겉으로만 명예나 지조를 따르는 척할 때, 그를 명예나 지조로 설득한다면 겉으로는 대우해 주는 척하지만 속으로는 멀리할 것이며, 두터운 이익을 가지고 상대를 설득하면 속으로 그 이익 되는 말만 받아들이고 드러내 놓고 나를 버리고 말 것이다. 용은 친해지기만 하면 올라탈 수도 있다. 그러나 그 목 아래에 직경 한 자쯤 되는 역린, 즉 거꾸로 난 비늘을 건드리면 반드시 사람을 죽인다."(출전=『한비자韓非子』「세난說難」.)

◆ 逆 : 거스르다. 鱗 : 비늘.

연리지(連理枝)

지극한 효성(孝誠)

남녀 간의 짙은 사랑
맞닿아 연이어진 가지
뿌리가 다른 나뭇가지들이
서로 엉켜 마치 한 나무처럼 자라다

후한(後漢)의 채옹(蔡邕)이란 사람이 있었습니다. 그는 성품이 독실(篤實)하고 효성이 지극하였는데, 어머니가 병으로 앓아누운 3년 동안 옷 한번 벗지 않고 곁을 지켰습니다. 게다가 70일 동안은 잠자리에 들지도 않았죠. 채옹의 이런 정성과는 관계없이 어머니는 세상을 뜨고 말았습니다. 그는 집 옆에 초막을 짓고 모든 행동을 예(禮)에 맞게 했습니다.

이후, 채옹의 집 앞에 두 그루의 나무가 자랐는데, 점점 가지가 서로 붙어 하나가 되었습니다. 원근(遠近)의 사람들이 이를 기이(奇異)하게 여겨 모두들 와서 구경했다고 합니다.[198] 이렇게 비롯된 연리지는 위와 같은 지극한 효성을 지칭할 때 쓰이던 말이었으나, 훗날 '남녀 간의 짙은 사랑'이나 혹은 '부부간의 지극한 사랑' 등으로 쓰이게 되었습니다.

이같은 논의는 당대(唐代)의 백거이(白居易)[199]가 지은 「장한가(長恨歌)」

198　『후한서(後漢書)』, 「채옹전(蔡邕傳)」 : 又木生連理, 遠近奇之, 多往觀焉.

199　백거이(白居易 : 772~846)의 자(字)는 낙천(樂天)이고, 호는 취음선생(醉吟先生), 향산거사(香山居士) 등으로 불렸다. 그는 문학작품을 창작하는 것을 삶의 보람으로 여겼

에서도 확인할 수 있습니다. 「장한가」는 당 현종과 양귀비의 사랑이야기를 주제로 한 칠언고시[200]로 120구 840자에 이르는 대 서사시입니다. 마지막 부분인 '비익조와 연리지' 부분은 부부의 금실이나 사랑을 이야기할 때 회자되는 명문장입니다. 간략히 요약하면 다음과 같습니다.

성실하던 당 현종이 양귀비를 만나 나랏일을 멀리하기 시작하자, 안사(安史)의 난[201]이 일어났고, 그 화근인 양귀비를 죽여야 한다는 신하들의 상소가 빗발쳤습니다. 코너에 몰린 당 현종은 사랑하는 양귀비를 죽일 수밖에 없는 상황을, 백거이가 상상력을 동원하여 쓴 것입니다. 이는 그가 35세에 지방의 관리로 임명되어 서안(西安)지역을 다스릴 때입니다.

술자리에서 한 지인이 서안은 당 현종과 양귀비의 로맨스가 담긴 지역이고, 이런 이야기는 대시인의 손길을 통해 후대에 널리 알려야한다는 제안을 받고 쓴 시입니다. 물론 당대(唐代)의 시인이었던 백거이가 전 황제를 대놓고 비평할 수는 없었기 때문에, 한 무제(漢武帝)의 고사를 인용하여 썼습니다. 연리지와 관련된 그의 시(詩) 끝 부분을 감상하겠습니다.

헤어질 즈음 간곡히 다시 하는 말이   臨別殷勤重寄詞

다. 그가 지은 작품의 수는 대략 3,840편으로, 작가와 작품의 수가 크게 증가한 중당(中唐)시대라 하더라도 이처럼 많은 작품을 창작했다는 것은 놀라운 일이다. 더구나 그의 작품은 모든 문학형식을 망라했다. 또한 그는 문학으로써 정치이념을 표현하고, 독자의 감정에 호소하여 실제 행동에 옮기도록 하는 것을 문학 활동의 목적으로 삼았다. 800년 29세 때 최연소로 진사에 급제해 여러 관직을 거쳤으며, 75세의 나이로 생을 마감했다.

200   칠언고시(七言古詩)는 한 구가 일곱 글자씩 이루어진, 형식이 자유로운 고체의 한시를 말한다.

201   당(唐)나라 현종(玄宗) 말기인 755년에 안녹산(安祿山)과 사사명(史思明)이 주동이 되어 일으킨 반란이다. 당나라의 중앙집권제가 흔들리는 전환점이 되었다.

두 마음만이 아는 맹세의 말 있었으니 詞中有誓兩心知

칠월 칠석 장생전 궁궐에서 七月七日長生殿

깊은 밤 남몰래 속삭인 말 夜半無人私語時

하늘에서는 비익조가 되고 在天願作比翼鳥

땅에서는 연리지가 되기를 바랐지 在地願爲連理枝

장구한 천지도 다할 때가 있지만 天長地久有時盡

이 한은 면면히 끊일 날 없으리라 此恨綿綿無絶期

(출전=『후한서後漢書』「채옹전蔡邕傳」.)

◆ 連 : 잇다, 이어지다. 理 : 이치, 다스리다. 枝 : 가지.

연목구어(緣木求魚)

나무에 올라 물고기를 구하다 　　　　불가능한 일을 하려고 하다

맹자(孟子)가 제(齊)나라 선왕(宣王)을 만나자 선왕이 말했습니다. "제나라 환공(桓公)과 진(晉)나라 문공(文公)의 사적에 관해 말씀을 들려주시겠습니까?" 맹자가 이르기를, "공자의 문도(門徒)들 중에는 제 환공과 진 문공의 사적에 관하여 말을 한 사람이 없습니다. 그래서 후세에 전해지지 않았습니다. 저도 그에 관하여서는 아직 들어 본 일이 없습니다."

"마다하지 않으신다면 왕도(王道)에 대해 말씀 드리겠습니다. … 대체 왕께서는 전쟁을 일으켜 병사들을 위험한데 빠지게 하고 이웃 나라의 제후들과는 원수가 된 후에야 마음이 상쾌하시겠습니까?" "아닙니다. 내 어찌 그런 일에 상쾌하겠습니까. 내가 크게 구하는 바를 달성하기 위하여 그런 것입니다." "왕께서 크게 구하는 바를 들려주시겠습니까?"

왕은 웃기만 하고 아무 말도 하지 않았습니다. 이에 맹자가 이르기를, "살찐 고기와 달콤한 요리가 왕의 입맛에 아직 부족하기 때문이며, 가볍고 따뜻한 비단 옷이 몸에 만족스럽지 않기 때문입니까? 아니면 아름다운 빛깔이 눈으로 보시기에 부족하고 풍악소리가 귀로 들으시기에 부족

하며, 측근들이 앞에서 부리시기 아직 만족스럽지 못하기 때문입니까?"

"그런 일들이라면 왕의 신하들이 왕께서 만족하실 만큼 바쳐 드릴 것입니다. 왕께서 어찌 그런 일 때문에 그러시겠습니까." "아닙니다. 내가 그런 일들을 위해 그런 것은 아닙니다." "그러면 왕이 크게 하고자 하는 것을 알 수 있겠습니다. 토지를 개간하여 진나라와 초나라를 조회하게 하여 중국에 임하여 사방의 오랑캐들을 장악하고 싶은 것입니다."

"이같은 소행으로 이같은 소원을 구한다면, 나무에 올라 물고기를 구하는 것과 같습니다." "그토록 터무니없는 일입니까?" "아니, 그보다 더 터무니없는 일입니다. 나무에 올라 물고기를 잡는 것은 못 잡아도 후환이 없습니다. 이같은 방법으로 이같은 큰 소원을 구하고자 하면 전심전력을 다하여 애쓰더라도 뒤에 반드시 재앙이 생기게 됩니다."**202** (출전=『맹자孟子』「양혜왕상梁惠王上」.)

◆ 緣:인연, 가장자리, 오르다. 木:나무. 求:구하다. 魚:고기.

---

202 『맹자(孟子)』,「양혜왕상(梁惠王上)」: 齊宣王問曰, 齊桓晉文之事可得聞乎. 孟子對曰, 仲尼之徒無道桓文之事者, 是以後世無傳焉. 臣未之聞也. 無以, 則王乎. … 抑王興甲兵, 危士臣, 構怨於諸侯, 然後快於心與. 王曰, 否. 吾何快於是. 將以求吾所大欲也. 曰, 王之所大欲可得聞與. 王笑而不言. 曰, 爲肥甘不足於口與. 輕煖不足於體與. 抑爲采色不足視於目與. 聲音不足聽於耳與. 便嬖不足使令於前與. 王之諸臣皆足以供之, 而王豈爲是哉. 曰, 否. 吾不爲是也. 曰, 然則王之所大欲可知已. 欲辟土地, 朝秦楚, 莅中國而撫四夷也. 以若所爲求若所欲, 猶緣木而求魚也. 王曰, 若是其甚與. 曰, 殆有甚焉. 緣木求魚, 雖不得魚, 無後災. 以若所爲, 求若所欲, 盡心力而爲之, 後必有災.

예미도중(曳尾塗中)

꼬리를 진흙 속에 물고 끌다

부귀영화를 누리며
속박을 당하는 것보다는
가난하더라도 자기 뜻대로
자유롭게 살다

『장자(莊子)』, 「추수(秋水)」에 이같은 이야기가 나옵니다. 장자가 복수(濮水)에서 낚시를 하고 있는데, 초왕(楚王)이 보낸 두 대부가 찾아와 왕의 뜻을 전달하기를, "부디 나라 안의 정치를 맡기고 싶습니다."라고 하자, 장자는 낚싯대를 쥔 채 돌아보지도 않고 말했습니다. "내가 듣기에 초나라에는 신령스런 거북[神龜]이 있는데 죽은 지 3천 년이나 되었다더군요. 왕께서는 그것을 헝겊에 싸서 상자에 넣고 묘당(廟堂)의 위에 [소중하게] 간직하고 있다지만, 그 거북은 차라리 죽어서 뼈를 남긴 채 소중하게 받들어지기를 바랐을까요? 아니면 오히려 살아서 진흙 속에서 꼬리를 끌며 다니기를 바랐을까요?" 두 대부가 대답하기를, "그야 오히려 살아서 진흙 속에서 꼬리를 끌며 다니기를 바랐을 것입니다." 이에 장자가, "그렇다면 어서 돌아가시오. 나도 진흙 속에서 꼬리를 끌며 다니고 싶으니까!"[203] (출

---

203 『장자(莊子)』, 「추수(秋水)」: 莊子釣於濮水, 楚王使大夫二人往先焉, 曰, 願以境內累矣. 莊子持竿不顧曰, 吾聞楚有神龜, 死已三千歲矣. 王巾笥而藏之廟堂之上. 此龜者, 寧其死爲留骨而貴乎. 寧其生而曳尾於塗中乎. 二大夫曰, 寧生而曳尾塗中. 莊子曰, 往矣. 吾

전=『장자莊子』「추수秋水」.)

◆ 曳:끌다. 尾:꼬리. 塗:진흙. 中:가운데.

將曳尾於塗中.

오십보백보(五十步百步)

오십 보나 백 보나 별 차이가 없다

때는 패도(覇道)가 판을 치던 전국시대(戰國時代)입니다. 당시 위나라의 혜왕도 이에 대한 생각에서 벗어나지 않습니다. 어찌하면 자기나라를 부강(富強)하게 할 수 있을까를 고민합니다. 그러나 맹자는 지도자가 이로움만 추구하기보다는 오직 인의(仁義)가 있을 뿐이라고 강조하며 에둘러 혜왕을 비판합니다. 그러면서 패도정치(覇道政治)가 아닌 오직 왕도정치(王道政治)를 추구하고 실현시킬 것을 주장합니다. 혜왕과 맹자의 질의와 응답하는 장면을 잠시 살펴보겠습니다. 양혜왕이 말했습니다. "과인은 나라에 대하여 마음을 다하고 있습니다. 하내(河內)에 흉년이 들면 그 민중을 하동(河東)으로 이주시키고, 그 곡식을 '하내'로 옮기며, '하동'에 흉년이 들면 또 그렇게 하고 있습니다."

"이웃나라의 정사(政事)를 살펴보면, 과인처럼 마음을 쓰는 자가 없는데도 이웃나라의 민중들이 더 적어지지 않으며, 과인의 민중들이 더 많아지지 않음은 어째서입니까?"[204] 맹자가 이르기를, "왕이 전쟁을 좋아하시

---

204 『맹자(孟子)』, 「양혜왕상(梁惠王上)」: 梁惠王曰, 寡人之於國也, 盡心焉耳矣. 河內凶, 則

니, 청컨대 전쟁으로 비유하겠습니다. 둥둥 북을 쳐서 병기와 칼날이 이미 접하게 되면, 갑옷을 버리고 병기를 끌고 패주(敗走)하되, 혹 백보를 패주한 뒤에 멈추며 혹 오십 보를 도망간 뒤에 멈추어서, 오십 보를 패주한 것으로 백보 패주한 것을 비웃으면 어떻게 여기십니까?" 왕이 말하기를, "그래서는 안 되니, 다만 백보를 패주하지 않았을 뿐, 이 또한 패주한 것입니다." 맹자가 이르기를, "왕이 만일 이를 아신다면 민중들이 이웃나라보다 많아지는 것을 바라지 마십시오."²⁰⁵ (출전=『맹자孟子』「양혜왕상梁惠王上)」.)

◆ 五 : 다섯. 十 : 열. 步 : 걸음. 百 : 일백. 步 : 걸음.

移其民於河東, 移其粟於河內, 河東凶, 亦然. 察隣國之政, 無如寡人之用心者, 隣國之民, 不加少, 寡人之民, 不加多, 何也.

205 『맹자(孟子)』,「양혜왕상(梁惠王上)」: 孟子對曰, 王, 好戰, 請以戰喻. 塡然鼓之, 兵刃旣接, 棄甲曳兵而走, 或百步而後止, 或五十步而後止, 以五十步, 笑百步, 則何如. 曰, 不可, 直不百步耳, 是亦走也. 曰, 王如知此, 則無望民之多於隣國也.

오월동주(吳越同舟)

오(吳)나라 사람과 월(越)나라
사람이 같은 배를 타다

서로 원수지간이라도 공동의 목적을
달성하기 위해서는 서로 협력한다

주지하듯『손자병법(孫子兵法)』은 중국의 유명한 병서(兵書)입니다. 춘추시대 오나라의 손무(孫武)가 쓴 것으로, 손무는 오왕(吳王) 합려(闔閭) 때, 서쪽으로는 초(楚)나라의 도읍을 공략하고, 북쪽으로는 제(齊)나라와 진(晉)나라를 격파한 명장입니다. 그의 명저『손자병법』,「구지(九地)」에 보면, 군사를 쓸 수 있는 아홉 가지 땅에 대해 열거해 놓았는데, 그 마지막에 나오는 것이 이른바 사지(死地)입니다.

"병사들을 갈 곳이 없는 지경에 집어넣으면 죽음에 이르러도 패퇴하지 않으며, 죽음을 두려워하지 않으면 병사들이 진력을 다하여 싸우게 된다. 병사들이 함정에 깊이 빠지면 죽기를 두려워하지 않게 되며, 갈 곳이 없으면 군심이 오히려 안정된다. 적지에 깊이 들어가면 서로 의지하여 흩어지지 않게 된다. 부득이한 상황에서는 싸울 수밖에 없게 된다. 이런 까닭에 병사들은 다스리지 않아도 경계한다."

"구하지 않아도 아래의 정황이 상달되며, 약속하지 않아도 서로 화목하며, 명령하지 않아도 서로 신뢰한다. 미신은 자연히 없어지고 서로 의심이 사라지며, 죽음에 이르러도 도망하지 않게 된다. 병사들이 재물을 남기지 않는 것은 재화를 싫어해서가 아니며, 생명의 위험을 돌보지 않는 것은 오래 살기를 싫어해서가 아니다. 명령을 내리는 날로 사졸(士卒)들 중 앉아 있는 자들은 눈물로 옷깃을 적신다."

"누워 있는 자는 만면이 눈물범벅이 될 것이다. 병사들을 갈 곳이 없는 상황에 투입시키면 전저(專諸)와 조귀(曹劌) 같은 용기가 나오는 법이다. 그러므로 용병(用兵)을 잘하는 자는 솔연(率然)과 같다. 솔연은 상산의 뱀으로, 머리를 치면 꼬리가 덤비고, 꼬리를 치면 머리가 덤비고, 몸통을 치면 머리와 꼬리가 한꺼번에 덤벼든다."[206] 이렇게 사지(死地)에 대해 설명한 후 다음과 같은 실례를 덧붙입니다.

"감히 묻는데 군대를 솔연 같이 움직이게 할 수 있는가? 할 수 있다. 오나라 사람과 월나라 사람은 서로 미워하지만, 같은 배를 타고 건너다 바람을 만나게 되면 서로 돕기를 좌우의 손이 함께 협력하듯 한다."[207] 여기서 전저는 오나라 공자(公子) 광(光)[208]을 도와 오왕 요(僚)를 암살한 자객이고, 조귀는 춘추시대 노나라 장공의 대부이자 장군인 조말(曹沫)[209]입니다.

---

206 『손자병법(孫子兵法)』, 「구지(九地)」 : 投之無所往, 死且不北, 死焉不得, 士人盡力. 兵士甚陷則不懼, 無所往則固. 深入則拘, 不得已則鬪. 是故其兵不修而戒, 不求而得, 不約而親, 不令而信, 禁祥去疑, 至死無所之. 吾士無餘財, 非惡貨也. 無餘命, 非惡壽也. 令發之日, 士卒坐者涕沾襟, 偃臥者涕交頤, 投之無所往. 諸劌之勇也. 故善用兵者, 譬如率然. 率然者, 常山之蛇也. 擊其首則尾至, 擊其尾則首至. 擊其中則首尾俱至.

207 『손자병법(孫子兵法)』, 「구지(九地)」 : 敢問, 兵可使如率然乎. 曰, 可. 夫吳人與越人相惡也, 當其同舟而濟遇風, 其相救也, 如左右手.

208 후의 오나라왕 합려를 말한다.

209 조말은 제(齊)나라와 여러 차례 싸웠으나 패하여 많은 영토를 잃었으나, 후에 노나라 장공과 제나라 환공이 회맹(會盟)할 때 비수를 들고 단상에 올라가 환공을 협박하여 자신

'오월동주'는 이렇게 비롯되었습니다.(출전=『손자병법孫子·兵法』「구지九地」.)

◆ 吳 : 나라이름. 越 : 나라이름, 넘다. 同 : 한가지, 같다. 舟 : 배.

이 잃은 땅을 되찾았다.

오조사정(烏鳥私情)

까마귀의 사사로운 정 | 까마귀가 자라면 늙은 어미에게
먹이를 먹이듯 부모를 모시는
지극한 효성

진(晉)나라에 이밀(李密)이란 사람이 있었습니다. 그는 무양(武陽) 사람으로 본래 촉한(蜀漢)에서 벼슬을 한 사람입니다. 이밀은 태어난 지 6개월 만에 아버지를 여의고 네 살 때 어머니마저 개가하여 조모 유 씨(劉氏)의 손에서 자랐습니다. 이 때문인지 조모에 대한 효심이 남달랐지요. 진나라 무제(武帝) 사마염(司馬炎)은 이밀을 태자세마(太子洗馬)에 임명합니다.

이때 이밀의 조모 유 씨는 90세가 넘은 노구(老軀)로 병석에 있었습니다. 이밀은 조모를 봉양(奉養)해야 한다는 이유로 명을 받을 수 없다는 내용의 「진정표(陳情表)」를 올립니다. 무제는 「진정표」를 읽고 그의 효심에 감동하여 관직에 임명하려던 뜻을 거둠은 물론, 이밀이 조모를 잘 봉양할 수 있도록 노비와 식량까지 하사했습니다. 내용 전문을 보겠습니다.

"신(臣) 밀은 말씀드립니다. 신이 죄가 깊고 어려움이 많아 일찍이 우환과 상사를 만나, 태어난 지 6개월 만에 아버지께서 돌아가시고, 걸을 만한 나이인 네 살에 외삼촌이 어머니의 뜻을 빼앗으니[210] 외할머니 유 씨가 신

---

210 어머니가 자신을 기를 수 없도록 개가(改嫁) 시켰다는 의미.

의 외롭고 약함을 불쌍히 여겨 몸소 어루만지고 길렀습니다. 신이 어려서 질병이 많아 아홉 살이 되도록 움직이지도 못하고, 외로웠습니다.”

“또한 괴롭게 지내면서 성년에 이르렀습니다. 작은아버지나 큰아버지도 없고, 형제도 없었으며, 가문이 쇠하고 복이 없어 만년(晚年)에야 자식을 두었으니, 밖으로는 상복(喪服)을 입어 주거나 억지로라도 가까이 지낼 친척도 없고, 안으로는 문(門)에서 맞이해 줄 아이 종도 없이 외롭고도 외롭게 홀로 서 있어 형체[形]와 그림자[影]가 서로 위로할 정도였습니다.”

“그런데 조모 유 씨가 일찍이 질병에 걸려, 항상 침상의 요에 누워 있어 신이 탕약을 모셔 일찍이 버리고 떠난 적이 없습니다. 성스러운 왕조를 받듦에 이르러 교화를 듬뿍 입게 되어, 전 태수인 신하 규가 신을 효렴(孝廉)으로 천거했으며, 후에 자사인 신하 영이 신을 수재로 천거했습니다만, 신이 조모를 공양할 사람이 없어 사양하고 명을 좇지 아니하였습니다.”

“밝은 조칙이 특별히 내려와 신을 낭중으로 배수하였습니다. 얼마 후, 나라의 은혜를 입어, 신을 세마(洗馬)에 제수하였으며, 외람되게도 미천한 것으로써 동궁(東宮)을 보좌하도록 하였으니, 신이 목숨을 바쳐도 능히 보답을 올릴 수 있는 일이 아니었습니다. 신이 표(表)를 갖추어 알려 사양하고 직책에 나아가지 아니하였더니, 조서가 간절하고 준엄하였습니다.”

“이에 신이 회피하고 오만함을 꾸짖었습니다. 군과 현의 지방장관들이 재촉하여 신을 부임길에 오르도록 독촉하고, 주(州)의 관리가 문까지 임하여 (재촉함이) 급하기가 유성이 떨어지는 것보다 더 다급했습니다. 엎드려 생각건대, 성스러운 왕조가 효로써 천하를 다스려, 무릇 연로한 사람에 있어서 오히려 가엽게 여겨 무육(撫育)[211]하는 은혜를 입는다고 합니다.”

---

211 어루만지고 기름.

"신은 외롭고 힘듦이 특히 더욱 심합니다. 신은 또한 거짓 왕조[蜀漢]에서 조금 일을 하여 낭서에서 두루 관직을 거쳤으며, 본시 관직의 현달(顯達)을 꾀하여 청명이나 절조를 숭상하지 않았습니다. 지금 신은 망국의 미천한 포로로서 지극히 작고 지극히 천한데, 과분하게 발탁을 입어 총애로 명령이 두텁기만 한데, 어찌 감히 머뭇거리며 희구함이 있겠습니까?"

"다만 조모(祖母) 유 씨는 해가 서산에 가까워져 희미해지는 것처럼 숨이 곧 끊어질 듯하니, 목숨이 위태로워 아침에 저녁 일을 알 수 없습니다. 신은 조모가 없었더라면 오늘에 이를 수 없었을 것이며, 조모는 신이 없으면 여생을 편안히 마칠 수 없을 것이니, 조모와 손자 두 사람이 서로 목숨을 의지하는 까닭에 구차스럽게 폐(廢)하고 멀리 갈 수가 없습니다."

"신(臣) 밀은 올해 44세이고 조모 유 씨는 96세이니, 신이 폐하께 절의(節義)를 다할 날은 길고, 조모 유 씨를 봉양할 날은 짧습니다. 까마귀가 먹이를 물어다 늙은 어미에게 먹여 은혜를 갚듯이, 조모가 돌아가시는 날까지 봉양하게 해 주시기를 바라옵니다. 신의 고충은 촉(蜀) 땅의 인사들뿐 아니라 양주(梁州)와 익주(益州)의 장관들까지 잘 알고 있을 것입니다."

"뿐만 아니라, 천지가 실로 함께 살펴보고 있는 바입니다. 바라건대 폐하(陛下)께서는 어리석은 정성을 가엾게 여겨 신의 작은 뜻을 들어주십시오. 조모 유 씨가 요행히 여생을 끝까지 보존하게 된다면, 신은 살아서는 마땅히 목숨을 바칠 것이요, 죽어서는 결초보은(結草報恩)할 것입니다. 신은 두려운 마음을 이기지 못하여 삼가 절하며 표(表)를 올려 아룁니다."[212]

---

212 『고문진보(古文眞寶)』, 「진정표(陳情表)」: 臣密言. 臣以險釁, 夙遭閔凶, 生孩六月, 慈父見背, 行年四歲, 舅奪母志, 祖母劉愍臣孤弱, 躬親撫養. 臣少多疾病, 九歲不行, 零丁孤苦, 至於成立. 旣無叔伯, 終鮮兄弟, 門衰祚薄, 晚有兒息. 外無朞功强近之親, 內無應門

‘오조사정’은 까마귀가 자라면 늙은 어미에게 먹이를 물어다 먹이듯 부모님을 봉양하는 효성을 뜻합니다. 제갈량(諸葛亮)의 「출사표(出師表)」를 읽고 울지 않으면 충신이 아니라는 말, 한유(韓愈)의 「제십이랑문(祭十二郞文)」을 읽고 울지 않으면 우애를 모르는 사람, 「진정표(陳情表)」를 읽고 눈물을 흘리지 않으면 효자가 아니라는 말 등이 명문으로 꼽힙니다.(출전=『고문진보古文眞寶』「진정표陳情表」.)

◆ 烏:까마귀. 鳥:새. 私:사사로움. 情:뜻.

五尺之童. 煢煢子立, 形影相弔, 而劉夙嬰疾病, 常在牀蓐. 臣侍湯藥, 未嘗廢離. 逮奉聖朝, 沐浴淸化, 前太守臣逵. 察臣孝廉, 後刺史臣榮, 擧臣秀才. 臣以供養無主, 辭不赴. 會詔書特下, 拜臣郎中, 尋蒙國恩, 除臣洗馬, 猥以微賤, 當侍東宮, 非臣隕首所能上報. 臣具以表聞辭不就職, 詔書切峻, 責臣逋慢, 郡縣逼迫, 催臣上道, 州司臨門急於星火, 臣欲奉詔奔馳, 則以劉病日篤, 欲苟順私情, 則告訴不許. 臣之進退, 實爲狼狽. 伏惟聖朝以孝治天下, 凡在故老, 猶蒙矜育. 況臣孤苦, 特爲尤甚. 且臣少事僞朝, 歷職郎署. 本圖宦達, 不矜名節. 今臣亡國賤俘, 至微至陋, 過蒙拔擢, 豈敢盤桓有所希冀. 但以劉日薄西山, 氣息奄奄, 人命危淺, 朝不慮夕. 臣無祖母, 無以至今日, 祖母無臣, 無以終餘年, 母孫二人, 更相爲命, 是以區區不能廢遠. 臣密今年四十有四, 祖母劉今九十有六, 是臣盡節於陛下之日長, 報劉之短也. 烏鳥私情, 願乞終養, 臣之辛苦, 非獨蜀之人士, 及二州牧伯所見明知. 皇天后土實所共鑑, 願陛下矜憫愚誠, 聽臣微志, 庶劉僥倖, 卒保餘年, 臣生當隕首, 死當結草. 臣不勝怖懼之情, 謹拜表以聞.

오합지중(烏合之衆)

까마귀를 모아놓은 것 같은 무리 | 까마귀 떼와 같이 조직도
안 되고 훈련도 없이 모인 병사

전한(前漢) 말, 왕망(王莽)이 나라를 빼앗아 국호를 신(新)이라 칭하고, 과도한 개혁정책을 펼치다 실패하여 사회는 극도의 혼란에 빠지고 말았습니다. 도처에서 반란이 일어나고 도적들이 횡행하다 보니 천하는 말 그대로 안개 속이었지요. 이때 한나라 왕조의 핏줄인 유연(劉績)과 유수(劉秀) 형제들도 부흥을 내걸고 군사를 일으킵니다.

이들은 각지에서 왕망의 군대와 도적 떼들을 격파하고, 경제(景帝)의 자손인 유현(劉玄)을 황제로 옹립함으로써 한나라의 세상으로 되돌려 놓았습니다. 그러나 세상에는 여전히 군웅들과 도적 떼들이 할거(割據)하였으며, 각 지방에서는 장군들이 군사를 일으켜 지방정권을 장악하고 군수나 현령 등을 자기 마음대로 바꾸기도 했습니다.

그 가운데서도 특히 변숭(樊崇)이 이끄는 적미군(赤眉軍)[213]과, 하북에서

---

213 아군을 식별하기 위해 눈썹에 붉은 물감을 칠했기 때문에 '붉은 눈썹을 가진 군대'라는 뜻의 적미군이라 칭했다.

요동에 이르는 광대한 지역을 지배하고 있던 왕랑(王郞)의 세력이 대단히 컸습니다. 왕랑은 본래 일개 복술가(卜術家)에 불과했으나 자신의 인망을 높이기 위해 전한시대 성제(成帝)의 아들 유자여(劉子輿)를 칭하자, 민중들은 그의 말을 믿고 '천자로 추대'합니다.

당시 기주(冀州)[214]와 유주(幽州)[215] 일대는 모두 왕랑에게 항복한 상태였습니다. 때문에 하북성의 상곡(上谷) 태수였던 경황(耿況)은 일찍이 왕망에게 벼슬을 받은 터여서 불안한 상황이었습니다. 때마침 유수가 경시제의 명을 받들어 왕랑을 토벌하기 위해 나섰다는 소식을 듣자, 즉각 당시 21세의 아들 경엄(耿弇)을 유수의 휘하로 보냅니다.

경엄이 유수를 찾아가는 도중, 왕랑이 한나라 성제의 아들 유자여를 사칭하고 한단(邯鄲)에서 스스로 천자라 칭하며 황제가 되었다는 소식을 듣습니다. 이에 경엄의 부하 손창(孫倉)과 위포(衛包)가 왕랑은 한나라의 올바른 혈통을 이어받은 분이라고 두둔하며 귀순하자고 요청합니다. 그러자 경엄이 칼을 굳게 잡고서 엄숙하게 말합니다.

"자여(子輿 : 왕랑)는 도적일 뿐이고, 병졸들은 모두 항복한 포로일 뿐이다. 내가 장안(長安)에 도착하여 나라에서 조직한 어양과 상곡의 군대를 이끌고 태원, 대군 방면으로 나아가 수십 일만 왔다 갔다 하면서 경기병으로 기습하여 '까마귀를 모아 놓은 것 같은 무리'들을 친다면 마치 마르고 썩은 나무를 부러뜨리는 것처럼 될 것이다."

"너희들이 상황을 알지 못하고 그에게 간다면 머지않아 멸족의 화를

---

214 하북의 중남부, 산동의 서쪽, 하남의 북쪽 일대.

215 북경, 하북 북부, 요령 일대.

피하지 못할 것이다."[216] 그러나 손창과 위포 등은 왕랑에게 귀순하고, 경엄은 이들을 붙잡지 않고 유수에게 갔습니다. 그는 휘하에서 혁혁한 공을 세워 후한(後漢)의 개국공신이 되었습니다. 오합지중(烏合之衆)이 오늘날에는 오합지졸(烏合之卒)로 쓰이고 있습니다. (출전=『후한서後漢書』「경엄전耿弇傳」.)

◆ 烏 : 까마귀. 合 : 모으다, 합하다. 之 : 가다. 衆 : 무리, 군사.

216 『후한서(後漢書)』,「경엄전(耿弇傳)」 : 弇按劍曰, 子輿弊賊, 卒爲降虜耳. 我至長安, 與
國家陳漁陽上谷兵馬之用, 還出太原代郡, 反覆數十日, 歸發突騎以轔烏合之衆, 如摧枯
折腐耳. 觀公等不識去就, 族滅不久也.

옥석구분(玉石俱焚)

옥과 돌이 함께 불타다

선악(善惡)이 구분되지 않고
함께 멸망을 당하다
좋은 것과 나쁜 것이 함께 희생되다

하(夏)나라 중강(仲康) 왕 때, 의화(義和)라는 제후가 있었습니다. 그는 덕(德)을 폐하고 주색(酒色)에 빠져 관직(官職)을 어지럽히고 서열을 파괴했을 뿐 아니라 직분을 다하지 아니하여 민중들로부터 지지를 받지 못했습니다. 중강은 자신의 형이자 선왕이었던 태강(太康)이 무도(無道)하여 다른 제후에게 나라까지 빼앗기자 형을 폐하고 스스로 왕위에 올랐는데, 덕이 있어 민중들이 지지하였습니다. 중강은 윤후(胤侯)에게 명하여 의화를 치도록 하였습니다. 윤후가 출정(出征)하면서 전쟁의 취지를 언급한 것이 바로 윤정(胤征)입니다.

"이제 나는 너희 군사들과 천벌을 받들고자 한다. 너희 군사들은 왕실과 힘을 합하고 나를 보필하여 삼가 천자의 위명(威名)을 받들도록 하라. 불이 곤강(崑岡)에 나면 옥과 돌이 함께 탄다. 임금이 덕을 잃으면 사나운 불길보다도 맹렬하다. 그 수괴[의화]를 죽이되, 협박에 복종한 자는 벌하지 않아도 된다. 옛날에 물든 나쁜 습속은 모두 더불어 새롭게 하리라. 오호라! 징계하겠다는 마음이 불쌍한 마음을 이기면 정벌이 이루어지고, 불쌍한 마음이 징계하겠다는 마음을 이기면 실패할 것이다. 너희 군사들은 힘써 경계할지어다."[217]

예나 지금이나 세상이 혼란하지 않은 적은 없습니다. 때문에 철저히 이성적 대응이 필요합니다. 가령 대형 화재가 나면 어찌될까요? 옥석(玉石)을 구분하지 않고 모두 태울 것입니다. 거기엔 선악(善惡)이나 길흉(吉凶)도 가리지 않습니다. 즉 대형 화재를 지도자로 대체해 본다면 선한 사람, 악한 사람을 가리지 않고 해(害)를 가할 것입니다. 좋든 싫든 지도자를 잘 만나야 하는 이유가 여기에 있습니다. 오늘날 북한의 망나니와 미국의 망나니가 세상을 어지럽히고 있지만, 이럴 때일수록 이성적 기능을 살려 경계해야 하겠습니다.(출전=『서경書經』「하서夏書 · 윤정胤征」.)

◆ 玉 : 구슬. 石 : 돌. 俱 : 함께. 焚 : 불사르다.

---

217 『서경(書經)』,「하서(夏書) · 윤정(胤征)」: 今予以爾有衆, 奉將天罰, 爾衆士同力王室, 尙弼予欽承天子威名. 火炎崑岡, 玉石俱焚. 天吏逸德, 烈於猛火. 殲厥渠魁, 脅從罔治. 舊染汚俗, 咸與惟新. 嗚呼. 威克厥愛, 允濟. 愛克厥威, 允罔功. 其爾衆士, 懋戒哉.

온고지신(溫故知新)

옛것을 익혀 새로운 것을 알다

『논어』에, "옛 것을 익혀 새로운 것을 알면, 스승이 될 수 있다."[218]는 말이 나옵니다. 사실 온고지신(溫故知新)이란 말은 온고이지신의 줄임말로 『중용』에도 나옵니다. 거기에서 지극한 도(道)를 이룩하기 위해서는 광대(廣大)함을 지극히 하는 동시에 정미(精微)함을 극진하게 탐구하며, 고명(高明)함을 극한까지 밀고가야 한다고 하고 있습니다.

이미 들은 것은 옛것이고, 지금 얻은 것은 새것입니다. 그러나 새것은 옛것 가운데 있습니다. 때문에 옛것을 폐기하면 지금 것도 알 수 없는 것이지요. 그렇다고 옛것만을 익히는데 시간을 투자한다면, 쓸모없는 지식이 될 것입니다. 따라서 옛것을 봄에도 그 도리를 좇아 지금 시대에 꼭 필요함을 얻을 수 있다면 스승이 될 수 있을 것입니다.

다시 말해, 옛것이란 오래전에 알게 된 사리(事理)를 의미하고, 새것이란 옛것 가운데 새것을 의미합니다. 문제는 스승이 될 수 있는 조건인 새

---

218 『논어(論語)』, 「위정(爲政)」 : 子曰, 溫故而知新, 可以爲師矣.

것을 어떻게 현 시대에 적용시킬 수 있을 것인가? 하는 것이 요체일 것입니다. 하나의 방법은 과거 선현들의 삶을 타산지석(他山之石)으로 삼는 일입니다. 오늘날의 나침반이 될 수 있기 때문입니다.(출전=『논어論語』「위정爲政」.)

◆ 溫[219] : 익히다, 따뜻하다. 故 : 연고(緣故), 오래되다. 知 : 알다.
  新 : 새롭다.

---

219 한(漢)나라의 주석가 정현(鄭玄)은 온(溫)에 대해 '처음 배운 것을 때때로 익히는 것'이라 하였다.

와신상담(臥薪嘗膽)

땔나무 위에 눕고, 쓸개를 맛보다   원수를 갚기 위해 분발하다
                                    큰 뜻을 이루기 위해 분투하다

춘추시대(春秋時代) 말기, 춘추오패(春秋五霸)의 반열에 올라 대미를 장식한 오(吳)나라와 월(越)나라는 이웃하고 있으면서도 원수처럼 지냈습니다. 오나라의 왕 합려(闔閭)는 『손자병법(孫子兵法)』의 저자인 손무(孫武)와 충신 오자서(伍子胥)의 보필을 받아 당시의 제후국들을 굴복시키고, 춘추오패의 반열에 올랐습니다. 그런 합려가 19년(B.C. 496), 월나라를 쳤다가 월왕 구천(勾踐)에게 패하고 말았습니다. 게다가 전쟁에서 손가락에 입은 상처가 원인이 되어 그만 죽고 말았지요. 합려는 태자 부차(夫差)에게 "월나라를 절대로 잊지 말라."[220]는 유언을 남기고 눈을 감습니다.

2년 후 월왕 구천은 부차가 밤낮으로 병사들을 훈련시킨다는 말을 듣고 대부 범려(范蠡)의 반대에도 불구하고 기선을 제압하기 위해 부차를 선제공격했다가 크게 패하고 말았습니다. 부차는 승세를 몰아 월나라의 수도 회계(會稽)를 포위합니다. 구천은 패잔병 5,000여 명을 데리고 회계산

---

220 必毋忘越.

(會稽山) 꼭대기에 피신하여, 백비(伯嚭)에게 후한 예물을 바치고 강화를 요청합니다. 나라를 바치고 오나라의 신하가 되겠다는 것이 강화의 조건이었지요. 부차는 오자서의 반대에도 백비의 계책에 따라 월나라와 강화한 후, 구천을 오나라로 불러 자기의 노예가 되도록 하였습니다.

이를 이른바 회계지치(會稽之恥), 즉 회계의 치욕이라 합니다. 구천은 나라의 정치를 대신들에게 맡기고 범려와 함께 오나라에 가서 3년 동안 부차의 마구간에서 말을 길렀으며, 부차가 병들자 그의 변까지 맛을 보면서 몸소 간호하기도 했습니다. 결국 부차는 충신들의 반대에도 불구하고 구천을 석방하였습니다. 월나라로 돌아온 구천은 몸을 수고롭게 하고 속을 태우면서, 자리 옆에 쓸개를 놓아두고 앉거나 누우면 쓸개를 바라보았으며, 먹거나 마실 때 또한 쓸개를 맛보며 '너는 회계의 치욕을 잊었느냐?'고 스스로에게 말하면서 설욕에 강한 의지를 불태웠습니다.[221]

그러면서 구천은 손수 밭 갈고 아내는 길쌈을 하였으며, 고기를 먹지 않고 현인(賢人)을 찾고 빈객(賓客)을 우대하면서 민중들과 고락을 같이했습니다. 문종(文種)에게는 나라 살림을 맡기고, 범려에게는 군대 양성을 맡겼습니다. 구천은 10년의 장기계획을 세워 생산을 장려하고 물자를 모으면서 차분히 전쟁 준비를 하였습니다. 때론 오왕 부차가 제(齊)나라를 공격하면서 월나라에 참전(參戰)을 요청하자, 군사를 파견하여 오왕을 도와 그의 환심을 사기도 하였습니다. 그런 후에 구천은 오나라의 내부가 스스로 무너지도록 하기 위해 혼란을 조성하는 작업을 시작합니다.

먼저 뇌물을 좋아하는 오나라의 대부 백비를 매수했으며, 부차에게는

221　吳旣赦越, 越王句踐反國, 乃苦身焦思, 置膽於坐, 坐臥卽仰膽, 飮食亦嘗膽也. 曰, 汝忘會稽之恥邪.

천하의 미인 서시(西施)²²²를 바쳤습니다. 이때 오나라에는 간신배가 득세했으며, 자주 충간(忠諫)을 하던 오자서는 왕의 역린(逆鱗)을 건드린 결과로 왕의 의심을 사게 된 데다, 백비의 모함까지 받아 왕이 내린 칼을 받고 자결합니다. 오자서가 죽은 다음 해, 부차는 제나라를 공격했으나 승리하지 못합니다. 그리고 2년 뒤, 오왕 부차는 정예부대를 이끌고 북정하고, 황지(黃池)에서 제후들과 회맹하여 그의 위엄을 보였습니다. 부차가 그러고 있는 사이, 구천은 오나라가 비어 있는 틈을 노렸습니다.

오나라에 침입한 구천은 태자를 바로 죽여 버립니다. 제후들과 회맹하는 자리에서 급보를 받은 오왕 부차는 모든 것을 극비에 부치고, 서둘러 회맹을 마친 다음 즉시 월나라에 사자(使者)를 보내 강화를 요청합니다. 구천은 범려와 의논 끝에 강화를 수락하기로 합니다. 북정을 하러 갔던 오나라의 정예부대가 돌아와 일전을 벌일 경우, 승패를 예측할 수 없었기 때문이었지요. 강화를 맺은 후, 월나라는 계속 군비를 확충합니다. 하지만 오나라는 잦은 북정으로 군사들이 피로했기 때문에 휴식이 필요했으며, 그동안 많은 전쟁을 겪느라 병력의 손실도 적지 않았습니다.

그로부터 4년 후, 월나라는 드디어 오나라를 공격합니다. 오나라 군대는 맥없이 무너졌죠. 부차는 견디지 못하고 구천에게 항복합니다. 구천은 부차를 가엾게 여겨 항복을 받아들이고자 했으나, "회계의 일은 하늘이 오나라에게 월나라를 준 것인데, 오나라가 받지 않았습니다. 지금은 오나라를 월나라에게 주는 것이니, 하늘의 뜻을 거역해서는 안 됩니다."라는

---

222 본래 성(姓)은 시(施)인데, 집이 저라(苧蘿) 완사촌(浣紗村) 서쪽에 있다고 하여 '서시'라는 이름을 얻었다. 춘추시대 말기 월(越)나라의 유명한 미인으로 오왕(吳王)에게 바쳐져 총애를 받았다. 후세에 절세미인(絶世美人)의 대명사로 통한다.

범려의 반대로 무산됩니다. 부차는 용동으로 귀양 도중 자살합니다.[223] 월
나라는 오나라를 평정한 이후, 계속 북진하여 회하(淮河)를 건너 서주(徐州)
에서 제후들과 회맹하고, 춘추시대 최후의 패자가 되었습니다.(출전=『사기
史記』「월왕구천세가越王勾踐世家」.)

◆ 臥 : 눕다. 薪 : 섶나무. 嘗 : 맛보다. 膽 : 쓸개.

---

223 구천은 백비 또한 잡아 죽였다. 그가 임금에게 충성하지 않고, 다른 나라로부터 많은 뇌물
　　　을 받으며 내통했기 때문이다.

우공이산(愚公移山)

우공이 산을 옮기다

어떠한 어려움도 굳센 의지로
밀고 나가면 극복할 수 있다

중국의 태형산(太形山)과 왕옥산(王屋山)은 사방이 700리에 높이가 만 길이나 되는데, 기주(冀州)의 남쪽과 하양(河陽)의 북쪽 사이에 있습니다. 북산(北山)의 우공은 나이가 아흔이 다 되었는데 산이 마주 보이는 곳에 거주했지요. 그런데 북산이 막고 있어서 출입을 하려면 길을 우회해야 하는 불편이 있었습니다. 우공은 집안 식구들을 모아 놓고 말했습니다.

"나와 너희들이 힘을 다해 험준한 산을 평평하게 만들면 예주(豫州)의 남쪽으로 직통할 수 있고 한수(漢水)의 남쪽에 다다를 수 있는데, 할 수 있겠느냐?" 하자, 모두들 찬성했는데 아내가 의문을 제기하고 나섰습니다. "당신의 역량으로 괴보(魁父)의 언덕도 깎아 내지 못했는데, 태형과 왕옥을 어떻게 해낸단 말이오? 더구나 흙과 돌은 어디다 버린단 말이오?"

그러자 모두들 말했습니다. "발해(渤海)의 끝과 은토(隱土)의 북쪽에다 버리면 됩니다." 우공은 짐을 질 수 있는 자손 셋을 데리고 돌을 깨고 흙을 파서 삼태기로 발해의 끝으로 운반했습니다. 이웃집 과부도 칠팔 세 된 어린 아들을 보냈는데, 통통 뛰어다니며 도왔지요. 겨울과 여름이 바뀌는 동안 한 번 왕복을 했습니다. 하곡의 지수가 비웃으며 말렸습니다.

"심하도다! 그대의 멍청함이여. 당신의 남은 생애와 힘으로는 산의 풀한 포기도 없애기 어려울 텐데 흙과 돌을 어떻게 한단 말이오." 북산 우공이 장탄식하며 이르기를, "당신 생각이 막혀 있어 그 막힘을 고칠 수가 없구려. 내가 죽더라도 아들이 있고, 또 손자를 낳고 낳으면 자자손손 끊이지를 않지만, 산은 더 커지지 않으니 어찌 평평해지지 않겠는가?"

하곡(河曲)의 지수(智叟)는 더 이상 대꾸할 수가 없었습니다. 조사신(操蛇神)이 이를 듣고 (산을 옮기는 일을) 그치지 않을까 두려워하여 상제[224]에게 호소했지요. 상제는 그 정성에 감동하여 과아씨의 두 아들에게 명해 두 산을 업어다 하나는 삭동(朔東)에, 하나는 옹남(雍南)에 두게 했습니다. 이로부터 기주의 남쪽과 한수의 남쪽에는 언덕조차 없게 되었지요.(출전=『열자列子』「탕문湯問」.)

◆ 愚 : 어리석다. 公 : 귀하다. 移 : 옮기다. 山 : 뫼.

---

224 상제(上帝)는 중국 고대에서 천계(天界)에 조정(朝廷)을 조직하여 운영하면서, 동시에 지상(地上)을 감시하여 지상의 만물을 생성, 변화시키는 조물주였다. 구체적인 성격은 네 가지로 요약된다. 첫째, 원시적인 천신 신앙에서 상제는 늘 의인화된 인격신으로 나타난다. 둘째, 사람들과 소통할 수 있다 하더라도, 결국은 사람들의 마음 밖에서 초월적으로 존재한다. 셋째, 상제도 사람처럼 욕망이 있는 자로서 사람이 그에게 현실적인 욕망을 희구할 때는 제사나 희생 등의 교역 의식을 통해야 한다. 넷째, 상제는 사람들에게 그 상벌로서 빈천(貧賤) · 부귀(富貴) · 사생(死生) · 이해(利害) 등의 외재적인 화복(禍福)을 내려주는 존재다.

운주유악(運籌帷幄)

장막 안에서 계책을 세워 운용하다　전술이나 전략을 세우거나 계책을 짜다

항우(項羽)와의 다툼 끝에 천하를 통일한 유방(劉邦)이 군신들을 이끌고 낙양(洛陽)으로 돌아와 논공행상 이후, 크게 잔치를 베풀었습니다. 그는 잔치 자리에서 자기가 천하를 차지하게 된 이유와 항우가 천하를 잃게 된 원인을 군신들에게 물었습니다. 고기(高起)와 왕릉(王陵)이 대답했습니다. "폐하께서는 성(城)을 공략하여 승리하면 공로가 있는 자에게 나누어 주는 등 천하 사람들과 더불어 이익을 함께 하였습니다. 그러나 항우는 의심과 질투가 많아 싸움에 이겨도 성(城)을 주지 않고, 땅을 얻어도 나눠주는 일이 없었습니다. 이것이 폐하가 천하를 얻고 항우가 천하를 잃은 까닭입니다."

이에 유방이 이르기를, "공들은 하나만 알고 둘은 모르고 있소. 산가지로 '장막 속에서 계책을 세워'[225] 천 리 밖의 승패를 결정짓는 일은 내가 자

---

225 『사기(史記)』에는 이처럼 운주책유장지중(運籌策帷帳之中)으로 되어 있으나, 『한서(漢書)』에는 주책(籌策)이 주(籌)로 유장이 유악(帷幄)으로 되어 있다.

방(子房)만 못하고, 국가를 안정시키고 백성을 어루만져주며 보급을 원활하게 하여 군량이 끊이지 않게 하는 일은 내가 소하(蕭何)만 못하며, 백만 대군을 거느려 싸우면 반드시 이기고 공략하면 반드시 빼앗는 일은 내가 한신(韓信)만 못하오. 이 세 사람은 모두가 인걸인데, 내가 이들을 잘 썼기 때문에 천하를 차지할 수 있었던 것이오. 그러나 항우에게는 범증(范增) 한 사람이 있었으나 제대로 쓰지 못했기 때문에 나에게 붙잡히게 된 것이오."[226]

유방이 언급한 것처럼 스스로는 전쟁을 잘하는 사람이 아니었습니다. 그는 다양한 인재들을 한눈에 알아보고 적재적소에 배치할 줄 알았던 사람일 뿐이었죠. 그의 공신 몇 사람을 살펴보면 그의 용인술을 엿볼 수 있습니다. 우선 유방에게 있어 핵심 인재라 할 수 있는 장량(張良)은 귀족 출신, 진평(陳平)은 유사(遊士), 소하와 조참(曹參)은 현리(縣吏), 번쾌(樊噲)는 개백정, 관영(灌嬰)은 비단 장수, 유경(劉敬)은 마차부, 팽월(彭越), 경포(黥布), 영포(英布) 등은 강도짓을 했던 죄수 출신, 주발(周勃)은 누에 발(양잠 기구)을 짜 생계를 유지하며 취고수(吹鼓手)[227]를 부업으로 삼았던 사람입니다.

다다익선(多多益善)으로 유명한 한신(韓信)은 부랑자, 요즘으로 치면 백수 중의 왕백수로 불릴 만한 사람이었습니다. 하나하나 뜯어보면 잡병에 지나지 않을 것 같은 이들은 이른바 '유방 사단'의 일원이 되면서 각자 타

---

226 『사기(史記)』, 「고조본기(高祖本紀)」: 高祖曰, 公知其一, 未知其二. 夫運籌策帷帳之中, 決勝於千里之外, 吾不如子房. 鎭國家, 撫百姓, 給餽饟, 不絶糧道, 吾不如蕭何. 連百萬之軍, 戰必勝, 攻必取, 吾不如韓信. 此三者, 皆人傑也, 吾能用之, 此吾所以取天下也. 項羽有一范增而不能用, 此其所以爲我擒也.

227 장례식에서 봉소로 민가(輓歌)를 불어 주는 일.

고난 능력을 발휘하기 시작했지요. 유방은 비록 영웅의 면모는 없었지만 역발산(力拔山)의 영웅들을 거느릴 줄 아는, 한마디로 하늘이 내린 천자(天子)의 자질과 그릇을 가진 인물이었고, 인화(人和)로 천시(天時)와 지리(地利)[228]의 불리함을 뛰어 넘은 사람이었죠. 결정적으로 그가 베풀었던 이유는 '흩뜨리면 민중이 모인다'[229]는 정치의 요체를 잘 인식했기 때문이라 하겠습니다. (출전=『사기史記』「고조본기高祖本紀」.)

◆ 運 : 돌다. 籌 : 산가지, 헤아리다. 帷 : 휘장, 장막. 幄 : 휘장, 장막.

---

228 『맹자(孟子)』, 「공손추하(公孫丑下)」에 다음과 같은 구절이 있다. "하늘이 준 때는 지리상의 이로움만 못하고, 지리상의 이로움은 사람의 화합만 못하다."(孟子曰, 天時不如地利, 地利不如人和.)

229 『대학(大學)』 전10장에 다음과 같은 구절이 있다. "덕은 근본이요, 재물은 말단이다. 근본을 밖으로 하고 말단을 안으로 하면, 민중을 다투게 하여 빼앗는 것을 가르치는 것이다. 그러므로 재물이 모이면 민중들이 흩어지고, 재물이 흩어지면 민중들이 모인다."(德者, 本也. 財者, 末也. 外本內末, 爭民施奪. 是故, 財聚則民散, 財散則民聚.)

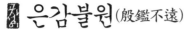

은감불원(殷鑑不遠)

은(殷)나라 거울은
먼 곳에 있지 않다

다른 사람의 실패를
자신의 거울로 삼다

하(夏)나라의 마지막 왕인 걸(桀)은 황음무도(荒淫無道)하고 탐욕스러웠
으나 남다른 힘과 지략을 가지고 있었습니다. 그런데 그가 무너지게 된
것은 순전히 말희(妺喜)라는 여인 때문이었습니다. 말희는 걸왕이 유시씨
(有施氏)의 소국(小國)을 공격하여 얻어낸 진상품의 하나였습니다. 걸왕은
말희를 보자마자 반할 정도로 미색을 지니고 있었습니다.

말희는 궁궐을 다시 짓게 하고, 이른바 주지육림(酒池肉林)을 만들어 질
탕(跌宕)하게 놀면서 걸을 부패하게 만들었습니다. 말희는 한 가지 일이 끝
나면 또 다른 일을 꾸며 끊임없이 하나라 국력이 소진되도록 하였습니다.
그럼에도 정신 차리지 못하는 걸왕의 행태를 보다 못해 현신 관용봉(關龍
逢)은 눈물을 흘리면서 간하다가 참수되고 말았습니다.

선관(膳官)[230] 이윤(伊尹)은 충간(忠諫)을 듣지 않는 걸왕을 버리고 당시
상(商)나라의 수도였던 박(亳)으로 도망쳐 탕왕(湯王)을 섬겨 상나라 창업

---

230 궁궐의 주방을 맡은 관리.

의 일등 공신이 됩니다. 당시 탕왕은 덕(德)을 갖춘 군장으로 제후들의 협력을 얻어 국력을 확장해 가고 있었지요. 걸왕의 횡포가 날로 심해지자, 민중들이 그를 떠났다는 것을 인지한 탕왕은 결단했습니다.

드디어 걸왕 타도의 깃발을 높이 든 것이지요. 걸왕은 명조(鳴條)의 싸움에서 대패하여 달아나다 남소(南巢)에서 죽었습니다. 그리하여 초대 왕인 우(禹)로부터 제17대 왕인 걸까지 약 500년에 걸쳐(B.C. 2200~B.C. 1700) 존재했던 최초의 왕조 하나라는 문을 닫고 말았습니다. 물론 탕왕의 상나라가 그 자리를 대신하게 되었음은 말할 것도 없습니다.

그런데 세상은 참 묘한 구석이 있습니다. 상(殷)나라의 마지막 왕인 주왕(紂王)도 하나라 걸왕의 전철을 그대로 따랐습니다. 주왕 또한 자질이 뛰어나고 식견이 높았으며, 두뇌가 명석하여 사람을 꿰뚫어 보는 날카로운 눈을 가지고 있었습니다. 또한 총명할 뿐만 아니라 용력(勇力)도 뛰어나 맹수를 맨주먹으로 때려잡을 정도로 체력이 강했습니다.

이렇게 뛰어난 자질을 덕(德)을 쌓는 데 쓰지 않고, 자만에 빠져 신하들이 간하는 말을 듣지 않고 오히려 뛰어난 입담으로 자신의 비행(非行)을 합리화하거나 덮어 버리기 일쑤였습니다. 그는 천하에 자기보다 나은 사람은 존재하지 않는다고 생각하였습니다. 또한 주색(酒色)과 향락(享樂)에 관대하여 결국 달기(妲己)라는 여인에게 빠지고 말았습니다.

달기는 유소씨(有蘇氏)의 딸로, 일찍이 주왕이 유소씨를 토벌했을 때 전리품으로 획득한 미녀였습니다. 주왕은 달기를 얻고 매우 기뻐했으며, 달기의 아름답고 요염한 자태에 빠진 모습이 걸왕과 흡사했습니다. 주왕도 그녀의 환심을 살 수 있는 일이라면 무엇이든 했습니다. 그녀가 원하는 궁중의 음악을 더욱 관능적이고 분방한 음악으로 바꾸었죠.

또한 수도 조가(朝歌)에 녹대(鹿臺)라는 거대한 금고를 만들어 무거운 세금으로 금고를 채웠으며, 거교(鉅橋)에 곡식 창고를 세워 곡식으로 가득 채웠습니다. 그리고 사구(沙丘)의 이궁(離宮)을 확장하여 그 안에 길짐승과 날짐승을 놓아길렀습니다. 또 달기의 청을 받아들여 술로 채운 연못과 고기 안주를 매단 나무로 이루어진 주지육림을 만들었죠.[231]

당시 은나라 왕조에는 천자의 정치를 보좌하는 삼공(三公)으로 서백창(西伯昌)[232]과 구후(九侯), 악후(鄂侯)가 있었습니다. 구후에게는 아름다운 딸이 있어 주왕의 배우자가 되었는데 주왕에게 죽임을 당하였으며, 구후도 죽임을 당하여 그 시체가 젓으로 담가졌습니다. 악후 또한 이를 간(諫)하다가 역시 죽임을 당하고 시체는 포(脯)로 만들어졌습니다.

서백은 이를 듣고 탄식하다 유리(羑里)의 옥에 갇히고 말았습니다. 서백의 가신들이 주왕에게 미녀와 재물을 바치고 그를 석방시켰습니다. 서백은 자신의 영토 일부인 낙서(洛西)의 땅을 바치고 포락의 형을 면제받은 후, 자기 땅으로 돌아갔습니다. 충신들이 죽음을 무릅쓰고 주왕에게 간하였지만 대부분 죽임을 당하거나, 스스로 자취를 감췄습니다.

왕자 비간(比干)은 간하다가 심장이 갈기갈기 찢겼으며, 기자(箕子)는 옥에 갇히고 말았습니다. 주왕은 이 밖에도 임신한 여자의 배를 가르고, 뼈가 시려 강을 건너지 못하는 노인의 다리를 자르는 등, 포악한 짓이란 짓은 다 자행하였지요. 서백창이 죽고 그의 아들 발(發)이 그 뒤를 이었으니,

---

231 주왕은 틈만 나면 수많은 알몸의 남녀들과 질탕(跌宕)하게 놀았다. 불평하는 민중들을 억누르기 위해 공포정치의 일환으로 불구덩이 위에 기름을 칠한 구리 기둥을 걸어 놓고 그 위를 걷게 하는 포락(炮烙)의 형(刑)을 시행하기도 했다.

232 후의 주(周)나라 문왕(文王).

그가 바로 주나라의 공식적인 왕인 무왕(武王)입니다.

무왕은 아버지 서백창을 문왕으로 추증하고, 태공망(太公望) 여상(呂尙)을 사부로 삼아 민심을 끌어 모으고 군대를 정비하여 포악한 주왕을 응징하기 위한 준비에 착수합니다. 그리고 때가 무르익자 주왕을 멸하기 위해 동쪽을 향해 계속 진군하여 은나라의 교외인 목야(牧野)에서 진(陣)을 쳤습니다. 주왕도 70만의 병력을 동원해서 목야로 나왔습니다.

하지만 주왕의 폭정에 시달리던 은나라의 군대 대부분은 무왕의 토벌을 학수고대하고 있었기 때문에 항복하거나 주나라 군대에 가담해 버렸습니다. 은나라 군대는 일패도지(一敗塗地)[233] 할 수밖에 없었지요. 주왕은 목야에서 도망쳐 수도 조가에 있는 녹대 위로 올라가 불을 지른 후, 보석으로 장식한 옷을 입고 그 속으로 몸을 던지고 말았습니다.[234] (출전=『사기史記』「하본기夏本紀」,「은본기殷本紀」,「주본기周本紀」.)

◆ 殷 : 은나라. 鑑 : 거울. 不 : 아니다. 遠 : 멀다.

---

233 '완전히 실패하여 다시 수습할 방법이 없는 것'을 이른다.

234 이로써 은나라 왕조는 초대 탕왕으로부터 마지막 왕인 주왕에 이르기까지, B.C. 17세기부터 B.C. 11세기에 이르는 약 600년의 역사를 마감했다.

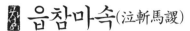

읍참마속(泣斬馬謖)

울면서 마속을 베다

친하고 아끼는 사람이라도
공정하게 법에 따라 심판하다

때는 223년, 촉(蜀)의 주인인 유비(劉備)는 221년부터 동오(東吳)와 시작된 이릉(夷陵) 전투에 출전했다가 대패하고 병을 얻어 결국 세상을 떠났습니다. 죽기 전, 유비는 제갈량(諸葛亮)과 이엄(李嚴)에게 아들 유선(劉禪)을 부탁합니다. 이에 따라 유선이 유비의 뒤를 이었고, 역사에서는 유선을 후주(後主)라 부릅니다.

건흥 6년(228) 봄, 제갈량은 군사를 이끌고 북쪽으로 위나라를 공격했습니다. 출정에 앞서 그는 후주 유선에게 글을 올렸는데, 이것이 그 유명한 '출사표(出師表)'라 이릅니다. 이 출사표는 제갈량의 우국충정(憂國衷情)이 넘치는 글로, 이를 읽고 울지 않으면 충신이 아니라는 말이 나돌 정도로 명문장으로 유명합니다.

이는 읽고 울지 않으면 효자가 아니라는 이밀(李密)의 '진정표(陳情表)', 읽고 울지 않으면 우애를 모르는 사람이라는 소리를 듣는 한유(韓愈)의 '제십이랑문(祭十二郎文)'과 더불어 사람의 폐부를 찌르는 명문입니다. 제갈량은 '출사표'를 올린 후 위(魏)나라를 공격하기 위해 한중(漢中)을 나와 장안을 향해 진군합니다.

한중에서 기산(祁山)을 향해 우회하면서 천수(天水), 안정(安定), 남안(南安) 등 3개 군을 접수하고 기산에 이른 다음 장안으로 진군하는 전략이었습니다. 이때 위연은 자오곡(子午谷)을 질러 곧장 장안으로 기습하자는 의견을 냈는데, 제갈량은 받아들이지 않았습니다. 이 전투에서 패할 경우 존립할 수 없기 때문이었죠.

위나라는 하후무(夏侯楙)를 총사령관으로 대적했으나 천수, 안정, 남안의 농서 지방 3군을 빼앗기고 강유가 촉한에 투항하자, 위 명제(明帝) 조예는 사마의(司馬懿)를 복직시키고 장합(張郃)을 가정(街亭)으로 향하게 했습니다. 제갈량은 요충지인 가정을 지킬 장수로 마속을 보내 적이 접근하지 못하도록 명령했습니다.

하지만 마속은 자신의 능력만을 믿고 적을 끌어들여 역습을 노리다가 도리어 장합의 군대에 포위당해 힘 한번 써 보지 못하고 참패하고 말았습니다. 이 때문에 제갈량은 할 수 없이 군대를 이끌고 한중으로 퇴각했습니다. 마속은 감옥에 갇히게 됐고, 옥중에서 제갈량에게 '속임종여량서(謖臨終與亮書)'라는 글을 올립니다.

"승상께서는 저를 자식처럼 대해 주셨고, 저는 승상을 아버지처럼 대하였습니다. 곤(鯀)[235]을 죽이고 우(禹)를 흥하게 한 뜻을 깊이 생각하시어 평생의 사귐이 이 때문에 무너지지 않도록 하시면 저는 비록 죽지만 황천에서도 여한이 없을 것입니다."[236] 제갈량은 패전의 책임을 물어 마속에게

---

235 하북의 중남부, 산동의 서쪽, 하남의 북쪽 일대.

236 북경, 하북 북부, 요령 일대.

'참수형'을 내리고 말았습니다.

　다시 구하기 어려운 장수이므로 살리자고 많은 사람들이 만류했지만, 제갈량은 법을 엄정히 지켜 기강을 바로 세우기 위해 울면서 마속의 목을 베었습니다. 이를 '읍참마속'이라 합니다. 오늘날에도 이와 유사한 일이 일어날 때마다 세상 사람들은 읍참마속을 입에 올립니다. 직무(職務)에 만전을 기해야 하는 이유입니다.(출전=『삼국지三國志 · 촉서蜀書』, 「마량전馬良傳」.)

◆ 泣 : 울다. 斬 : 베다. 馬 : 말. 謖 : 일어나다.

의심암귀(疑心暗鬼)

의심하는 마음이 있으면
있지도 않은 귀신이 나오듯 느껴진다

의심하는 마음이 생기면 갖가지 망상이 잇달아 일어나 두려움이 생기거나, 선입관은 판단을 흐리게 하여 오류를 범할 수 있다는 말입니다. 유사어로 배중사영(杯中蛇影)이 있습니다. 즉 '잔속에 비친 뱀의 그림자'란 의미로 아무것도 아닌 일에 의심하면, 쓸데없는 걱정을 하게 된다는 말과 다르지 않은 경우입니다.

어떤 사람이 소중히 아끼던 도끼를 잃어버렸습니다. 갑자기 '도둑맞은 게 틀림없다'는 생각이 들자, 아무래도 이웃집 아이가 수상쩍어 보이기 시작했습니다. 길에서 마주쳤을 때에도 슬금슬금 도망가는 듯한 자세였고, 안색이나 말투 또한 어색하기 이를 데 없었지요. '음! 저 녀석이 분명 내 도끼를 훔쳐갔을 거야.'

이처럼 의심하던 그가 어느 날, 나무하러 갔다 도끼를 놓고 온 일이 떠올랐습니다. 그 길로 당장 뛰어가 보니, 도끼는 산에 그대로 있었습니다. 집에 돌아와서 이웃집 아이를 보자, 이번에는 그 아이의 행동거지(行動舉止)가 전혀 수상쩍어 보이지 않았습니다. 우리의 의식세계를 돌아보게 하는 하나의 사례입니다.(출전=『열자列子』「설부說符」.)

◆ 疑:의심하다. 心:마음. 暗:어둡다. 鬼:귀신.

이목지신(移木之信)

나무를 옮기는 믿음

나무를 옮긴 사람에게 상을 주어
믿음을 갖게 하다
남을 속이지 않거나
약속을 반드시 지킨다

주지하듯 진(秦)나라가 여섯 나라를 멸하고 전국시대를 통일할 정도로 강대해진 것은 역시 상앙(商鞅)이라는 걸출한 인물의 부국강병 정책 덕분일 것입니다. 그는 본명이 공손앙(公孫鞅)으로, 본래 위(魏)나라의 재상인 공숙좌(公叔座)를 섬겼습니다. 공숙좌가 병이 나자 위(魏)나라 혜왕(惠王)이 친히 문병을 와서 앞일에 관해 물었습니다. 공숙좌는 평소 공손앙이 현명한 사람이라는 것을 잘 알고 있었기 때문에 혜왕에게 공손앙을 강력 천거하였습니다. 만일 쓰지 않으려면 반드시 죽여야 한다고까지 진언했지요.

하지만 위나라 혜왕은 공숙좌의 진언을 받아들이지 않았습니다. 혜왕이 돌아가자, 공숙좌는 공손앙에게 이같은 사실을 말해 주며 도망가라고 권합니다. 이에 공손앙은 혜왕이 자신을 쓰라는 진언을 받아들이지 않았으므로, 자신을 죽이라는 진언도 받아들이지 않을 것이라며 도망가지 않았습니다. 공숙좌가 죽은 뒤, 마침 진(秦)나라의 효공(孝公)이 인재를 널리 구한다는 영이 내려집니다. 공손앙은 그 길로 진나라의 효공을 찾아가 유세를 합니다. 몇 차례 계속된 공손앙의 유세를 들은 효공은 그를 기용

합니다.

그리고 그의 계책인 변법(變法)을 단행하기 위한 법령을 제정합니다. 법령의 내용은 이렇습니다. '민가는 10집 혹은 5집을 한 조로 묶어 잘못을 상호 감시토록 하고, 한 집이 죄를 지으면 10집이 똑같이 벌을 받는다. 죄 지은 것을 알리지 않는 사람은 허리를 자르는 벌로 다스린다. 또 그것을 알린 사람에게는 적의 머리를 벤 것과 같은 상을 주며, 죄를 숨기는 사람은 적에게 항복한 사람과 똑같은 벌을 준다. 민중들 가운데 한 집에 성년 남자가 2명 이상 살면서 분가하지 않으면 부역과 납세를 2배로 한다.'

'군공(軍功)을 세운 자는 그 공에 따라 벼슬을 올려 준다. 사사로이 싸움을 일삼는 자는 각각 그 죄의 가볍고 무거움에 따라 벌을 준다. 본업에 힘써 밭을 갈고 길쌈을 하여 곡식이나 비단을 많이 바치는 사람에게는 부역과 부세를 면제해 준다. 상공업에 종사하여 이익만을 추구하는 자와, 게을러서 가난한 자는 모두 체포하여 관청의 노비로 쓴다. 군주의 친척이라도 싸워 공을 세우지 못했으면 심사를 거쳐 공족으로서의 특권을 누릴 수 없게 한다. 신분상의 존비와 작위, 봉록의 등급을 분명히[237] 한다.'

하지만 이같은 법령을 공포할 경우, 혹 민중들이 믿지 않을까 염려하여 나라가 먼저 믿음을 갖게 하기 위해 사전 작업을 합니다. 높이가 세 발 되는 나무를 남문에 세우고 이를 북문에 옮겨 놓는 사람에게 10금을 상으로 준다고 공시했습니다. 하지만 모두들 괴상히 여기기만 할 뿐 아무도 옮기려는 사람이 없었습니다. 그래서 다시 상금을 50금으로 올려 공시합

---

237 토지와 집, 신첩, 의복의 등급을 작위에 따라 차별이 있도록 한다. 공을 세운 사람은 명예를 누리지만, 공을 세우지 못한 사람은 부유해도 화려한 생활이 허락되지 않는다.

니다. 어떤 사람이 이것을 옮기자 약속대로 50금을 주었습니다.[238] 이처럼 민중을 속이지 않는다는 것을 밝힌 다음, 마침내 법령을 시행하였습니다.

처음에는 많은 사람들이 불평을 했습니다만, 법이 시행되고 10년이 지나자 길가에 물건이 떨어져도 줍는 이가 사라졌고, 도둑도 없어졌으며, 집집마다 넉넉해졌습니다. 민중들은 전쟁에는 용감하였으나 개인 간 싸움엔 힘을 쓰지 않았기 때문에 나라는 잘 다스려졌습니다. 공손앙은 법 앞에 성역이 없을 정도로 강력한 법을 시행했습니다. 심지어는 태자(太子)가 법을 어기자 태자 대신 스승인 공자 건(虔)을 처벌[239]하고 태자의 사(師 : 교육 담당)인 공손가(公孫賈)를 자자형(刺字刑)[240]에 처할 정도로 엄격했습니다.

공자 건은 4년 후 또 범법을 하여 의형(劓刑 : 코를 베는 형벌)에 처해져 집에서 나갈 수도 없는 신세가 되었지요. 진나라는 공손앙의 변법을 통해 가장 막강한 나라가 되었습니다. 공손앙은 또 위나라를 공격하여 굴복시켰습니다. 위나라 혜왕은 과거에 공숙좌의 진언을 듣지 않은 것을 크게 후회했지만 소용이 없었습니다. 공손앙은 이 공으로 상오(商於) 땅을 식읍

---

238 『사기(史記)』, 「상군열전(商君列傳)」 : 令旣具, 未布, 恐民之不信. 已乃立三丈之木於國都市南門, 募民有能徙置北門者子十金. 民怪之, 莫敢徙. 復曰能徙者子五十金. 有一人徙之, 輒子五十金, 以明不欺. 卒下令.

239 상앙은 "법률이 제대로 시행되지 않는 것은 위에서부터 법을 어기기 때문."이라고 주장하며 태자를 법대로 처벌하려 했다. 그러나 태자는 임금의 뒤를 이을 사람인지라, 관례상 벌을 내릴 수 없었다. 그리하여 태자를 대신해 그의 스승인 태부(太傅 : 임금의 고문) 공자 건(효공의 형)을 처벌하고, 태사(太師) 공손가에게는 얼굴을 불로 지지는 형벌을 내리니, 진나라 사람들은 모두 법령에 따랐다.

240 얼굴이나 팔뚝의 살을 따고 홈을 내어 먹물로 죄명을 찍어 넣는 형벌을 말한다.

으로 받고 상군(商君)에 봉해졌지요. 이로부터 상앙(商鞅)이라고 불리게 되었습니다. 하지만 효공이 죽고 태자가 즉위하자 상황은 급변했습니다.

평소 원한을 품고 있었던 공자 건의 무리들[241]에 의해 상앙은 모반죄로 몰리고 말았습니다. 상황이 위급하다고 판단한 상앙은 급히 도망치다 관하의 객사에서 하룻밤 머물기를 청하게 됩니다. 하지만 그가 상앙임을 모르는 객사의 관리들은 거절합니다. "상군의 법령에 따르면, 여행권이 없는 자를 유숙하게 하면 벌을 받도록 되어 있습니다." 이 말을 들은 상앙은 '아! 내가 만든 법령의 폐단이 이 지경에까지 이른 줄은 몰랐도다!'하며 탄식했습니다. 결국 그는 체포되어 거열형(車裂刑)[242]에 처해지고 말았습니다.(출전=『사기史記』「상군열전商君列傳」.)

◆ 移 : 옮기다. 木 : 나무. 之 : 가다. 信 : 믿다.

---

241 공자 건의 무리들은 상앙에 대해 다음과 같은 상소를 올립니다. "신하된 자의 권력이 너무 크면 나라가 위태롭다고 했습니다. 지금 어수룩한 민중들은 상앙의 법에 의해 나라가 다스려진다고 말합니다. 더욱이 그의 봉읍이 열다섯 개에 이르니, 그 권력이 막대하여 후일 반드시 반역을 꾀하고야 말 것입니다."

242 환형(轘刑)이라고도 하는데, 수형자의 두 팔과 다리 및 머리를 각각 매단 수레를 달리게 하여 신체를 찢어 죽이는 형벌을 말한다.

이신위본(以信爲本)

신뢰를 근본으로 삼다　　　　　　　신의를 저버리지 않다

때는 건흥 9년(231) 봄, 제5차 북벌에 나선 제갈량(諸葛亮)은 또다시 대군을 거느리고 기산(祁山)으로 나아갔습니다. 출정에 앞서 제갈량은 백 일에 한 번씩 교대시켜 주겠다고 발표합니다. 위(魏)나라는 사마의(司馬懿)를 총사령관에 임명하여 촉한(蜀漢)의 공격을 방어하도록 하였습니다. 사마의는 한발 더 나아가 이번 전투를 장기전으로 계획하고 수비 작전에 돌입합니다. 그럼에도 제갈량은 노성(鹵城)에서 사마의 진영을 격파하고 상규(上邽)까지 진격하는데 성공하지만, 또 다시 군량 문제에 부딪칩니다. 기후 탓으로 본국에서 군량 수송이 원활하게 이뤄지지 않았기 때문입니다.

그리하여 점령지에서 군량을 해결하는 방안을 세우고 상규 지역의 보리를 노렸으나, 이미 이를 간파한 사마의의 공격을 받아 뜻을 이루지 못했습니다. 그 무렵 본국에서 교대 군사가 출발했다는 소식이 당도합니다. 제갈량은 즉시 해당 부대에 명령을 내려 귀환 준비를 시켰습니다. 하지만 공교롭게도 위나라 장수 손례(孫禮)가 옹주(雍州)와 양주(涼州)의 군사 20만을 이끌고 공격해 온다는 소식이 들렸습니다. 이때의 상황을 『삼국연의

(三國演義)』에서는 다음과 같이 묘사하고 있습니다. 제갈량의 핵심 참모의 하나인 장사(長史) 양의(楊儀)가 장막으로 뛰어 들어와 보고합니다.

"지난 번에 승상께서 대병을 백 일에 한 번식 교대시킨다고 하셨는데, 오늘이 기한이 찬 날입니다. 한중의 군사들이 이미 서천 어귀를 떠났다는 공문이 왔고, 모두들 교대하기만 기다리고 있습니다. 지금 있는 8만 명 중에서 4만 명을 교대시켜야 합니다." 이에 제갈량이 말하기를, "이미 명령을 내렸으니 속히 교대시키도록 하시오." 모든 군사들이 이 소식을 듣고 바삐 돌아갈 준비를 합니다. 그때 위나라 장수 손례가 옹주와 양주의 군사 20만을 이끌고 검각(劍閣)을 치러 떠났고, 사마의는 노성 공격을 위해 오고 있다는 급보가 들어옵니다. 촉군들은 모두 놀라 당황했습니다.

양의가 급히 제갈량을 찾았습니다. "위나라 군이 막강한 기세로 진격해 오고 있으니, 승상께서는 지금 있는 군사를 남겨 적군을 물리친 다음에 새로 오는 군사와 교대시키시는 것이 어떻겠습니까?" 제갈량은 단호합니다. "안 될 소리요. 나는 군사를 부리고 장수들에게 명령을 내리는데 오로지 신뢰를 근본으로 삼아 왔소. 이미 명령을 내렸는데 어찌 신의를 저버릴 수 있겠소.²⁴³ 돌아가야 할 자들은 속히 준비해 떠나보내도록 하시오. 그들의 부모와 처자식들이 사립문에 기대어 서서 기다리고 있을 터인데, 내 아무리 큰 어려움에 처했다 하더라도 그들을 붙잡아 둘 수는 없소."

그리고는 즉시 영(令)을 전해 떠나야 할 군사는 당일 떠나도록 하였습니다. 이처럼 제갈량이 신의를 중시하다 보니 병사들이 모두 감격하여, 적을 격파한 뒤에 돌아가겠다고 자원하는 병사들이 줄을 이었습니다. 사기

---

243 『삼국연의(三國演義)』 : 不可. 吾用兵命將, 以信爲本. 旣有令在先, 豈可失信.

(士氣)가 충천한 제갈량과 병사들은 위나라 장수 손례가 이끄는 군사들이 당도했다고 알려지기 무섭게 즉시 공격을 감행하였습니다. 촉의 군사들은 이들을 상대로 용감히 싸워 대승을 거두었습니다. 이 싸움에서 위나라의 장수 장합(張郃)을 죽이는 전과도 올렸습니다. '이신위본'은 이처럼 제갈량이 "용병에 신의를 근본으로 삼아 왔다."고 한 말에서 유래하였습니다.(출전=『삼국지三國志 · 촉서蜀書』「제갈량전諸葛亮傳」.)

◆ 以 : 써. 信 : 신뢰, 믿음. 爲 : 삼다. 本 : 근본.

이판사판(理判事判)

마지막 궁지에 몰린 상황   뾰족한 방법이 없는 막다른 상황

한말(韓末)의 국학자인 이능화(李能和) 선생이 쓴 『조선불교통사』, 「이판사판사찰내정」에 보면 이판승(理判僧)과 사판승(事判僧)을 설명하고 있습니다. "조선의 사찰에는 이판승과 사판승의 구별이 있다. 이판(理判)이란 참선하고, 경전을 강론하고, 수행하고, 홍법[244] 포교하는 승려이다. 이른바 공부승(工夫僧)이라고도 한다. 사판(事判)은 생산에 종사하고, 사찰의 업무를 꾸려나가고, 사무행정을 해나가는 승려이다. 이른바 산림승(山林僧)[245]이라고도 한다."

"이판과 사판은 그 어느 한쪽이라도 없어서는 안 되는 상호관계를 갖고 있다. 이판이 없다면 부처님의 지혜광명이 이어질 수 없다. 사판이 없다면 가람이 존속될 수 없다. 그래서 청허(淸虛)와 부휴(浮休) · 벽암(碧巖) · 백곡(百谷) 등의 대사(大師)들이 이판과 사판을 겸했다." 여하튼 조선시대

---

244   홍법(弘法)은 불도(佛道)를 널리 펴는 것을 말한다.

245   우리말에 '살림을 잘한다'는 말은 산림승(山林僧)의 '산림'에서 유래되었다.

에 승려가 된다는 것은 마지막 신분 계층이 된다는 것을 의미하는 일이었습니다. 숭유억불(崇儒抑佛) 정책으로 인해 불가(佛家)의 승려들은 성안도 드나들지 못했지요.

해방 이후, 한 때 비구승(比丘僧)과 대처승(帶妻僧)의 다툼이 있었습니다. 유사한 사례로 이판승(理判僧)과 사판승(事判僧)도 다툼이 있었습니다. 이 때 이판승은 사판승을 비판하고, 사판승은 이판승을 비판하였습니다. 그럼에도 자칫 공멸할 수도 있을 만큼 세상이 험악해지면 이판과 사판은 따지지 않고 상호 협력했습니다. 조선왕조 5백 년 동안 온갖 어려움이 상존했지만, 의연하게 그 명맥을 이어온 것은 이판승과 사판승들의 역할 덕분일 것입니다. (출전=『조선불교통사朝鮮佛教通史』「이판사판사찰내정」.)

◆ 理 : 이치. 判 : 판단하다. 事 : 일. 判 : 판단하다.

인면수심(人面獸心)

성질이 잔인하고 흉악한	사람의 얼굴을 하고 있으나
짐승같은 사람	마음은 짐승같은 사람

『한서』, 「흉노전」을 보면, 한대(漢代) 흉노들의 활동 상황 등이 고스란히 기록되어 있습니다. 여기서 흉노는 서한(西漢) 시대 중국의 북방에 살았던 유목민족인 흉노족을 말하는데, 당시 한(漢)나라는 모든 면에서 흉노족과 비교할 수 없을 만큼 경제와 사회적으로 안정되어 있었습니다. 때문에 그들은 자주 한나라를 침입했습니다.

흉노족의 수십만 기마병(騎馬兵)들은 해마다 한나라의 국경을 넘어 농가를 기습, 가축을 약탈하고 무고한 민중들을 죽이고 납치했습니다. 해마다 반복되는 이같은 수탈(收奪)에 시달리던 한나라는 마침내 칼을 빼들었습니다. 기원전 133년, 한나라 무제(武帝)는 흉노 정벌에 나서 수년 동안의 전쟁을 통해 그들의 침공을 막아냈습니다.

동한(東漢) 시대의 역사가인 반고(班固)는 자신의 역사서에서 흉노족의 잔악함을 기록으로 남겼습니다. '오랑캐들은 매우 탐욕스럽게 사람과 재물을 약탈하는데, 그들의 얼굴은 비록 사람 같으나 성질은 흉악하여 마치 짐승 같다.'라고 명시하고 있습니다. 이처럼 인면수심은 본래 한족(漢族)

들이 흉노족을 멸시하며 쓰던 말이었습니다.(출전=『한서漢書』「흉노전匈奴傳」.)

◆ 人 : 사람. 面 : 얼굴. 獸 : 짐승. 心 : 마음.

일목난지(一木難支)

나무 하나로 지탱하기 어렵다   이미 대세가 기울어
                                    혼자서는 감당할 수 없다

위(魏)나라 명제(明帝)의 사위인 임개(任愷)는 가충(賈充)과의 불화로 면직당하고 말았습니다. 권세를 잃자, 그는 몸을 돌보지 않고 무절제한 생활을 하였습니다. 이에 어떤 사람이 임개 친구인 화교(和嶠)에게 말했습니다. "당신은 어찌 친구의 방탕을 좌시하기만 하고 구하지 않는 것이오?" 중서령(中書令)을 지냈던 화교는 단호하게 답합니다. "임개의 방탕은 마치 북하문(北夏門)이 무너지는 것과 같아, 잡아당기고 찢으며 스스로 무너지기 때문에 나무 기둥 하나로 지탱될 일이 아니기 때문이오."[246]

이와 유사한 사례도 있습니다. 남북조시대 송(宋)나라의 장군 소도성(蕭道成)은 폭군이었던 후폐제(後廢帝) 유욱(劉昱)을 암살하고 유준(劉準)을 옹립했는데, 이가 마지막 황제인 순제(順帝)입니다. 그런데 소도성은 정권을 전횡하며 충신들을 죽이는 등 갖은 횡포를 부렸습니다. 이에 원찬(袁粲)과

---

246 『세설신어(世說新語)』,「사군(事君)」 : 任愷旣失權勢, 不復自檢括. 或謂和嶠曰, 卿何以坐視元裒敗而不救. 和曰, 元裒如北夏門, 拉攞自欲壞, 非一木所能支.

270

제동(齊東)이 소도성을 죽일 계획을 세웠으나 사전에 발각되고 말았습니다. 소도성은 분노하여 즉각 부장 대승정(戴僧靜)을 보내 원찬을 공격하게 하였습니다. 원찬은 아들 원최(袁最)에게 말했습니다.

"큰 건물이 장차 무너지려 하면, 나무 하나로는 지탱할 수 없는 법이다.[247] 그러나 나는 명예와 절의를 위하여 죽음으로써 지킬 수밖에 없다." 결국 원찬 부자는 소도성의 칼날을 피할 수 없었습니다. 소도성은 후에 순제에게 선양을 받는 형식으로 제위에 오르고 나라 이름을 제(齊)로 바꾸었습니다. 이 사람이 제의 고제(高帝)입니다. 물론 송나라의 마지막 황제 순제는 소도성에게 선양한 뒤 죽임을 당했고요. 이처럼 사적 방탕의 최후는 망신(亡身)이지만, 공적 방탕의 최후는 망국(亡國)입니다. (출전=『세설신어(世說新語)』 「임탄(任誕)」.)

◆ 一 : 하나. 木 : 나무. 難 : 어렵다. 支 : 지탱하다.

---

247 『문중자(文中子)』, 「임탄(任誕)」 : 大廈將顚, 非一木所支也.

일엽장목(一葉障目)

나뭇잎 하나에 눈이 가리다 　　　　　지엽적인 일에 현혹되어
　　　　　　　　　　　　　　　　　　본질이나 전모를 보지 못함

『갈관자(鶡冠子)』에 다음과 같은 말이 있습니다. "옛날에 도(道)는 정(政)에서 취했지, 귀와 눈에서가 아니었다. 무릇 귀는 듣는 것을 주관하고 눈은 보는 것을 주관한다. 그러나 나뭇잎 하나가 눈을 가리면 태산이 보이지 않고, 콩 두 알이 귀를 막으면 우렛소리가 들리지 않는다."[248] 여기서 비롯된 말이 일엽폐목(一葉蔽目)[249]과 양두색이(兩豆塞耳)입니다. 이 고사와 관련된 이야기가 『소림(笑林)』[250]에 있습니다.

"옛날 초(楚)나라 땅에 가난한 서생이 있었다. 그는 『회남자(淮南子)』를 읽고 사마귀가 매미를 잡기 위해 기다릴 때 나뭇잎으로 가리면 몸을 숨길 수 있다는 것을 알게 되었다. 그는 나무 밑에서 위를 바라보며 (사마귀가 몸을 숨긴) 나뭇잎을 찾아 땄는데, 그만 잎을 나무 아래로 떨어뜨려 분별

248　『갈관자(鶡冠子)』, 「천칙(天則)」 : 昔者有道之取政, 非於耳目也. 夫耳之主聽, 目之主明, 一葉蔽目, 不見太山, 兩豆塞耳, 不聞雷霆.

249　'일엽폐목'에서 일엽장목(一葉障目)으로 변화되었다.

250　중국의 고전 유머집이다.

272

해 찾아낼 수가 없었다. 그래서 나뭇잎을 여러 되나 쓸어 담아 집으로 가지고 와 이파리 하나하나로 자신을 가렸다."

"그러면서 아내에게 자기가 보이냐고 물었다. 아내가 처음엔 보인다고 대답했는데, 하루 종일 그러자 지겹고 귀찮아서 보이지 않는다고 속여 말했다. 이 사람은 아주 기뻐하며 나뭇잎을 가지고 시장에 가 사람들이 보는 앞에서 물건을 훔치다가 붙잡히고 말았다. 관리는 그를 묶어 현으로 데려갔다. 현관이 묻자 그는 일의 본말을 이야기해 주었다. 현관은 크게 웃으며 법으로 다스리지 않고 그를 풀어 주었다."[251] (출전=『갈관자鶡冠子』「천 칙天則」.)

◆ 一 : 하나. 葉 : 잎. 障 : 가로막다. 目 : 눈.

251　『소림(笑林)』: 楚人貧居, 讀淮南子, 得螳螂伺蟬自障葉, 可以隱形. 遂於樹下, 仰取葉以 摘之. 葉落樹下. 樹下先有落葉, 不能復分別, 掃取數斗歸. 一一以葉自障, 問其妻曰, 若 見我不. 妻始時恒答言, 見. 經日乃厭倦不堪, 紿云不見. 嘿然大喜, 賫葉入市, 對面取人 物, 吏遂縛詣縣, 縣官受辭, 自說本末. 官大笑, 放而不治.

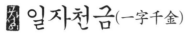

일자천금(一字千金)

한 글자가 천금이다   아주 뛰어난 글이나 책

전국시대(戰國時代)를 대표하는 거상(巨商) 여불위(呂不韋), 그는 여러 곳을 왕래하며 물건을 싸게 사서 비싸게 팔아 천금의 돈을 쌓은 사람이었습니다. 그 무렵 진(秦)나라에서는 소왕(昭王)의 태자가 죽어 둘째 아들 안국군(安國君)이 태자가 되었습니다. 하지만 소왕의 집정이 너무도 길어 태자인 안국군이 할 수 있는 일은 그저 주색(酒色)을 즐기는 일뿐이었지요. 때문인지 그에게는 여자도 자식도 많았습니다. 안국군은 그중에서도 화양부인(華陽夫人)을 가장 총애하여 그녀를 정부인으로 삼았습니다.

안국군에게는 20명의 아들이 있었습니다. 둘째 아들 자초(子楚)의 어머니인 하희(夏姬)가 안국군의 총애를 잃는 바람에 자초는 조(趙)나라에 볼모로 가게 됐습니다. 자초는 조나라에서 냉대를 받았으며, 돌봐 주는 사람도 없는 인질 신분이었으므로 생활 또한 곤궁했지요. 그러던 어느 날, 여불위가 장사하러 조나라의 수도 한단(邯鄲)에 갔을 때 자초를 가련히 생각하여 그를 찾았지요. 여불위는 자초를 보자 '이는 기이한 물건이니 쌓아 둘 만하다'고 생각하고 자초와 더불어 원대한 계획을 세웁니다.

당시 진나라의 소왕은 나이가 많고, 뒤를 이을 태자 안국군의 총애를 받고 있는 화양부인에게는 아들이 없었습니다. 여불위는 자초를 화양부인의 양자로 만들어 세자로 세울 계획을 짰습니다. 이 계획을 들은 자초는 일이 성공할 경우 여불위와 더불어 진나라를 나누어 가지겠다고 약속을 합니다. 여불위는 자초에게 500금을 주어 빈객들과 교제비용으로 쓰도록 하고, 자신도 500금으로 진기한 노리개 등을 구입하여 진나라에 들어갑니다. 여불위는 돈을 뿌려 연줄을 찾아 화양부인의 언니를 만납니다.

그리고 그 언니를 통해 그간 모아온 귀한 물건들을 모두 화양부인에게 바쳐 환심을 산 후, 기회를 틈타 화양부인에게 말했지요. "자초는 어질고 지혜가 있으며, 널리 천하 제후의 빈객들과 교제를 맺고 있습니다. 또한 언제나 부인을 마음의 하늘로 우러른다는 말을 하며, 태자와 부인을 흠모하여 눈물을 흘립니다." 이 말을 듣고 화양부인은 기뻐하였습니다. 여불위는 다시 그 언니에게 부인을 설득하도록 했습니다. "용모가 잘난 것으로써 쓰인 사람은 용모가 늙으면 총애도 시들해진다고 합니다."

"부인께서는 태자를 모시어 매우 총애를 받지만 아들이 없습니다. 어째서 지금 여러 공자들 중에서 현명한 자와 인연을 맺어 후사로 이을 양자를 받아들이지 않습니까? 남편이 세상에 있을 때는 존경을 받지만, 남편이 죽으면 양자가 왕이 되어야만 세력을 잃지 않습니다." 그렇지 않아도 평소 이를 우려하던 화양부인이 언니의 충고에 따라 안국군을 설득하여 자초를 후사로 삼겠다는 약속을 받아 냅니다. 이로써 자초는 인질의 신분에서 일약 세자가 되었고, 명성이 차츰 제후들 사이에서 높아졌습니다.

이즈음 여불위는 용모가 뛰어나고 춤을 잘 추는 한단의 여자와 동거했는데, 이 여자는 얼마 후 여불위의 아이를 임신합니다. 그런데 자초가 여불위의 초청을 받아 술을 마시는 자리에서 여자를 얻고 싶다고 말하자, 처음엔 화를 냈으나 그간 자초를 위해 투자한 것도 결국 더 큰 이익을 남기려는 것이었음을 상기하고, 여자를 과감하게 바칩니다. 여자는 임신한 사실을 숨기고 있다가 열두 달 만에 사내아이를 낳습니다. 그 아이의 이름을 정(政)이라 하였는데, 이 아이가 훗날의 진시황(秦始皇)입니다.

소왕이 죽고 안국군이 무려 53세의 나이로 왕이 되었는데, 이 사람이 바로 효문왕(孝文王)입니다. 효문왕은 화양부인을 황후로, 자초를 태자로 봉했습니다. 조나라는 자초의 부인과 아들을 정중히 진나라로 돌려보냈습니다.[252] 불행하게도 효문왕이 즉위한 지 3일 만에 죽어 자초가 왕이 되었는데, 이 사람이 장양왕(莊襄王)입니다. 장양왕은 여불위를 승상에 앉혀 문신후(文信侯)로 봉하고, 낙양의 10만 호를 식읍으로 주었습니다. 장양왕은 또한 양모 화양부인과 생모 하희를 태후로 옹립하였습니다.

장양왕 또한 즉위 3년 만에 죽고 태자 정이 그 뒤를 이어 왕이 되었습니다. 이때가 B.C. 246년으로 정의 나이 겨우 13세 때였습니다. 그는 여불위를 존경하여 상국(相國)으로 삼고 중부(仲父)라 불렀으며, 하남 낙양의 10만 호를 식읍으로 주었습니다. 여불위의 집은 하인이 1만 명이나 되었

252　B.C. 257년, 진나라가 조나라를 공격하자 조나라에서는 자초를 죽이려고 했다. 자초는 여불위와 의논하여 금 600근의 거액으로 감시하는 관리를 매수하여 도망쳐 무사히 진나라로 귀국했다. 여불위는 자초에게 초(楚)나라 의복을 입고 화양부인을 알현하도록 했다. 원래 초나라 사람이었던 화양부인은 이런 자초를 보고 매우 흡족해했다. 자초의 원래 이름은 이인(異人)이었는데, 이때 화양부인이 자초라는 이름을 지어 주었다. 조나라에서는 자초의 부인과 아들을 죽이려고 했지만, 부인이 조나라 호족의 딸이었으므로 모자는 여러 사람들의 보호를 받아 생명을 보전할 수 있었다.

다고 전할 정도로 부와 명예가 대단했습니다. 하지만 당시 위(魏)에는 신릉군(信陵君), 초(楚)에는 춘신군(春信君), 조(趙)에는 평원군(平原君), 제(齊)에는 맹상군(孟嘗君) 등 전국 사공자(戰國四公子)가 있었습니다.

그들은 선비들을 대우하고 빈객들을 끌어들이는 경쟁을 하였습니다. 여불위는 진나라가 강국이면서도 이들 나라에 미치지 못하는 것을 수치로 생각하여 선비들을 불러 후대하니 빈객이 3천 명이나 되었습니다. 당시 제후들의 나라에는 변사(辯士)들이 많았는데, 순경(荀卿)[253]의 문하 사람들의 경우는 책을 저술하여 천하에 널리 알려졌습니다. 여불위는 빈객들에게 각각 견문을 저술케 하고 그들이 쓴 것을 집대성하여 『팔람(八覽)』, 『육론(六論)』, 『십이기(十二紀)』 등 20여 만 자로 된 책을 지었습니다.

여불위는 이 책이 천지만물과 고금(古今)의 일들을 모두 망라했다고 여겨 그 이름을 『여씨춘추(呂氏春秋)』라고 하였습니다. 그는 이 책을 도성인 함양(咸陽)의 성문에 진열하고 그 위에 천금(千金)의 상금을 내걸고 제후국의 유사와 빈객이 와서 한 자(字)라도 증감할 수 있다면 천금을 주겠다고 했습니다.[254] '일자천금'은 이렇게 유래하였습니다. 하지만 당시는 여불위

---

253 『사기(史記)』, 「순경열전(荀卿列傳)」에 따르면, 인간의 본성은 악(惡)하나 인위(人爲)에 의해 선해진다고 주장한 순자(荀子)는 조(趙)나라 출신으로 나이 50세 무렵에 제(齊)나라에 유학하여 최장로(最長老)의 학사로 세 차례나 좨주(祭酒 : 首席)를 지냈다. 후에 참소를 받아 제나라를 떠난 순자는 초(楚)나라의 재상 춘신군(春申君)의 천거로 난릉(蘭陵 : 산동성山東省)의 수령이 되었다. 춘신군이 암살되자(기원전 238), 벼슬자리에서 물러나 난릉에 머물며 문인교육과 저술에 전념했다.

254 『사기(史記)』, 「여불위열전(呂不韋列傳)」: 當是時, 魏有信陵君, 楚有春申君, 趙有平原君, 齊有孟嘗君, 皆下士喜賓客以相傾. 呂不韋以秦之彊, 羞不如, 亦招致士, 厚遇之, 至食客三千人. 是時諸侯多辯士, 如荀卿之徒, 著書布天下. 呂不韋乃使其客人人著所聞, 集論以爲八覽, 六論, 十二紀, 二十餘萬言. 以爲備天地萬物古今之事, 號曰呂氏春秋. 布

의 권세에 눌려 이 책의 잘못된 부분을 문제 삼은 사람이 없었으나 동한

(東漢) 시대에 고유(高誘)라는 사람이 11곳을 발견했다고 합니다.(출전=『사기

史記』「여불위열전呂不韋列傳」.)

◆ 一 : 하나. 字 : 글자. 千 : 일천. 金 : 쇠.

咸陽市門, 懸千金其上, 延諸侯遊士賓客有能增損一字者, 予千金.

278

자두연기 (煮豆燃箕)

콩을 삶는데 콩깍지를 태우다   형제간 또는 동족 간에 싸우다

조조(曹操)²⁵⁵는 평소 문학을 좋아한 것으로 전합니다. 그의 맏아들인 조비(曹丕)와 셋째 아들 조식(曹植) 또한 아비를 닮아선지 문재(文才)를 타고나 건안(建安) 때의 문학을 주도할 정도였지요. 특히 셋째 아들인 조식은 젊었을 때부터 글과 무예가 출중하여 조조의 총애를 받았습니다. 그래선지 형제는 틈만 나면 경쟁심리가 발동하여 갈등이 많았습니다.

그러다 맏아들인 조비가 황제자리에 올랐습니다. 그가 문제(文帝)입니다. 문제는 황제가 된 이후에도 아우인 조식을 괴롭혀 왔는데, 어느 날 동아왕(東阿王)에 봉해져 있던 아우를 불러 일곱 걸음 걷는 사이에 시(詩)를 짓지 못하면 큰 벌을 내리겠다고 협박했습니다. 아우가 마지못해 지은 시가 바로 칠보지시(七步之詩)입니다. 잠시 감상하겠습니다.

---

255   조조(曹操 : 155~220)는 중국 후한 말기의 정치가이자, 무인이며 시인이다. 자는 맹덕 (孟德)이며, 훗날 위(魏)가 건국된 이후, 추증된 묘호는 태조(太祖), 시호는 무황제(武皇 帝)이다. 위나라의 초대 황제는 조조의 아들 조비이지만 실질적으로 위 건국의 기틀을 마련한 것은 조조다.

콩을 삶는데 콩깍지를 태우니   煮豆燃豆箕

콩은 솥 안에서 우는구나   豆在釜中泣

본래 같은 뿌리에서 난 것인데   本是同根生

서로 지지는 것이 어찌 이리도 급한가   相煎何太急

(출전=『세설신어世說新語』「문학文學」.)

◆ 煮 : 볶다, 삶다. 豆 : 콩. 燃 : 타다. 箕 : 콩깍지.

자포자기(自暴自棄)

스스로 해치고, 스스로 버리다

세상에서 흔히 사용되는 말 가운데 자포자기(自暴自棄)라는 말이 있습니다. '모든 것을 포기하고 제멋대로 사는 것' 정도로 쓰이고 있습니다만, 사실은 그 의미가 사뭇 다릅니다. 맹자가 말합니다. "스스로 해치는 자와는 더불어 말할 수 없고, 스스로 버리는 자와는 더불어 행할 수 없으니, 말할 때 예의를 비방하는 것을 자포(自暴)라 이르고, 내 몸은 인(仁)에 거하고 의(義)를 행할 수 없다고 하는 것을 자기(自棄)라 이른다. 인은 사람의 편안한 집이고, 의는 사람의 바른 길이다. 편안한 집을 비워두고 거하지 않으며, 바른 길을 버리고 행하지 않으니, 슬프도다."[256] (출전=『맹자孟子』「이루상離婁上」.)

◆ 自 : 스스로. 暴 : 해치다, 사납다. 自 : 스스로. 棄 : 버리다.

---

256 『맹자(孟子)』,「이루상(離婁上)」: 孟子曰, 自暴者, 不可與有言也. 自棄者, 不可與有爲也. 言非禮義, 謂之自暴也. 吾身不能居仁由義, 謂之自棄也. 仁, 人之安宅也. 義, 人之正路也. 曠安宅而弗居, 舍正路而不由, 哀哉.

전복후계(前覆後戒)

앞 수레의 바퀴 자국은
뒤에 오는 수레에 좋은 경계

세상에 많이 알려진 '전철(前轍)을 밟지 말라'는 의미와 같은 경우로, 앞의 실수를 경계로 삼아야 한다는 뜻입니다. 전한(前漢)의 문제(文帝)[257] 때 가의(賈誼)라는 천하의 인재가 있었습니다. 그는 약관(弱冠)이 되기도 전에 이미 시(詩)와 문(文)에 능통했습니다. 그와 어깨를 나란히 할 만한 인물이 없을 정도였지요. 소문을 들은 '문제'는 즉각 그를 발탁하여 국정쇄신(國政刷新)에 앞장서도록 하였습니다. 특히 제후들의 힘을 꺾고 민중들의 사기(士氣)를 북돋아 주기 위한 정책을 많이 수립케 하였습니다.

어느 날, 가의가 '문제'에게 이르기를, "속담에 앞 수레가 지나간 바퀴 자국은 뒤에서 오는 수레에 좋은 경계가 된다는 말이 있습니다. 하·은·주(夏·殷·周) 세 나라는 비록 오래전 나라들이지만, 잘 다스려졌던 이유가 분명 있습니다. 앞서 간 교훈을 알지 못하는 자들은 성현(聖賢)의 가르

---

257 고조 유방(劉邦)의 적자(嫡子)인 혜제(惠帝 : 제2대 황제) 동생이었으나 문제(文帝)는 서자(庶子)였기 때문에 제후(諸侯)로 있었다. 하지만 황실의 내분이후, 군신들로부터 추대되어 제3대 황제가 되었다.

침을 위배한 자들로 그런 자들은 결코 오래 다스릴 수 없습니다."라고 하였지요. '문제'는 그의 말을 잊지 않고 나라의 대소사를 막론하고 개혁하였습니다. 마침내 한대(漢代)의 전성기를 맞게 된 것은 물론입니다.(출전= 『한서漢書』「가의전賈宜傳」.)

◆ 前 : 앞. 覆 : 뒤집히다, 엎어지다. 後 : 뒤. 戒 : 경계하다.

정중지와(井中之蛙)

우물 속의 개구리   소견이 좁아 하나밖에 모르는 사람

　가을의 홍수가 한꺼번에 넘쳐 숱한 강물이 황하(黃河)로 흘러들었습니다. 물의 흐름이 멀리까지 퍼져서 양쪽 강가며 모래톱 둘레를 보아도 소와 말을 분별할 수가 없을 정도였지요. 여기에 '황하의 신(神) 하백(河伯)'이 기뻐서 좋아하며 온 천하의 훌륭함이 모두 자기에게 모여 있다고 생각했습니다. 흐름을 따라 동쪽으로 가서 북해(北海)에 이르러 동쪽의 해상(海上)을 보니 어찌나 넓은지 물의 끝도 보이지 않았습니다. 그래서 하백은 그 얼굴을 돌려 '북해의 신(神) 약(若)'을 올려다보고 한숨을 지으며 말했습니다.

　"속담에 '백 개 정도의 도(道)를 들으면 자기보다 나은 자가 없다고 생각한다'는 말이 있지만 이건 바로 나를 두고 말한 것입니다. 대체 나는 이전에 공자(孔子)의 지식도 작은 거라든가 백이(伯夷)의 절의(節義)도 가벼운 거라는 말을 들은 적이 있는데 지금껏 믿지 않았습니다. 그런데 지금 나는 당신의 무궁한 모습을 직접 목격했습니다. 내가 만약 당신의 문전에 오지 않았다면 위태로웠을 것입니다. 나는 오랫동안 뛰어난 도(道)를 터득

한 사람들로부터 비웃음을 샀을 테니까요." 이에 북해약(北海若)이 말했습니다.

"우물 속의 개구리에게 바다에 대해 말해도 소용없는 것은 그가 살고 있는 좁은 곳, 즉 '공간 속'에 갇혀 있기 때문이오. 여름 벌레에게 얼음에 대해 말해도 별 수 없는 것은 그가 살고 있는 철, 즉 '시간 속'에 갇혀 있기 때문이오. 한 가지 재주뿐인 사람에게 도(道)에 대해 말해도 통하지 않는 것은 그가 받은 교육에 얽매여 있기 때문이오. 지금 당신은 좁은 두 강사이에서 빠져 나와 대해(大海)를 보고 비로소 스스로가 얼마나 꼴불견인가를 깨달은 셈이오. 당신은 이제 대도(大道)의 이치를 말할 수 있다 하겠소."

"천하의 물에는 바다보다 큰 것이 없소. 수만의 강물이 이리로 흘러들어 언제 그칠지 모르는데도 넘치는 일은 결코 없소. 바닷물이 새어나가는 곳에서 물이 새어나가 언제 멈출지 모르는데도 텅 비는 일은 없소. 봄과 가을로 변하는 일도 없고 홍수(洪水)나 한발(旱魃)도 알지 못하오. 그러니 이것은 양자강(揚子江)이나 황하(黃河)의 흐름에 비해 도저히 수량으로 잴 수가 없소. 그렇다고 나는 그것을 스스로 많다고 한 적은 없소. 그것은 스스로 몸을 천지(天地)에 의탁하고 기(氣)를 음양(陰陽)에서 받았기 때문이오." (출전=『장자莊子』 「추수秋水」).

◆ 井 : 우물. 中 : 속, 가운데. 之 : 어조사, ~의. 蛙 : 개구리.

조강지처(糟糠之妻)

지게미와 쌀겨로 끼니를 이은 아내

가난을 참고 고생을 같이하며
살아온 아내
쌀겨나 지게미와 같은 거친 식사로
끼니를 이어가며 살아온 아내

후한(後漢)의 광무제(光武帝)에게는 누이이자 미망인(未亡人)인 호양공주(湖陽公主)가 있었습니다. 그녀가 송홍(宋弘)에게 호감을 갖고 있는 것을 눈치 챈 광무제는 어느 날 그녀를 병풍 뒤에 숨겨 놓고 송홍과 국정을 논의하다 의중을 떠보았습니다. "흔히들 고귀해지면 친구를 멀리하고 부유해지면 아내를 버린다고 하는데, 이는 인지상정(人之常情) 아닌가?" 이에 송홍은 뜻을 바로 간파하고, "폐하! 황공하오나 신은 '가난하고 천할 때의 친구는 잊지 말아야 하며[貧賤之交不可忘], 지게미와 쌀겨로 끼니를 이을 만큼 어려울 때 함께 고생한 아내는 버리지 말아야 한다[糟糠之妻不下堂]'고 들었사온데, 이것이 인간의 기본도리가 아닐런지요?"라고 하였습니다. 광무제와 호양공주는 크게 실망하였습니다만, 그의 인품에 감동한 광무제는 계속 중용하였습니다.(출전=『후한서後漢書』「송홍전宋弘傳」.)

◆ 糟 : 지게미. 糠 : 쌀겨. 之 : 어조사. 妻 : 아내.

조명시리(朝名市利)

명성은 조정에서 다투고,
이익은 저자에서 다투다

무슨 일이든 격에 맞게 하다

전국시대(戰國時代) 때입니다. 진(秦)나라 혜문왕(惠文王) 때, 사마조(司馬錯)와 장의(張儀)258가 혜문왕 앞에서 쟁론을 벌였습니다. 사마조는 촉(蜀)을 정벌하면 국토가 넓어지고 재물도 쌓일 것이므로 일거양득(一擧兩得)이라며 촉을 칠 것을 주장했습니다. 그의 논리는 이러했습니다. "신이 듣기로 부국을 원하는 군주는 먼저 국토를 넓히는데 힘써야 하고, 강병(强兵)을 원하는 군주는 먼저 민중의 부(富)에 힘써야 하며, 패자(覇者)가 되기를 원하는 군주는 먼저 덕을 쌓는데 주력해야 한다고 들었습니다. 이 세 가지 요건이 갖춰지면 패업(覇業)은 자연히 이루어지는 법입니다."

"하지만 진나라는 국토도 협소하고 민중들은 빈곤합니다. 그래서 이

---

258 전국시대의 종횡가(縱橫家)로 위(魏)나라 사람이다. 합종책(合縱策)으로 6개국의 재상을 겸임했던 소진(蘇秦)과 함께 귀곡선생(鬼谷先生)으로부터 종횡의 술책을 배웠다. 위나라의 재상으로 있다가 진(秦)나라 혜문왕(惠文王)의 신임을 받아 진나라 재상이 되었다. 소진이 제(齊)나라에서 살해되자 6개국을 순방, 유세(遊說)하여 소진의 합종책을 깨고 연횡책(連橫策)을 성사시켜 6개국으로 하여금 개별적으로 진나라를 섬기게 하였다. 혜문왕이 죽은 후, 참소(讒訴)를 당해 위나라에서 객사(客死)했다.

문제를 한꺼번에 해결하려면 막강한 진나라의 군사로 촉(蜀)의 오랑캐를 정벌하는 길밖에 달리 좋은 수가 없습니다. 그러면 국토는 넓어지고 민중들의 재물은 쌓일 것입니다. 이야말로 '일거양득'이 아니고 무엇이겠습니까? 또한 지금 천하를 호령하기 위해 천하의 종실(宗室)인 주(周)나라와 동맹을 맺고 있는 한(韓)나라를 침범하면, 한나라는 제(齊)나라에 구원을 청할 게 분명하며, 게다가 주나라의 구정(九鼎)²⁵⁹은 초나라로 옮겨질 것입니다. 그땐 진나라가 공연히 천자를 위협한다는 악명(惡名)만 얻을 것입니다."

사마조의 이른바 일거양득(一擧兩得) 논리에 장의는 이른바 조명시리(朝名市利) 논리를 들고 나왔습니다. "진나라는 우선 위(魏)와 초(楚) 두 나라와 우호 관계를 맺고, 한(韓)나라가 삼천(三川) 지방으로 출병하여 주(周)나라의 외곽을 위협하면, 주나라는 스스로 구정(九鼎)을 지키기 어렵다는 것을 알고 그 보물을 내놓을 것입니다. 그때 천자를 끼고 천하를 호령하면 누가 감히 복종하지 않겠습니까? 이것이 바로 왕업(王業)이라는 것입니다. 지금 촉은 서쪽의 편벽된 나라로 오랑캐의 우두머리일 뿐입니다. 정벌해봐야 군사와 민중을 피폐하게 할 뿐 명리(名利)를 이룰 수 없습니다."

"또한 그 땅을 빼앗아 봐야 아무런 이득도 없습니다. 신이 듣자하니 '명성은 조정에서 다투고 이익은 저자에서 다툰다.'고 하였습니다. 지금 삼천 지방은 천하의 저자이고, 주나라 왕실은 천하의 조정이라 할 수 있습니다. 왕께서는 이것을 다투려 하지 않고 오랑캐의 우두머리에 불과한 촉을 빼앗는데 골몰하는 것은 왕업에서 멀어지는 것입니다."²⁶⁰ 이렇게 사마

259　천자(天子)를 상징하는 보물.

260　『전국책(戰國策)』,「진책(秦策)」: 今夫蜀, 西辟之國, 而戎狄之長也. 弊兵勞衆, 不足以

조의 '일거양득' 논리와 장의의 '조명시리' 논리를 모두 들은 혜문왕은 과연 어느 쪽의 논리를 따랐을까요? 그는 사마조의 주장을 따랐습니다. 그에 따라 촉(蜀)의 오랑캐를 먼저 정벌하고 국토를 넓히는데 주력하였습니다.(출전=『전국책戰國策』「진책秦策」.)

◆ 朝：조정, 아침. 名：명성, 이름. 市：저자, 시장. 利：이로움.

成名. 得其地不足以爲利. 臣聞爭名者於朝, 爭利者於市. 今三川, 周室天下之市朝也. 而王不爭焉, 顧爭於戎狄, 去王業遠矣.

종남첩경(終南捷徑)

종남산(終南山)이 지름길이다	명리(名利)를 얻을 수 있는
	가장 빠른 길
	어떤 목적을 달성하기 위한
	편협적인 수단

성당(盛唐) 시대에는 세상과 거리를 두고 숨어 사는 이른바 은자(隱者)들이 명리에 초연하고 학문이 높은 고매한 선비로 여기는 풍조가 있었습니다. 조정에서는 이런 사람들을 관리로 초빙하는 일이 적지 않았습니다. 사정이 이렇다 보니 사람들은 과거(科擧) 내지는 은거(隱居)를 정치 무대로 나서는 지름길로 여기게 되었지요.

가령 산속에 은거하다 이름이 알려지면 관리로 초빙되는 일이 잦았기 때문입니다. 대표적으로 노장용(盧藏用)이라는 서생(書生)을 들 수 있습니다. 그는 진사 시험에는 합격했으나 등용되지 않자, 고민 끝에 장안(長安) 부근의 종남산(終南山)으로 들어가 은거하기 시작합니다. 사람들은 그에게 수가은사(隨駕隱士)[261]로 불렀습니다.

노장용이 은자로 행세한 지 얼마 지나지 않아 명성을 얻게 되었고, 마침내 뜻한 바대로 벼슬길에 나가게 되었습니다. 그 무렵, 사마승정(司馬承

---

261 제왕의 어가(御駕)를 따르는 은사.

幀)이라는 도사가 천대산(天臺山)에 은거하고 있었는데, 조정에서는 그가 현인이라는 소문을 듣고 여러 차례 초빙하려 했으나 진실로 벼슬에 뜻이 없었기 때문에 실현되지 않았습니다.

　이와 관련한 일화 하나가 전합니다. 어느 날, 사마승정이 황제의 부름을 받아 하산했다가 산으로 돌아가고자 하는데, 노장용이 종남산을 가리키며 말했습니다. "이 안에도 아주 좋은 곳이 있답니다." 사마승정이 천천히 말합니다. "내가 보기에 종남산은 단지 관리가 되는 지름길일 뿐이오!" 이에 노장용은 부끄러워했습니다.[262] (출전=『신당서新唐書』「노장용전盧藏用傳」.)

◆ 終：끝나다, 마치다. 南：남녘. 捷：빠르다. 徑：지름길.

262　『신당서(新唐書)』, 「노장용전(盧藏用傳)」：司馬承禎嘗召至闕下, 將還山, 藏用指終南日, 此中大有嘉處. 承禎徐曰, 以僕觀之, 乃仕宦之捷徑. 藏用慚.

준조절충(樽俎折衝)

술잔과 적대(炙臺)[263] 사이

술통과 도마 사이로
술자리 연회석을 가리킴
술잔과 적대 사이에서
적의 충차(衝車)[264]를 꺾어 버리다

춘추시대 때 제(齊)나라의 장공(莊公)이 신하인 최저(崔杼)에게 시해되자, 장공의 동생이 뒤를 이었습니다. 이 사람이 경공(景公)입니다. 경공은 최저를 좌상(左相)에 임명하고 반대하는 사람은 죽이겠다고 하였습니다. 모든 신하가 맹세했지만, 안영(晏嬰)만은 하늘을 우러러 "왕에게 충성하고 나라를 위하는 사람이라면 좋으련만!" 하면서 탄식했지요. 얼마 후, 최저가 살해되자 경공은 안영을 상국(相國)에 임명했습니다.

안영[후일 안자(晏子)로 불림]은 온후하고 박식한 사람으로, 호구(狐裘)[265] 한 벌로 30년이나 입었을 만큼 검소하게 살았습니다. 언젠가 경공이 식읍(食邑)을 하사하려 하자, 안영은 "욕심이 충족되면 망할 날이 가까워집니다."

---

263 고기 담는 그릇을 지칭한다.

264 충차(衝車)는 본래 성(城)을 공격할 때 성벽을 들이받거나 허물어뜨리기 위해 사용하던 수레를 뜻하지만, 교섭이나 담판 짓는 것을 가리키기도 한다. 오늘날에도 외교적으로 담판을 짓거나 의견 차이를 조정한다는 뜻으로 쓰이고 있다.

265 여우 겨드랑이 털가죽으로 만든 갖옷을 말한다.

라고 말하며 사양했습니다. 당시에는 12개의 대국에 작은 나라까지 더하면 1백여 나라가 존재했는데, 안영은 이들을 상대로 외교적 수완을 발휘하여 제나라의 지위를 반석 위에 올려놓았습니다.

어느 날, 진(晋)나라 평공(平公)이 제나라를 칠 생각을 하고 범소(范昭)에게 제나라의 상황을 살펴보도록 했습니다. 뭘 모르는 경공은 범소를 위해 연회를 베풀었지요. 주흥(酒興)이 오르자 범소가 벌떡 일어나, "왕의 술잔으로 술을 마시길 원합니다."라고 하자, 경공은, "과인의 술잔에 술을 따라 손님께 드리도록 하라."고 지시했습니다. 범소가 자기 잔의 술을 비우고 왕의 잔을 받기 전, 안영이 재빨리 한마디 합니다.

"왕의 술잔을 치우고 범소가 사용했던 술잔에 술을 따라 드려라." 몹시 기분이 상한 범소는 취한 척하며 일어나 태사(太師)에게 다가가 말했습니다. "나를 위해 성주(成周)의 음악을 연주해 주실 수 있겠소? 내가 그대를 위해 춤을 추겠소." 태사가 답하기를, "익히지 못했습니다."라며 간단히 거절했지요. 안영과 태사로부터 연달아 한방씩 얻어맞은 범소는 더 이상 연회장에서 흥을 느끼지 못하고 떠나고 말았습니다.

경공이 안영에게, "진나라는 대국(大國)으로, 사람을 보내 우리나라 정황을 살피게 했는데, 이제 그대가 대국의 사자(使者)를 화나게 했으니 앞으로 우린 어떻게 하면 좋겠소?" 안영이 답하기를, "범소의 사람됨은 비루하고 예의를 모릅니다. 또한 우리 왕과 신하들을 시험하려 했기 때문에 딱 잘라 버린 것입니다." 경공이 이번엔 태사에게, "그대는 어찌하여 대국의 사자를 위해 성주의 음악을 연주하지 않았소?"

태사는 당당한 얼굴로, "성주(成周)의 음악은 천자의 음악입니다. 연주를 할 경우 반드시 왕이 춤을 추어야 하는데, 범소는 신하임에도 천자의 음악에 맞춰 춤추려 했기 때문에 신(臣)이 연주하지 않은 것입니다." 범소가 돌아가 평공에게 보고했습니다. "제나라는 치기가 어렵겠습니다. 제가 그쪽 왕을 시험해 보려 했는데 안자(晏子)가 이를 알고 있었고, 그 음악을 범해 보려 했더니 태사가 이를 알고 있었습니다."[266]

평공은 제나라를 칠 계획을 철회할 수밖에 없었습니다. 공자가 이를 듣고 이르기를, "훌륭하구나. 술잔과 적대 사이에서 나가지 아니하고 천리 밖에서 적의 공격을 꺾어 버린다 함은 안자(晏子)를 두고 하는 말이로다. 그리고 태사도 함께하였구나."[267] 다시 말해 이 말은 무력을 배제한, 오로지 외교술로 상대를 제압한다는 뜻입니다. 즉 어려운 처지에 있는 우리의 외교술을 재점검하는 기회로 삼아야 하겠습니다. (출전=『안자춘추晏子春秋』, 『신서新序』「잡사雜事」.)

◆ 樽 : 술잔, 술 단지. 俎 : 도마, 적대. 折 : 꺾다. 衝 : 찌르다.

---

266 『신서(新序)』,「잡사(雜事)」: 范昭歸, 以報平公曰, 齊未可伐也. 臣欲試其君, 而晏子識之. 臣欲犯其樂, 而太師知之.

267 『신서(新序)』,「잡사(雜事)」: 仲尼聞之曰, 善哉, 不出樽俎之間, 而折衝於千里之外, 晏子之謂也. 而太師其與焉.

줄탁동시 (哗啄同時)

줄(哗)과 탁(啄)이 동시에
이루어지다

병아리와 어미 닭이
안팎에서 서로 쪼다
가장 이상적인 사제지간(師弟之間)

줄탁동시(哗啄同時)[268]는 널리 알려진 것처럼, 알 속에서 자란 병아리가 때가 되면 알 밖으로 나오기 위해 부리로 안쪽을 쪼는 행위를 '줄'이라 하고, 이때 어미 닭이 병아리 소리를 듣고 밖에서 쪼아 새끼가 세상에 나오도록 도와주는 것을 '탁'이라고 합니다.

병아리는 깨달음을 향하여 앞으로 나아가는 수행자요, 어미 닭은 수행자에게 깨우침의 방법을 일러 주는 스승에 비유할 수 있습니다. 이러한 자세는 안과 밖에서 동시에 일어나야 하는데, 스승이 제자를 깨우쳐 주는 것도 이같은 방법이어야 한다는 것이지요.

다시 말해 제자는 안에서 수양을 통해 깨우침을 시도하고 스승은 제자의 행태를 잘 보살피고 관찰하다가 때가 무르익었다고 판단되면 깨우침

---

268 '줄탁동시'는 '오이가 익으면 꼭지가 저절로 떨어진다.'라는 뜻의 과숙체락(瓜熟蒂落)과 쌍을 이루어 '때가 성숙하면 일이 저절로 이루어지며, 기회와 인연이 서로 투합한다.[瓜熟蒂落, 哗啄同時]'라는 뜻으로, 본래 민간에서 쓰던 말인데 송(宋)나라 때 『벽암록(碧巖錄)』에 공안(公案, 화두話頭)으로 등장했다.

의 길을 열어 주어야 하는데, 이 시점이 동시에 이루어져야 비로소 진정한 깨달음을 얻을 수 있다고 보는 것입니다.

송나라의 고승(高僧)인 경청(鏡淸)은 항상 줄탁지기(啐啄之機)로 후학을 깨우쳐 준 인물로 이름이 났습니다. 그는 일찍이 대중들에게 이르기를, "행각(行脚)하는 사람은 모름지기 줄탁동시의 눈을 가져야 하고, 줄탁동시의 쓰임을 가져야 바야흐로 승려라 할 수 있다."

"마치 어미가 밖에서 쪼려고 하면 새끼가 안에서 쪼지 않을 수 없고, 새끼가 안에서 쪼려고 하면 어미가 밖에서 쪼지 않을 수 없는 것과 같다."[269] 병아리와 어미 닭, 제자와 스승, 민중과 통치자의 관계가 모두 줄탁(啐啄) 관계입니다. 상호 애써야 하겠습니다.(출전=『벽암록碧巖錄』.[270])

◆ 啐 : 빠는 소리. 啄 : 쪼다. 同 : 같다. 時 : 때.

---

269 『벽암록(碧巖錄)』: 鏡淸常以啐啄之機開示後學. 曾示衆說, 大凡行脚人, 須具啐啄同時眼, 有啐啄同時用, 方稱衲僧. 如母欲啄, 而子不得不啐, 子欲啐, 而母不得不啄.

270 1135년경에 만들어진 책으로, 고전적인 선학(禪學)의 문답 공안집이다. 벽암(碧巖)이란 편저자인 환오(圜悟)가 주지로 있던 협산(夾山) 영천원(靈泉院)의 방장에 걸려 있던 액자에 적힌 글로, 협산의 개조 선회(善會)가 그 깨달음의 경지에 대해, "원숭이가 새끼를 안고 푸른 산 그림자로 사라지고, 작은 새는 꽃을 물어 푸른 바위 앞에 떨어뜨린다."라고 말한 고사에서 유래한다.

창업수성(創業守成)

창업(創業)과 수성(守成) '창업'은 사업을 시작,
'수성'은 이루어 놓은 성과를 지킴

정관(貞觀) 10년, 당(唐)나라 태종(太宗)이 신하들에게 물었습니다. "창업과 수성 중에서 어떤 것이 어렵소?" 방현령(房玄齡)이 답했습니다. "천지가 혼돈스러울 때 여러 영웅이 다투어 일어나 힘을 겨루어 이긴 후에야 신하로 삼을 수 있습니다. 이로써 말하자면 창업(創業)이 어렵습니다." 위징(魏徵)이 말을 이었습니다. "예로부터 임금의 자리는 가난[艱難] 속에서 얻어 안일(安逸) 속에서 잃지 않은 적이 없습니다. 그러므로 수성(守成)이 어렵습니다."

이에 태종이 말했습니다. "옛날에 방현령은 나를 따라 천하를 취하면서 온갖 죽음의 현장에 나아가 살아남았소. 그래서 창업의 어려움을 누구보다 잘 알고 있소. 위징은 나와 더불어 천하를 안정시키며, 교사(驕奢)는 부귀에서, 화란(禍亂)은 소홀함에서 온다는 것을 항상 우려하고 있소. 그래서 수성의 어려움을 잘 알고 있소. 그러나 이제 창업의 어려움은 끝이 났소. 수성의 어려움에 대해서는 바야흐로 여러 공(公)들과 함께 신중하게 해 나갈까 하오."**271** (출전=『자치통감自治通鑑』「당기唐紀」.)

◆ 創: 비로소. 業: 일. 守: 지키다. 成: 이루다.

---

271 『자치통감(自治通鑑)』, 「당기(唐紀)」: 貞觀十年, 上問侍臣曰, 創業與守成孰難. 房玄齡
曰, 草昧之初, 與群雄并起, 角力而後臣之, 創業難矣. 魏徵曰, 自古帝王莫不得之於艱難,
失之於安逸, 守成難矣. 上曰, 玄齡與吾共取天下, 出百死, 得一生, 故知創業之難. 徵與
吾共安天下, 常恐驕奢生於富貴, 禍亂生於所忽, 故知守成之難. 然創業之難, 旣已往矣.
守成之難, 方當與諸公愼之.

천고마비(天高馬肥)

하늘은 높고 말은 살찌다　　　　　맑고 풍요로운 가을의 날씨

천고마비(天高馬肥)는 세상 사람들이 쉽게 이해하는 그런 평이(平易)한 말이 아닙니다. "신(臣)은 가을이 깊어지고 말이 살찌면, 오랑캐들이 다시 쳐들어와 이전의 맹약을 책(責)할까 두렵습니다."[272]라는 말에서처럼 흉노의 노략질에 대한 변방 민중들의 삶의 고통을 확인할 수 있는 말입니다. 이른바 '추고마비'나 '천고마비'는 『사기』와 『한서』에서도 찾아볼 수 있습니다. "정월이면 모든 장들이 선우(單于)의 조정에서 작은 모임을 갖고 제사를 지낸다. 5월에는 농성(龍城)에서 큰 모임을 갖고 선조와 천지 귀신에 제사한다. 가을에 말이 살찌면 대림(蹛林)에서 큰 모임을 갖고 가축들의 수를 비교한다."[273]

여기서 대림(蹛林)을 설명함에 『한서음의(漢書音義)』에서는 "흉노가 가

272　이강(李綱), 『정강전신록(靖康傳信錄)』: 臣恐秋高馬肥, 虜必再至, 以責前約.

273　『사기(史記)』, 「흉노열전(匈奴列傳)」: 歲正月, 諸長小會單于庭, 祠. 五月, 大會龍城, 祭其先天地鬼神. 秋, 馬肥, 大會蹛林, 課校人畜計.

을 토지신에게 8월에 모두 모여 제사 지내는 곳"[274]이라고 설명하고 있는데, 이는 '추고마비'가 북방의 유목 민족 흉노가 가장 활동하기 좋은 계절이라는 뜻입니다. 광활한 초원에서 봄부터 여름까지 풀을 뜯은 말은 가을에 토실토실하게 살이 찌는데, 해마다 가을철이면 그 말을 타고 변방엘 쳐들어와 곡식과 가축을 노략질해 갔으므로, 변방의 민중들은 가을이 되면 흉노의 침입이 언제 있을지 몰라 전전긍긍했다고 하는 것이지요. 여하튼 흉노의 노략질로부터 비롯된 '천고마비'는 후에 '맑고 풍요로운 가을 날씨'로 쓰이게 되었습니다.(출전=『사기史記』「흉노열전匈奴列傳」.)

◆ 天 : 하늘. 高 : 높다. 馬 : 말. 肥 : 살찌다.

---

274 『한서음의(漢書音義)』: 匈奴秋社八月中皆會祭處.

천금매소(千金買笑)

천금(千金)으로 웃음을 사다

어리석은 자의 지극히 무모한 행동
사랑하는 여자의 웃음을 사기 위해
온갖 수단과 방법을 동원하다

지금으로부터 2,700년 전, 서주(西周)의 마지막 왕은 유왕(幽王)이었습니다. 그는 성품이 난폭하고 주색(酒色)을 좋아하여 정사는 늘 뒷전이었습니다. 어머니 강후(姜后)가 자주 타일렀으나 듣지 않았습니다. 강후가 죽자, 증상이 심해지다 급기야는 포사(褒姒)라는 미인에게 빠지고 말았습니다. 포사는 포(褒)나라의 왕이 주나라 왕실에 중죄를 지어 벌을 받게 되자 그 죄를 용서받는 대가로 주나라 왕실에 바친 '포나라 제일의 미녀'였습니다.

포사는 정비(正妃)의 자리까지 올랐지만 잘 웃지 않았습니다. 유왕은 포사를 웃게 만들기 위해 수단과 방법을 가리지 않았습니다. 가령 포사가 비단 찢는 소리를 좋아한다는 말을 듣고는 매일 백 필의 비단을 찢게 했을 정도였습니다. 하지만 포사는 끝내 웃질 않았지요. 어리석은 유왕은, "내 반드시 사랑하는 그대를 웃게 만들 것이다."라고 말하며 영(令)을 내립니다. "궁(宮) 내외를 막론하고 포사를 웃게 하는 자는 상으로 천금을 주겠다."[275]

그러자 포사의 측근인 괵석보(虢石父)가 다음과 같은 제안을 합니다. "봉화를 올렸다가 제후들이 허탕치고 돌아가는 것을 보면 웃을지 모르겠습니다." 대신들이 간하는 말도 듣지 않고, 유왕은 포사와 함께 여산(驪山)의 별궁으로 가 봉화를 올렸습니다. 봉화를 본 제후들은 도성에 적이 침입한 줄 알고 군사를 이끌고 밤새 달려왔지요. 포사와 함께 쾌락에 취해 있던 유왕은 집결한 제후들에게 사람을 보내 별일 아니니 돌아가라고 했습니다.

포사는 누각 위에서 난간에 기대어 제후들이 바삐 돌아가는 모습을 보자, 자기도 모르게 손뼉을 치며 크게 웃었습니다. 어리석은 유왕은, "사랑하는 그대가 웃으니 백 가지 아름다움이 살아나는구려! 이것은 괵석보의 공이오!"라고 말하며 괵석보에게 천금을 상으로 내렸습니다.[276] 어리석음은 이것으로 끝나지 않았습니다. 유왕은 틈만 나면 봉화를 계속 올리게 했습니다. 제후들은 봉화가 오를 때마다 군사를 이끌고 달려왔습니다.

유왕이 봉화를 올리는 장난이 반복되자, 나중에는 봉화가 올라도 제후들이 오지 않았습니다. 마침 신후(申侯)의 일족은 정비(正妃)였던 신후의 딸이 폐위되고 포사가 그 자리를 차지한 데 대해 원한을 가지고 있었습니다. 그런데 포사의 치마폭에 휩싸인 유왕은 거기서 그치지 않고 친아들인 의구(宜臼)를 죽이고 포사의 아들을 후계자로 세우려는 계획을 세우자, 의구

---

275 『동주열국지(東周列國志)』: 幽王曰, 朕必欲卿一開笑口. 遂出令, 不拘宮內宮外, 有能致褒后一笑者, 賞賜千金.

276 『동주열국지(東周列國志)』: 褒妃在樓上, 凭欄望見諸侯忙去忙回, 并無一事, 不覺撫掌大笑. 幽王曰, 愛卿一笑, 百媚俱生, 此虢石父之力也. 遂以千金賞之.

는 신후에게 도망하여 도움을 청하기에 이릅니다. 신후가 움직였습니다.

　신후는 견융(犬戎) 등의 이민족과 결탁하여 주나라의 수도인 호경(鎬京)을 침입하였습니다. 유왕은 적의 침입을 알리는 봉화를 올렸으나, 제후들은 그를 구하러 오지 않았고, 주나라는 백척간두의 위태로움에 빠지고 말았지요. 유왕 등은 포로가 되어 견융의 우두머리에게 넘겨졌습니다. 견융의 우두머리는 유왕을 죽이고 포사를 자기 여자로 삼았습니다. 포사는 후에 견융의 우두머리가 피살되자, 자신도 스스로 목숨을 끊고 말았습니다.

　폭정으로 민중들의 원성을 들으며 망한 왕의 대명사로 걸주유려(桀紂幽厲)를 들고 있습니다. '걸'은 말희(妹姬)에게 빠져 하(夏)나라를 망친 걸왕(桀王)을 말하고, '주'는 달기(妲己)에게 빠져 은(殷)나라를 망친 주왕(紂王)을 지칭하며, '유'는 서주의 마지막 왕 유왕(幽王)이고, '여'는 유왕의 할아버지인 여왕(厲王)으로 폭정을 일삼다 민중들의 폭동으로 쫓겨난 사람입니다. 민중들과 더불지 않으면 명(命)을 다할 수 없음을 보여줍니다. (출전=『동주열국지東周列國志』.)

◆ 千 : 일천. 金 : 쇠. 買 : 사다. 笑 : 웃음.

천의무봉(天衣無縫)

하늘 선녀들의 옷은	시(詩)나 문장이 꾸밈없이
꿰맨 자국이 없다	자연스럽게 된 것

태원(太原)에 사는 곽한(郭翰)은 젊은 시절 권문세가(權門勢家)를 우습게 여기고 청정(淸正)한 명성을 누리며 살았습니다. 그는 잘생긴 데다 언변이 뛰어났고 초서(草書)와 예서(隷書)에 능했는데, 일찍 부모님을 여의고 혼자 살고 있었죠. 더위가 한창 기승을 부리던 어느 날, 정원에서 달빛을 감상하며 누워 있는데, 맑은 바람에 향기가 전해지더니 갈수록 진해졌습니다. 곽한이 이상하게 여기면서 하늘을 보자 한 사람이 내려왔는데 여인이었습니다. 여인은 검은색의 얇은 주단 옷에 흰 비단 날개옷을 땅에 끌면서, 물총새 깃털로 만든 봉황모를 쓰고 아름다운 옥 문채가 나는 아홉 가지 도안이 새겨진 신발을 신고 있었습니다.

이 여인을 수행하는 두 명의 시녀도 모두 뛰어난 자태를 지니고 있어 곽한은 마음이 마구 흔들렸습니다. 곽한은 의관(衣冠)을 가지런히 하고 평상에서 내려와 인사를 하며 말했습니다. "존귀한 신선(神仙)이 갑자기 강림(降臨)하실 줄은 생각지도 못했습니다. 당신은 대체 누구신가요." 여인이 미소를 지으며 말했습니다. "저는 천상의 직녀(織女)랍니다. 오랫동안 남편과 상대를 하지 못해 이 좋은 시절에 떨어져 있다 보니 마음속에 생각이 가득하였는데, 상제(上帝)께서 은혜를 베풀어 인간세계에서 놀도록 해 주셨답니다. 당신의 고매한 풍채를 사모하고 있어 당신에게 몸을 의탁하고 싶습니다." 놀란 곽한이 말했습니다.

"감히 바라지는 못하지만 정말로 감개가 무량합니다." 직녀는 시녀에게 명하여 방을 청소하게 했습니다. 매미 날개 같은 붉은 비단 휘장을 치고, 수정과 아름다운 옥을 깔게 하고, 부채로 바람을 일게 하니 시원한 가을 같았습니다. 그들은 손을 잡고 안으로 들어가 함께 누웠습니다. 직녀는 몸에 가볍고 얇은 주단 속옷을 입었는데, 마치 작은 향주머니인 양 향이 방안에 가득 찼습니다. 침대 위에는 용뇌향이 나는 베개가 놓여 있었고, 원앙 무늬 이불이 깔려 있었습니다. 여인은 부드러운 피부에 매끄러운 몸매, 친밀한 감정, 애교가 철철 넘치는 태도 등, 그 용모가 세상의 어떤 여인이라도 비할 수가 없을 정도였습니다.

날이 밝자 여인이 떠나려고 하자, 얼굴에 분이 그대로 남아 있는 것 같아 곽한이 여인의 얼굴을 닦아 주었는데, 그게 그녀의 본래 모습이었습니다. 곽한은 여인을 문까지 배웅했고, 여인은 잠시 후, 구름 위로 올라갔습니다. 그 이후로 여인은 매일 밤마다 곽한을 찾아왔고, 두 사람은 갈수록 정이 깊어졌습니다. 곽한이 여인에게 농담을 던졌습니다. "견우(牽牛)는 어디에 있소? 당신은 어떻게 대담하게 혼자 나올 수 있었소?" 여인이 대답했습니다. "음양의 변화가 그 사람과 무슨 관계가 있겠어요? 게다가 은하에 막혀 있어 알 수도 없지요. 설령 안다 해도 걱정할 것이 없지요." 그리고는 곽한의 가슴을 만지며 말했습니다.

"세상 사람들이 자세히 보지 않을 뿐이지요." 곽한이 말했습니다. "당신은 별세계에 살고 있는데 별세계의 일을 이야기해 줄 수 있소?" 여인이 답했습니다. "사람들이 별세계를 보면 모두 별로만 보일 뿐이지만, 거기엔 궁실이 있고, 신선들이 유람하고 있지요. 만물의 정수는 하늘에 그 길흉화복의 별자리가 있고 그것이 땅에서 이루어지는 것입니다. 하계 사람들의 변화는 반드시 하늘에서 나타난답니다. 나는 성상을 보면 명확히 알 수 있지요." 그리고는 곽한에게 별자리의 분포와 방위를 가르쳐 주며 하늘의 법률제도를 자세히 가르쳐 주었죠. 그래서 곽한은 사람들이 잘 알지 못하는 일을 깊이 이해하게 되었습니다.

이후, 칠월 칠석이 다가왔습니다. 갑자기 여인이 내려오지 않다가 한참이 지난 다음에 왔습니다. 궁금해 하던 곽한이 여인에게 물었습니다. "남편을 만나 즐거웠소?" 여인이 웃으며 대답합니다. "하늘의 일을 어디 인간 세상과 비교할 수 있나요? 마땅히 그렇게 해야 하므로 한 것이지, 다른 까닭이 있었던 것은 아니랍니다. 질투하지는 마세요." 곽한이 물었죠. "그런데 왜 이렇게 늦게 왔소?" 여인이 대답했습니다. "인간세계의 닷새가 하늘에서는 하룻밤이랍니다." 여인은 곽한을 위해 하늘의 음식들을 차렸는데, 모두 세상의 음식들이 아니었습니다. 곽한은 천천히 여인의 옷을 보았는데 꿰맨 자국이 전혀 없었습니다.

곽한이 그 까닭을 묻자, 여인은, "천상의 옷은 바늘과 실로 짓지 않습니다." 여인은 갈 때마다 옷을 챙겨 가지고 갔습니다. 1년이 지난 어느 날 밤, 여인이 슬픈 얼굴로 눈물을 흘리며 곽한에게 말했습니다. "상제의 명령이 오늘까지랍니다. 이제 영원히 헤어져야 한답니다." 말을 마치고는 울음을 그치지 않았죠. 곽한은 안타까워하며 말했습니다. "그럼 며칠이나 남았소?" 여인이 대답했습니다. "오늘 밤밖에 남지 않았답니다." 두 사람은 슬퍼 눈물을 흘리면서 밤을 꼬박 샜습니다. 날이 밝자 여인은 곽한을 껴안고 이별을 고하며, 선물 하나를 남기면서 내년의 아무 날에 안부를 묻겠다고 말하고는 허공을 향해 올라갔습니다.[277] (출전=우교牛嶠, 『영괴록靈怪』 「곽한郭翰」.)

◆ 天: 하늘. 衣: 옷. 無: 없다. 縫: 꿰매다.

---

277 곽한은 여인이 그리워 병이 들면서까지 한시도 잊을 수가 없었다. 다음 해 약속한 날이
오자, 여인은 이전에 왔었던 시녀를 통해 안부를 전해왔다. 곽한이 편지를 열어 보니 푸
른색의 비단으로 만든 바탕에 연단(鉛丹)으로 글씨를 썼는데, 언어에 정이 깊이 배어 있
었다. 그리고 편지 말미에 두 수의 시가 쓰여 있었다. 곽한은 향기 나는 편지지에 답서를
썼다. 그리고 역시 시 두 수를 첨부했다. 그로부터 두 사람 소식은 완전히 끊어졌다. 그
해, 태사가 직녀성이 빛을 잃었다고 황제에게 보고했다. 곽한은 직녀를 그리워하다 보니
이 세상의 그 어떤 여인도 마음에 들지 않았다. 후에 종사(宗嗣)를 잇기 위해 억지로 정
(程) 씨 집안의 딸을 맞이했으나 마음에 들지 않았고, 자식도 생기지 않았다. 결국 서로
반목하다 원수가 되고 말았다.

천재일우(千載一遇)

천 년에 한 번 오는 기회   좀처럼 만나기 어려운 좋은 기회

동진(東晉)의 학자로 동양태수(東陽太守)를 역임한 원굉(袁宏)이란 사람이 있었습니다. 그는 삼국시대의 건국 명신 20명을 찬양한 글 「삼국명신 서찬(三國名臣序贊)」을 남겼는데, 그 가운데 위(魏)나라의 순욱(荀彧)에 대한 평가[278]에서 현군(賢君)과 명신(名臣)의 만남이 결코 쉽지 않음을 논한 적이 있습니다.

"대저 백락(伯樂)[279]을 만나지 못하면 천년이 지나도 천리마는 한 마리도 나오지 못한다. 대저 만년에 한 번의 기회는 삶이 통하는 길이며, 천년

---

278   순욱(163~212)은 영천(潁川) 영음(潁陰) 사람으로, 원래 원소(袁紹)의 막하에 있었으나 후에 조조(曹操)의 막하에 참여했다. 조조를 위하여 평생을 진력하였으나, 조조가 스스로 위공(魏公)이 되자 이를 반대하다 조조의 노여움을 산 후 자살했다. 조조는 그에게 경후(敬侯)라는 시호를 내렸다.

279   백락(伯樂)은 주(周)나라 때 사람으로 말[馬]의 능력을 단 시간에 알아내는 탁견의 소유자였다. 즉 천리마는 수없이 존재하지만 백락과 같은 인물이 아니면 찾아내지 못한다는 의미이다. 후일 세상에서는 천리마를 영웅호걸에 비유하기도 하고, 명군(名君)이나 인재(人才)에 비유하기도 한다.

에 한 번의 만남은 현명한 군주(君主)와 지모(智謀)가 뛰어난 신하의 아름다운 만남이다. 만나면 기뻐하지 않을 수 없으며, 잃으면 어찌 개탄하지 않을 수 있겠는가?"**280** (출전=『문선文選』, 「삼국명신서찬三國名臣序贊」.)

◆ 千 : 일천. 載 : 싣다. 一 : 하나. 遇 : 만나다.

---

280 『문선(文選)』, 「삼국명신서찬(三國名臣序贊)」 : 夫未遇伯樂, 則千載無一驥. 夫萬歲一期, 有生之通途, 千載一遇, 賢智之嘉會. 遇之不能無欣, 喪之何能無慨.

철면피(鐵面皮)

쇠로 만든 낯가죽   염치가 없고 뻔뻔스러운 사람

얼굴에 철판을 깐 듯 수치를 모르는 사람

진사(進士)에도 합격한 양광원(楊光遠)이라는 사람이 있었습니다. 그는 과장이 심하고 거리낌이 없는 성격의 소유자였지요. 출세욕이 대단하여 항상 왕공대신(王公大臣)의 집안을 기웃거리고 권문세가를 찾아다녔습니다. 마음에 들지 않으면 비방을 하고 다니다 채찍질을 낭하고 욕을 먹으면서도 고칠 줄을 몰랐습니다. 당시 사람들은 그를 천하게 여기며 모두들 양광원의 부끄러운 얼굴은 마치 열 겹의 철갑처럼 두껍다고 말했습니다.[281]

사실 이 얘기는 『개원천보유사(開元天寶遺事)』, 「참안후여갑(慚顔厚如甲)」에 나오지만, 뻔뻔스런 사람이란 뜻 외에 '강직하다'는 뜻도 지니고 있습니다. 이는 다음의 전적에서 찾아볼 수 있습니다. 한림학사 증공량(曾公亮)이 조변(趙抃)을 제대로 알지 못하고 전중시어사(殿中侍御史)에 추천했습니

---

281 『개원천보유사(開元天寶遺事)』, 「참안후여갑(慚顔厚如甲)」 : 進士楊光遠, 惟多矯飾. 不識忌諱, 遊謁王公之門, 干索權豪之族, 未嘗自足, 稍有不從, 便多誹謗. 常遭有勢者撻辱, 略無改悔. 時人多鄙之, 皆云楊光遠慚顔厚如十重鐵甲也.

다. 그는 권력자든 천자의 총애를 받는 사람이든 가리지 않고 탄핵과 위

엄을 밝혔는데, 도성에서는 그를 철면어사(鐵面御史)라 불렀습니다.[282](출전

=왕인유王仁裕,『개원천보유사開元天寶遺事』「참안후여갑慚顔厚如甲」.)

◆ 鐵:쇠. 面:얼굴. 皮:가죽.

---

282 『송사(宋史)』,「조변전(趙抃傳)」:翰林學士曾公亮未之識, 薦爲殿中侍御史, 彈劾不避
    權幸, 聲稱凜然, 京師目爲鐵面御史

청출어람(靑出於藍)

푸른 물감은 쪽에서 나왔다	쪽에서 나온 푸른 물감이 쪽빛보다 더 푸르다 제자가 스승보다 더 나음

『순자(荀子)』, 「권학(勸學)」에 보면 다음과 같은 구절이 나옵니다. "군자는 말한다. 학문은 그쳐서는 안 된다. 푸른색은 쪽에서 취한 것이지만 쪽보다 푸르고, 얼음은 물로 만들어지지만 물보다 차다. 나무가 곧은 것은 먹줄에 맞더라도 바퀴 테로 구부려 수레바퀴를 만들면 동그랗게 되어 비록 말리더라도 다시 펴지지 않는데, 이것은 바퀴 테가 그렇게 만든 것이다. 따라서 나무는 먹줄을 받으면 곧아지고, 쇠는 숫돌에 갈면 날카로워지며, 군자는 널리 배우고 날마다 세 번씩 자신을 성찰한다면 앎이 밝아지고 행동에 허물이 없을 것이다. 그러므로 높은 산에 오르지 않으면 하늘이 높은 줄 알지 못하고, 깊은 골짜기에 가 보지 않으면 땅이 두터운 줄을 알지 못한다. 선대 선왕들의 가르침을 배우지 않으면 학문의 위대함을 모르는 것이다."[283] (출전=『순자荀子』, 「권학勸學」.)

283　『순자(荀子)』, 「권학(勸學)」 : 君子曰, 學不可以已. 靑取之於藍, 而靑於藍. 冰水爲之, 而寒於水. 木直中繩, 輮以爲輪, 其曲中規, 雖有槁暴, 不復挺者, 輮使之然也. 故木受繩則直, 金就礪則利. 君子博學而日參省乎己, 則智明而行無過矣. 故不登高山, 不知天之高

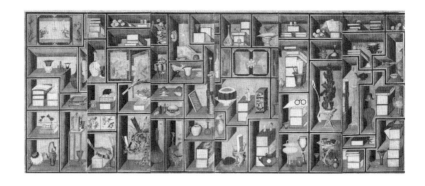

◆ 靑 : 푸르다. 出 : 나오다. 於 : 어조사, ~에. 藍 : 쪽.

也. 不臨深谿, 不知地之厚也. 不聞先王之遺言, 不知學問之大也.

초미지급(焦眉之急)

눈썹이 타는 위급함   그대로 방치할 수 없는 매우 다급한 일

금릉(金陵) 장산(蔣山)의 법천불혜 선사(法泉佛慧禪師)가 만년에 칙명(勅命)으로 대상국지해 선사(大相國智海禪寺)의 주지로 임명되었습니다. 불혜 선사는 수도승들에게 물었습니다. "주지로 가는 것이 옳겠는가? 이곳 장산에 머물러 있는 것이 옳겠는가?" 불혜선사는 계속 도(道)를 닦을 것인지, 황명(皇命)을 받들어 출세의 길을 갈 것인지를 놓고 고민한 것입니다. 하지만 아무도 물음에 답하는 수도승은 없었습니다.[284]

불혜 선사(佛慧禪師)가 수주(隨州)에 있을 때의 일화입니다. 어떤 수도승이 불혜 선사에게 물었습니다. "선사님, 어떤 것이 가장 다급한 글귀입니까?" 불혜 선사가 대답하였습니다. "불이 눈썹을 태우는 것이지요!"[285] 여기서 비롯된 화소미모(火燒眉毛)가 소미지급(燒眉之急)으로 그리고 다시 '초미지급'이 된 것입니다. 다른 말로는 연미지급(燃眉之急)이라고도 하고, 일

---

284 대답하는 수도승이 없자, 불혜 선사(佛慧禪師)는 붓을 들어 명리(名利)를 초탈한 경지를 게(偈)로 쓴 다음 앉은 채 그대로 세상을 떠났다.

285 『오등회원(五燈會元)』,「보제(普濟)」: 問, 如何是急切一句. 師曰, 火燒眉毛.

반적으로 많이 쓰이는 초미(焦眉)라고도 합니다.(출전=『오등회원五燈會元』「보제普濟」.)

◆ 焦: 타다, 그을리다. 眉: 눈썹. 之: 가다. 急: 급하다, 위급하다.

촉만지쟁(觸蠻之爭)

달팽이 뿔 위에서의 싸움

아무 이득도 없는 보잘 것 없는 행동

알고 보면 허무한 다툼

『장자』,「즉양(則陽)」에 나오는 우화입니다. 혜자(惠子)가 현자인 대진인 (戴晉人)을 혜왕(惠王)과 만나게 했습니다. 대진인이 물었습니다. "임금께서 는 달팽이라는 것을 아시겠지요?" 혜왕이, "그렇소." 대진인이, "달팽이 의 왼쪽 뿔에 나라가 있는데, 촉씨(觸氏)라 하고 오른 쪽에 있는 나라는 만 씨(蠻氏)라고 합니다. 때 마침 이들이 서로 영토를 놓고 싸워서 주검이 몇 만이나 되게 즐비했고, 패군(敗軍)을 쫓아갔다가 15일이나 지난 뒤에야 돌아왔습니다."

이에 혜왕은, "아! 그건 거짓말이군요."라고 하자, 대진인은, "그럼 제 가 임금을 위해 실제 사실을 예로 들어 보겠습니다. 임금께서는 이 사방 (四方) 위아래의 공간에 끝이 있다고 생각하십니까?"라고 묻자, 혜왕은, "끝이 없는 거요."라고 하자, 대진인은, "그럼 정신을 무한한 공간에서 노 닐게 할 줄 알면서, 이 유한한 땅을 돌이켜 본다면, 이 나라 따위는 있을까 말까 한 아주 하찮은 것이 아니겠습니까?" 여기서 비롯된 말이 촉만지쟁 (觸蠻之爭)입니다.

316

다른 말로는 만촉지쟁(蠻觸之爭)이라 하고, 와각지쟁(蝸角之爭)이라는 말을 쓰기도 합니다. 하지만 의미는 모두 같다고 할 수 있습니다. 두 나라의 싸움은 처절하고도 절박한 일이 아닐 수 없는 일이지만, 사실 따지고 보면 매우 하찮은 싸움에 불과하다는 의미입니다. 장자는 인간 세상에서의 이와 같은 좁은 소견에서 비롯되는 다툼에 대해 통렬(痛烈)히 비판합니다. 가령 위(魏)나라와 제(齊)나라가 상호 침략하지 않기로 굳게 '동맹'을 맺은 바 있습니다.

그러나 제나라가 약속을 어겼습니다. 이에 위나라 조정에서는 묵과할 수 없다며 즉각 공격을 하여 제나라를 혼내줘야 한다는 이들이 있는가 하면, 반대하는 이들도 만만치 않아 내분이 일어나기도 했습니다. 이를 두고 장자가 들고 나온 것이 이른바 촉만지쟁(觸蠻之爭)의 예입니다. 무한한 우주에서 보면, 위나라나 제나라나 지극히 미미한 존재이고, 게다가 그 안에서 사람들이 쫓고 쫓기며, 싸우고 빼앗는 모든 것들이 미미하기 짝이 없다는 것이지요.(출전=『장자莊子』「즉양則陽」.)

◆ 觸 : 부딪치다. 蠻 : 오랑캐. 之 : 어조사, ~의. 爭 : 다투다.

촌철살인(寸鐵殺人)

한 치 쇳조각으로 사람을 죽이다   짤막한 경구나 단어로
감동시키거나 사물의 핵심을 찌르다

'촌철살인'은 남송(南宋)의 나대경(羅大經)이 지은 『학림옥로』에 나오는데, 선(禪)의 핵심을 파악한 말로서, 여기서 살인(殺人)이란, 즉 '마음속의 잡된 생각을 없애고 깨달음에 이르는 것'을 의미합니다. 가령 정신을 집중하여 수양하면 비록 작은 부분을 얻더라도 그 작은 것 하나가 사물(事物)을 변화시키고 사람을 감동시킬 수 있다는 말입니다. "종고(宗杲)가 선(禪)을 논해 말하기를, 비유컨대 어떤 사람이 무기를 한 수레 가득 싣고 와서 하나를 꺼내 휘두르고, 또 하나를 꺼내 휘둘러도 사람을 죽이는 수단이 되지 못한다. 나는 한 치 쇳조각만 있어도 사람을 죽일 수 있다."[286] (출전=나대경羅大經, 『학림옥로鶴林玉露』.)

◆ 寸 : 마디. 鐵 : 쇠. 殺 : 죽이다. 人 : 사람.

---

286 『학림옥로(鶴林玉露)』: 宗杲論禪日, 譬如人載一車兵器, 弄了一件, 又取出 一件來弄, 便不是殺人手段. 我則只有寸鐵, 便可殺人.

치인설몽(痴人說夢)

어리석은 사람이 꿈이야기를 하다   허황된 말을 지껄이거나,
어리석기 짝이 없는 짓을 하다

당(唐)나라의 고승이었던 승가(僧伽)가 안휘성(安徽省) 근처를 여행할 때입니다. "당신의 성(姓)은 무엇(何)이오?" 승가는, "내 성(姓)은 무엇(何)이요."라고 답하자, "어느 나라 사람(何國人)이오?" 승가는, "어느 나라 사람(何國人)이요."라고 답했습니다. 훗날, 당나라의 문인(文人) 이옹(李邕)이 승가를 위해 비문을 썼습니다. '대사의 성(姓)은 하(何) 씨고, 하국 사람(何國人)이었다.' 이 글을 본 혜옹이 이옹에 대해 평하길, "이것이 바로 이른바 어리석은 사람에게 꿈을 이야기한다는 것이다. 결국 이옹은 꿈을 참으로 믿고 말았으니, 진실로 어리석은 자가 아닐 수 없다."[287] (출전=『냉재야화(冷齋夜話)』.)

◆ 痴 : 어리석다. 人 : 사람. 說 : 말하다. 夢 : 꿈.

---

[287] 『냉재야화(冷齋夜話)』: 此正所謂對痴人說夢耳. 李邕遂以夢爲眞. 眞痴絶也.

타면자건 (唾面自乾)

남이 얼굴에 침을 뱉으면
저절로 마를 때까지 기다린다

처세를 위해서는
때로 참기 힘든 수모도 견뎌낸다

중국 최초의 여황제인 측천무후의 신하 누사덕(婁師德)은 팔척장신에 사람됨이 신중하고 도량이 매우 컸습니다. 그는 다른 사람으로부터 무례한 일을 당해도 겸손한 태도로 오히려 상대방에게 용서를 구하고, 얼굴에 불쾌한 빛을 결코 드러내지 않았습니다. 어느 날, 아우가 대주(代州) 자사로 있다 사직하자, 누사덕이 아우에게 참는 것을 가르쳤습니다. 아우가 "남이 내 얼굴에 침을 뱉더라도 그냥 닦아내면 되지 않겠습니까?" 누사덕이 말했습니다. "아니다. 그 자리에서 침을 닦으면 상대의 분노를 거스르게 된다. 저절로 마르게 두는 것이 좋다."[288] (출전=『신당서(新唐書)』「누사덕전(婁師德傳)」.)

◆ 唾:침. 面:얼굴. 自:스스로. 乾:하늘, 마르다.

---

288 『신당서(新唐書)』,「누사덕전(婁師德傳)」:其弟守代州, 辭之官, 教之耐事. 弟曰, 有人唾面, 潔之乃已. 師德曰, 未也. 潔之, 是違其怒, 正使自乾耳.

태산북두(泰山北斗)

태산(泰山)과 북두성(北斗星)   　　　　　　　많은 사람의 존경을 받는 훌륭한 존재

한유(韓愈)[289]는 당(唐)나라 때의 철학자이자 사상가로, 당송팔대가(唐宋八大家)의 한 사람입니다. 25세 때 진사과에 급제한 뒤 벼슬이 이부상서(吏部尚書)까지 올랐으나, 황제가 관여하는 불사(佛事)를 간(諫)하다 조주자사(潮州刺史)로 좌천되었습니다. 천성이 강직했던 그는 이후에도 여러 차례 좌천과 파직(罷職)을 당하기도 했는데, 만년에 이부시랑(吏部侍郎)을 지낸 뒤 57세의 나이로 세상을 떠났습니다.

한유는 관료로선 순탄하지 못했으나 학문과 사상분야에서는 대단한 업적을 남겼습니다. 유종원(柳宗元) 등과 고문운동(古文運動)을 제창하여 고문이 송(宋)대 이후 중국 산문의 표준이 되도록 만들었지요. 사상 면에서는 도가와 불가를 배격하고 유가사상(儒家思想)을 존숭하였습니다. '태산북두'는 태두(泰斗) 또는 산두(山斗)라고 하는데, 특히 학문적 업적이 뛰어

289　한유(韓愈)는 육경(六經)의 문장으로 여러 학자들의 창도자가 되었다. 그가 죽은 뒤, 그의 학설이 천하에 떨쳤으므로, 학자들은 그를 태산북두처럼 우러러보았다.(愈以六經之文, 爲諸儒倡. 自愈沒, 其言大行, 學者仰之, 如泰山北斗云.)

난 학자를 가리키는 말로도 쓰입니다.(출전=『신당서新唐書』「한유-전韓愈傳」.)

◆ 泰 : 크다. 山 : 뫼. 北 : 북녘. 斗 : 말.

토사구팽 (兎死狗烹)

교활한 토끼가 잡히자	필요할 땐 이용하다
충실한 사냥개가 삶겨지다	필요성이 없어지면 버리다

초패왕(楚霸王) 항우(項羽)가 망하면서 천하는 한(漢)의 유방(劉邦)에게 돌아갔습니다. 유방은 천하를 통일하는데 혁혁한 공을 세운 소하와 장량에게 큰 상을 내리고, 한신(韓信)에게는 초왕으로 봉하였습니다. 그런데 유방은 항우의 장수였던 종리말(鍾離眜)이 한신에게 의탁하고 있다는 사실을 인지하였습니다. 유방은 과거 종리말에게 여러 차례 고전했던 기억 때문에 진노하였습니다. 한신에게 당장 종리말을 압송하라고 명을 내렸습니다.

하지만 한신은 고조의 명을 어기고 오랜 친구였던 종리말을 오히려 숨겨주었습니다. 상황이 이상하게 돌아가자, 유방을 둘러싸고 있는 신하들은 한신이 역모(逆謀)를 꾀하고 있다는 상소를 올리기 시작하였습니다. 화가 머리끝까지 오른 유방은 한나라의 고조(高祖)가 된 이듬해 제후들에게 바로 조서(詔書)를 내렸습니다. "짐은 지금부터 운몽포(雲夢浦)로 유행(遊幸)한다. 그대들은 수행차비를 갖추고 초나라의 진에서 대기하다 짐을 따르라."

유행을 명분 삼아 한신을 체포하거나 목을 칠 계획이었지요. 눈치 빠른 한신이 유방의 속셈을 모를 리 없었지요. 하지만 반기를 들고 정면으로 싸울 수도 없는 처지였습니다. 고민 끝에 폐하를 만나 '자신에게는 죄가 없음을 소상하게 밝히기로 결심'하기에 이릅니다. 그러자 한 심복이 한신에게 다가와, "종리말의 목을 가져가면 폐하께서 노여움을 풀고 기뻐하실 것입니다."라고 속삭였습니다. 이 이야기를 한신이 종리말에게 전했습니다.

이에 종리말은 화를 내면서, "고조가 초나라를 치지 않는 것은 자네 밑에 내가 있기 때문일세. 그럼에도 자네가 내 목을 베어 고조에게 가져가 보게. 자네도 얼마 못가 당할 것이네. 자네는 한심한 꾀를 내었네. 자네는 도저히 남의 장(長)이 되기에 부족하네. 좋네. 내 스스로 죽어주겠네!"라고 말하고는 자결을 하였지요. 한신은 죽은 종리말의 머리를 가지고 진으로 갔습니다. 아니나 다를까, 그는 모반자라는 죄목으로 체포되고 말았지요.

분에 못이긴 한신은, "아아! 교활한 토끼가 잡히면 충실한 사냥개는 삶아 먹히고, 나는 새를 모두 잡으면 좋은 활은 곳간에 감추어지며, 적국을 격파하면 지혜 있는 신하는 버림을 받는다고 하더니 참으로 그렇도다. 천하가 평정된 지금, 온갖 힘을 다해 한(漢)을 섬긴 내가 이번에는 고조의 손에 죽는구나."라고 한탄을 하였습니다. 그러자 유방은 한신을 죽이지 않았습니다. 대신 초왕에서 회음후라는 작은 지방의 제후로 좌천시켜 버렸습니다.(출전=『사기史記』「회음후열전淮陰侯列傳」.)

◆ 兎 : 토끼. 死 : 죽다, 잡히다. 狗 : 개, 사냥개. 烹 : 삶다.

토포악발(吐哺握髮)

먹던 것을 뱉고,   어진 선비를 얻기 위해 정성을 다하다
머리카락을 움켜쥐다

하(夏)의 걸왕(桀王)을 멸하고 들어선 은(殷)나라, 마지막 왕인 주왕(紂王)을 멸하고 주(周)나라를 세운 무왕(武王)이 죽자, 아들 송(誦 : 성왕成王)이 그 뒤를 이었습니다. 하지만 그는 나이가 너무 어려 무왕의 동생인 주공(周公)이 무왕의 유지를 받들어 섭정(攝政)을 했습니다. 많은 사람들이 삼촌인 주공이 나라를 빼앗을 것이라고 추측했지만, 주공은 어린 성왕을 도와 천하를 태평성세로 이끌었습니다.

주공은 무경(武庚)과 관숙(管叔), 채숙(蔡叔) 등의 반란을 깨끗이 정리하고 주나라 왕조의 기틀을 공고히 한 후, 섭정의 자리에서 물러났습니다. 주공은 주(周) 왕실의 일족과 공신들을 중원의 요지에 배치해 다스리게 하는 봉건제를 실시했는데, 아들 백금(伯禽)도 이때 노(魯)나라에 봉해졌습니다. 아들이 떠나는 자리에서 주공은 '민중들을 아끼고 잘 다스리라'고 당부하면서 다음과 같은 말을 했습니다.

"나는 문왕(文王)의 아들이고 무왕(武王)의 동생이며, 성왕의 숙부로 나역시 천하에서 천(賤)한 사람이 아니다. 그러나 나는 한 번 목욕(沐浴)하는

데 머리카락을 세 번 움켜쥐고 달려 나갔고, 한 번 식사하는데 입에 씹고 있던 음식물을 세 번씩이나 뱉어가며 일어나 어진 선비들을 접대하여 천하의 현인들을 놓칠까 두려워했다. 너는 노(魯)나라에 가면 삼가 다른 사람들에게 교만하지 말아야 한다."[290]

　이처럼 주공은 어진 인재를 얻기 위해 사람이 찾아오면 머리를 감다가도 뛰어 나갔고 심지어는 씹고 있던 음식물을 뱉어가며 일어나 어진 선비들을 맞이하였습니다. 주공의 이러한 정성과 노력에 대해 왕포(王褒)는 「성주득현신송(聖主得賢臣頌)」에서 다음과 같이 기술했습니다. "옛날 주공이 몸소 밥을 뱉고 머리카락을 움켜쥐는 노고를 마다하지 않았기 때문에 감옥이 텅 비는 융성함이 있었던 것이다."[291] (출전=『사기史記』 「노주공세가魯周公世家」.)

◆ 吐: 토하다. 哺: 먹다. 握: 쥐다. 髮: 머리카락.

---

290 『사기(史記)』, 「노주공세가(魯周公世家)」: 周公戒伯禽曰, 我文王之子, 武王之弟, 成王之叔父, 我於天下亦不賤矣. 然我一沐三握髮, 一飯三吐哺, 起以待士, 猶恐失天下之賢人. 子之魯, 愼勿以國驕人.

291 『고문진보후집(古文眞寶後集)』, 「성주득현신송(聖主得賢臣頌)」: 昔周公躬吐握之勞, 故有圄空之隆.

투필종융(投筆從戎)

붓을 던지고 군대를 따르다 　　　 문인이 글쓰기를 포기하고
　　　　　　　　　　　　　　　 종군(從軍)하다

『한서(漢書)』를 편찬한 반고(班固)의 동생 반초(班超)는 어렸을 적부터 근면하였으며, 다양한 서적을 두루 섭렵하였습니다. 하지만 집안 살림이 넉넉하지 못해 관가의 문서를 베껴 주거나 남의 서적을 필사해 주면서 생계를 유지했습니다. 그의 형 반고가 교서랑(校書郎)에 임명되어 어머니와 함께 낙양으로 이주하였으나, 집안은 여전히 가난하여 반초는 관청에서 문서를 베껴 주는 일을 하여 어머니를 봉양했습니다.

어느 날, 반초는 관청에서 문서를 베껴 쓰는 일을 하다 갑자기 붓을 던져 버리고 탄식하며 말했습니다. "대장부로서 이렇다 할 뜻과 방략이 없다면, 마땅히 부개자(傅介子)와 장건(張騫)²⁹²을 본받아 이역(異域)에서 공을

---

292 부개자(傅介子)는 한소제(漢昭帝) 때 서역의 구자(龜玆)와 누란(樓蘭)이 흉노와 연합하여 한나라 관리를 사살하고 재물을 약탈하자 대원(大宛)에 사자로 가서 한소제의 명을 받들어 누란과 구자에게 책임을 묻고 흉노의 사자를 죽이는 등의 공을 세운 사람이고, 장건(張騫)은 한무제(漢武帝)의 명을 받고 서역에 가다가 흉노에게 잡혀 10여 년간의 고생 끝에 도망하여 온 사람으로, 실크로드를 개척한 사람이다.

세워 봉후(封侯)의 자리를 얻어야지, 어찌 붓과 벼루 사이에서 오래 지낼 수 있겠는가."²⁹³ 좌우에 있던 사람들이 모두들 웃었지만, 반초는 군관(軍官)이 되어 흉노(匈奴)와 싸워 크게 이겼습니다.

뿐만 아니라 서역(西域)에 출사(出師)해서는 무려 31년 동안이나 머물면서 흉노의 지배를 받던 서역 국가들을 정복하고, 50여 개의 나라들과 관계를 개선하는 등, 한(漢)나라의 세력을 확장하는데 크게 공을 세웠습니다. '투필종융'은 당(唐)나라 위징(魏徵)의 시에도 보입니다. 『술회(述懷)』에 '투필종융'이란 말을 인용, "중원 땅에 처음 제위 다툼이 일어나자, 붓을 던지고 전쟁에 나갔다."²⁹⁴는 구절이 그것입니다. (출전=『후한서後漢書』 「반초전 班超傳」.)

◆ 投 : 던지다. 筆 : 붓. 從 : 쫓다. 戎 : 군사.

---

293 『후한서(後漢書)』, 「반초전(班超傳)」 : 久勞苦, 嘗輟業投筆嘆曰, 大丈夫無他志略, 猶當效傅介子張騫, 入功異域以取封侯, 安能久事筆硯間乎.

294 위징(魏徵), 『술회(述懷)』 : 中原初逐鹿, 投筆事戎軒.

파렴치(破廉恥)

염치를 깨뜨리다

부끄러움을 알지 못하는
뻔뻔스러운 행위

지금으로부터 2,700년 전, 관포지교(管鮑之交)로 유명한 관중(管仲)[295]이 목민(牧民)에 관해 이야기를 한 바 있습니다. 그는 지도자의 임무가 다름 아닌 '사계절을 살펴 민중들의 마음이 늘 편한지, 불편한지를 살피는 일'이라 주장했습니다. 집에는 먹거리가 창고에 가득 차고, 나라에는 재물이 많이 쌓이면 멀리 있는 사람도 자연 몰려온다고 하였지요. 또 입을 옷과 먹을 양식이 풍족하면, 영광과 치욕도 저절로 안다고 하였습니다.

관중은 특히 '예의염치(禮義廉恥)'를 중시했습니다. 이는 나라를 지탱하는 '네 개의 밧줄'이라는 뜻인데, 하나가 끊어지면 나라가 기울고, 두 개가 끊어지면 나라가 위태로워지며, 세 개가 끊어지면 나라가 뒤집어지고, 네 개가 모두 끊어지면 나라가 망(亡)한 것이라고 주장했습니다. 기우는 것은

---

[295] 춘추시대 제(齊)나라의 명재상이었던 관중(管仲,?~B.C. 645)은 어린 시절부터 평생 변함이 없었던 죽마고우였던 포숙아(鮑叔牙)와의 깊은 우정을 쌓아 이른바 '관포지교'라는 유명한 고사를 남겼다. 제나라 환공을 도와 군사력의 강화와 상업 및 수공업의 육성을 꾀하여 부국강병을 도모했다. 그의 핵심 이념은 질서[治]와 부강(富强)이다.

바로잡을 수 있고, 위태로운 것은 안정시킬 수 있으며, 뒤집어지는 것도

일으켜 세울 수 있으나, 망한 것은 다시 일으킬 수 없다고 하였죠.[296] (출전=

『관자管子』「목민牧民」.)

◆ 破:깨뜨리다. 廉:청렴하다. 恥:부끄러워하다.

---

296 『관자(管子)』, 「목민(牧民)」 : 國有四維, 一維絶則傾, 二維絶則危, 三維絶則覆, 四維絶
    則滅. 傾可正也, 危可安也, 覆可起也. 滅不可復錯也.

파부침선(破釜沈船)

솔을 깨뜨리고 배를 가라앉히다   돌아갈 기약 없이

죽을 각오로 싸우겠다는 굳은 결의

태어나면 죽기마련이고, 만나면 헤어지는 게 자연의 이치죠. 급격히 추진된 진(秦)나라의 통일정책과 맞물린 대규모 토목공사는 민중들의 부담이 가중되기에 충분했습니다. 민심이 동요된 것은 말할 것도 없습니다. 진나라의 폭정을 견디지 못한 민중들은 진시황제의 죽음을 계기로 여기저기서 봉기(蜂起)했습니다. 일개 품팔이꾼에 불과하던 진승(陳勝)과 오광(吳廣)은 봉기해 장초(張楚)를 세우고 진나라에 항거하다 실패했고, 초나라의 귀족 출신인 항량(項梁)은 회계군수 은통(殷通)을 죽이고 그곳을 기반으로 군사를 일으켰습니다. 그리고 모사 범증(范增)의 계책에 따라 진나라와 회맹(會盟)을 위해 갔다가 돌아오지 못하고 객사한 비운의 회왕(懷王), 그의 손자인 웅심(熊心)을 '회왕'으로 옹립하고 초나라를 재건했습니다.

당시 변방의 하급 관리인 정장(亭長)에 불과했던 유방(劉邦)은 여산릉(驪山陵)[297] 공사에 동원되는 인부들을 인솔하고 가던 중, 탈주자가 속출하자

---

297   진시황의 능(陵).

아예 인부들을 해산시켜 버리고 자기 지역에서 소규모의 반란을 일으켰습니다. 유방은 패현의 서기였던 소하(蕭何)와 옥리(獄吏) 조참(曹參) 그리고 개백정 번쾌(樊噲) 등의 지지에 힘입어 패(沛)[298]를 접수하고 현령으로 추대되어 활약하다가 항량에게 가담했습니다. 항량은 장한(章邯)을 격파하고 군대를 이끌고 정도(定陶)에 이르러 다시 진나라 군사를 깨뜨렸습니다. 항우(項羽)와 유방은 진나라 군대와 옹구(雍丘)에서 싸워 크게 이기고 이유(李由 : 이사李斯의 아들)의 목을 베었습니다. 항량이 더욱 진군(秦軍)을 가볍게 보고, 교만한 기색을 보이자 송의(宋義)가 간했습니다.

"전쟁에 이겨 장수가 교만해지고 병졸이 게을러지면 패하게 됩니다."
하지만 항량은 듣지 않았지요. 진나라 2세 황제가 군대를 모두 일으켜 장한에게 보태 주자, 장한은 초군을 쳐 정도에서 크게 깨뜨리고 항량을 죽였습니다. 장한은 승세를 몰아 조(趙)나라의 한단(邯鄲)을 격파하고, 거록(巨鹿)을 포위했습니다. 조나라는 초나라에 구원을 요청하자, 초의 회왕은 송의를 상장에, 항우를 차장에, 범증을 말장으로 하여 5만의 원병을 파견합니다. 하지만 송의는 안양(安陽)[299]까지 와서 무려 46일 동안, 전쟁 상황만 관망했습니다. 조나라 군대가 이기면 그 기회를 틈타 함께 진나라 군대를 격파하고, 만약 진나라 군대가 이긴다고 하더라도 힘이 약해져 있을 것이니 그때 가서 진나라 군대를 쳐도 된다는 계산이었지요.

하지만 초나라 군대가 진나라 군대를 공격하여 안팎에서 협공하는 형세를 취해야 한다는 것이 항우의 복안(腹案)이었지요. 11월 중순이 되자,

---

298 강소성(江蘇省) 패현(沛縣).
299 산동성(山東省) 조현(曹縣).

병사들은 추위와 굶주림에 지쳐만 갔습니다. 더 이상 보고만 있을 수 없다고 생각한 항우는 장막 안으로 들어가 송의(宋義)를 죽이고 군대를 모두 이끌고 황하를 건너 배를 모두 가라앉히고, 솥과 시루를 깨뜨리고, 막사를 불태우고, 삼일분의 양식을 지니고서 사졸에게 죽음으로 싸우겠다는 의지를 보여 주었는데, 누구 하나 마음을 돌이키는 자가 없었습니다. 그리하여 진나라 군대와 아홉 번 전쟁을 하여 크게 쳐부수고 왕리(王離)를 사로잡았습니다. 이로써 초나라 군대가 제후군의 으뜸이 되었고, 항우는 비로소 제후의 상장군이 되었으며, 제후가 모두 그의 소속이 되었지요.[300] (출전=『사기史記』「항우본기項羽本紀」.)

◆ 破 : 깨뜨리다. 釜 : 솥. 沈 : 가라앉히다. 船 : 배.

---

300 『사기(史記)』, 「항우본기(項羽本紀)」 : 十一月, 項羽卽其帳中, 斬宋義, 乃悉引兵渡河, 皆
     沉船破釜甑, 燒廬舍, 持三日糧, 以示士卒必死. 無一還心. 於是, 與秦軍遇九戰大破之,
     虜王離. 當是時, 楚兵冠諸侯, 於是始爲諸侯上將軍, 諸侯皆屬焉.

파죽지세(破竹之勢)

대나무를 쪼개는 기세

세력이 강하여 적을
거침없이 물리치는 기세
일이 거침없이 잘 풀리는 모양

위(魏)나라의 사마염(司馬炎)은 원제(元帝)를 폐하고, 265년 스스로 제위에 올라 국호를 진(晉)이라 하였는데, 무제(武帝)가 그 장본인입니다. 이제 위(魏)·촉(蜀)·오(吳) 삼국 가운데 남은 것은 오(吳)나라였지요. 무제는 진남대장군(鎭南大將軍) 두예(杜預) 등에게 군사를 주면서 오나라를 치게 했습니다. 279년, 두예는 20만 대군을 거느리고 호북의 강릉으로 진격했고, 왕준(王濬)은 수군을 이끌고 장강을 거슬러 진격했으며, 왕혼(王渾)은 수도 건업(建業)으로 진격했습니다. 이듬해인 280년 2월, 무창(武昌)을 공략한 두예의 군대는 왕준의 군대와 합류하여 전열을 정비하고 향후의 공격 계획에 대해 회의를 했습니다.

한 장수가 곧 강물이 범람할 시기가 다가오고 또 언제 전염병이 발생할지 모르니 일단 후퇴했다가 겨울에 재공격하는 것이 어떻겠느냐는 의견을 냅니다. 그러자 두예가 단호하게 말합니다. "지금 군사들의 사기는 하늘을 찌를 듯이 높아 대나무를 쪼개는 것에 비유할 수 있다. 몇 마디가 쪼개지기만 하면 그 다음부터는 칼날을 대기만 해도 저절로 쪼개져 다시

334

손 댈 곳조차도 없게 된다."[301] 두예는 곧바로 군사를 재정비하여 오나라의 도읍인 건업으로 진격하여 단숨에 함락시켰습니다. 오왕 손호(孫皓)는 손을 뒤로 묶고 수레에 관을 싣고 항복해 왔지요. 두예는 오나라를 평정한 공으로 당양후(當陽侯)에 봉해졌습니다.[302] (출전=『진서晉書』「두예전杜預傳」.

◆ 破 : 깨뜨리다. 竹 : 대나무. 之 : 가다. 勢 : 기세.

---

301 『진서(晉書)』,「두예전(杜預傳)」: 今兵威已振, 譬如破竹. 數節之後, 皆迎刃而解, 無復著手處也.

302 크게 공을 세운 두예, 만년에는 학자로서 학문과 저술에 힘을 기울여 『춘추석례(春秋釋例)』와 『좌전집해(左傳集解)』 등의 저서를 남겼다.

포호빙하(暴虎馮河)

맨손으로 범에게 덤비고　　　　　죽음을 두려워하지 않는
걸어서 황하를 건너다　　　　　　무모한 용기

『논어』에 다음과 같은 논의가 있습니다. 공자가 안연(顏淵)에게 이르기를, "써주면 행하고 놓아두면 숨는 것을 오직 나와 너만이 할 수 있을 것이다." 자로(子路)가 말했습니다. "선생님께서 삼군(三軍)[303]을 행하시면 누구와 함께 하시겠습니까?" 공자가 이르기를, "맨손으로 범을 때려잡고 강을 맨발로 건너다가 죽어도 뉘우침이 없는 자와는 내가 함께 하지 않을 것이다. 반드시 일에 임하여 두려워하며 꾀함을 좋아하여 이루는 자와 함께 할 것이다."[304]

이는 용맹만을 믿고 가볍게 처신하는 자로에 대해 경계할 것을 주문한 것입니다. 즉 삼군과 같은 대군(大軍)을 지휘한다는 것은 쉬운 일이 아니기

303　전군(前軍)과 중군(中軍), 후군(後軍)을 말한다. 여기서 일군은 12,500명으로 이루어져 있다.

304　『논어(論語)』, 「술이(述而)」: 子謂顏淵曰, 用之則行, 舍之則藏, 惟我與爾有是夫. 子路曰, 子行三軍, 則誰與. 子曰, 暴虎馮河, 死而無悔者, 吾不與也. 必也臨事而懼, 好謀而成者也.

때문에 항상 일을 도모함에 치밀한 계획을 세우고 반드시 두려워하며, 성공하는 사람이어야 함을 일러준 것입니다. 다시 말해 대군을 이끌 지도자는 '한갓 혈기만 믿고 범을 맨손으로 때려잡거나, 황하와 같은 큰 강을 맨발로 건너다 스스로 죽어도 후회하지 않을 사람'에게는 자격이 없다는 말이기도 합니다.(출전=『논어論語』「술이述而」.)

◆ 暴 : 사납다. 虎 : 범. 馮 : 건너다. 河 : 강이름.

풍림화산(風林火山)

바람처럼, 숲처럼, 불길처럼,
산처럼 적을 엄습하다

상황에 맞게 조직을
운용해야 승리할 수 있다

풍림화산(風林火山)이란 고사는 말 그대로 바람처럼, 숲처럼, 불길처럼, 산처럼 적을 엄습해서 공략한다는 말입니다. 기회가 왔을 때 가장 적절하게 조직을 운용해야 승리할 수 있다는 말입니다. 손자(孫子)는 「군쟁(軍爭)」에서 다음과 같이 강조합니다. "병법은 적을 속이는 것으로 세우고, 이익으로 움직이며, (병력을) 나누기도 하고 합하기도 함으로써 변화를 주는 것이다. 그러므로 군사를 움직여 내달릴 때는 바람처럼 빠르고[其疾如風], 서서히 움직일 때는 숲처럼 고요하고[其徐如林], 치고 빼앗을 때는 불이 번지듯이 맹렬하고[侵掠如火], 주둔하여 움직이지 않을 때는 산처럼 묵직해야[不動如山] 한다. 적이 모르게 은폐할 때는 그림자에 가린 듯하고, 군사를 움직일 때는 벼락이 치듯이 신속하게 해야 한다. 우회하여 공격할 것인지 곧바로 공격할 것인지를 먼저 아는 자가 승리할 것이니, 이것이 군사를 가지고 싸우는 방법이다."305 (출전=『손자병법孫子兵法』「군쟁軍爭」.)

---

305 『손자병법(孫子兵法)』, 「군쟁(軍爭)」: 兵以詐立, 以利動. 以合分爲變者也. 故其疾如風,

◆ 風:바람. 林:수풀. 火:불. 山:뫼.

其徐如林, 侵掠如火, 不動如山. 難知如陰, 動如雷震, 先知迂直之計者勝, 此軍爭之法也.

하도낙서(河圖洛書)

황하(黃河)에서 얻은
그림[圖]과 낙수(洛水)에서 얻은 글[書]

일반적으로 하도(河圖)는 복희씨(伏羲氏) 때 황하(黃河)에서 나온 용마(龍馬)의 등에 그려져 있었던 그림이고, 낙서(洛書)는 우(禹)임금이 홍수를 다스릴 때 낙수(洛水)에서 나온 신귀(神龜)[306]의 등에 쓰여 있었던 글로 이해합니다. 이를 통해 복희(伏羲)는 팔괘(八卦)를 그렸고, 우(禹)는 홍범구주(洪範九疇)[307]를 지었다고 합니다.

이처럼 별개로 취급되던 '하도와 낙서'가 병기된 것은 『사기(史記)』, 「공자세가(孔子世家)」와 『회남자(淮南子)』, 「숙진훈(俶眞訓)」에서인데, 거기에는 '하도와 낙서'가 태평치세에 나타나는 상서(祥瑞)로 설명되고 있습니다. 이것을 송대(宋代)의 철학자인 소옹(邵雍)은 그의 상수학(象數學)에 '하도와

---

306 신령스런 거북.

307 하(夏)나라 우왕(禹王)이 남긴 정치이념이다. 즉 홍범은 대법(大法)을 말하고, 구주는 9개 조(條)를 뜻하는 것으로, 즉 9개 조항의 큰 법이라는 말이다. 우왕이 홍수를 다스릴 때 하늘로부터 받은 낙서(洛書)를 보고 만들었는데, 주나라 무왕(武王)이 기자(箕子)에게 선정(善政)의 방안을 물었을 때, 기자가 이 홍범구주로써 교시하였다고 전한다. 『서경(書經)』, 「주서(周書) · 홍범(洪範)」에 실려 있다.

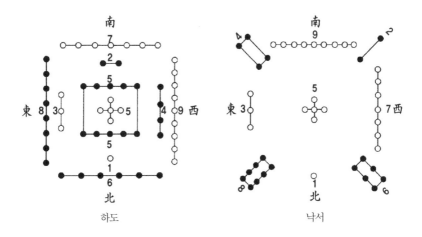

하도   낙서

낙서'의 도형화를 시도합니다.

그에 의하면 하도(河圖)는 기수(奇數)를 양점(陽點)으로, 우수(偶數)를 음점(陰點)으로 하여 1부터 10까지 모두 55점을 사방과 중앙에 배치하고 있습니다. 이를 조선 초기의 성리학자인 권근(權近)은『입학도설(入學圖說)』에서 소옹이 그린 '하도와 낙서'가 오행의 상생(相生)과 상극(相剋)을 도상화한 것이라고 설명하고 있지요.

『주역』에서는 '하도낙서'를 이처럼 설명합니다. "이런 까닭으로 하늘이 신물(神物)을 내고 성인(聖人)이 이를 법칙으로 삼고, 천지가 변화하면 '성인'은 이를 연고로 삼으며, 하늘이 상(象)을 내리고 길흉을 드러내면 '성인'이 이를 본뜬다. 황하에서 도(圖)가 나오고, 낙수에서 서(書)가 나오자 '성인'이 이를 법칙으로 삼았다."308 (출전=『주역周易』「계사상繫辭上」.)

◆ 河:강이름. 圖:그림. 洛:강이름. 書:글.

308　『주역(周易)』,「계사상(繫辭上)」: 是故, 天生神物, 聖人則之. 天地變化, 聖人故之. 天垂象見吉凶, 聖人象之. 河出圖, 洛出書, 聖人則之.

한단지몽(邯鄲之夢)

한단이란 지방에서 꾼 꿈   부귀영화(富貴榮華)의 덧없음

당(唐)나라 현종(玄宗)때입니다. 여옹(呂翁)이란 도사가 한단(邯鄲)이란 곳의 객사(客舍)에서 쉬고 있는데, 행색이 초라한 젊은이가 옆에 와 앉더니 산동(山東)에 사는 노생(盧生)이라 소개하며 신세 한탄을 하고는 졸기 시작했습니다. 이에 여옹이 보따리 속에서 양쪽에 구멍이 뚫린 도자기 베개를 꺼내 주자, 노생은 그것을 베고 잠이 들었습니다. 노생이 꿈속에서 점점 커지는 베개의 구멍 속으로 들어가 보니 거기엔 대궐 같은 집이 있었습니다. 그는 명문가인 최 씨(崔氏)의 딸과 혼인하고 과거에 급제하여 관리가 되었습니다. 벼슬길이 순조로워 경조윤(京兆尹)[309]을 거쳐 어사대부(御史大夫) 겸 이부시랑(吏部侍郎)에 올랐으나, 재상(宰相)이 투기하는 바람에 단주자사(端州刺史)로 좌천되고 말았습니다.

3년 후, 호부상서(戶部尚書)로 조정에 복귀한 지 얼마 안 되어 마침내 오늘날의 국무총리에 해당하는 재상 자리에 올랐습니다. 이후 황제를

---

309 오늘날 서울시장과 같은 벼슬.

잘 보필하여 태평성대를 이룩한 명재상으로 이름이 높았으나, 어느 날 갑자기 역적으로 몰렸습니다. 변방의 장군과 모반을 꾀했다는 것이 이유였습니다. 노생은 포박 당하는 자리에서 탄식하여 말했습니다. "내 고향 산동(山東)에는 약간의 전답이 있었다. 농사만 짓고 살았더라면 그것으로 추위와 굶주림은 면할 수 있었을 터인데, 무엇 때문에 애써 녹(祿)을 구했단 말인가? 그것 때문에 지금 이 꼴이 되어 있으니 옛날 누더기 옷을 입고 한단의 길을 걷던 일이 생각난다. 그때가 그리우나 이젠 어떻게 할 수 없는 처지이니, 후회한들 무슨 소용이 있겠는가!"

노생은 칼을 들어 자결하려 했으나 아내가 말리는 바람에 뜻을 이루지 못했습니다. 노생과 함께 잡힌 사람들은 모두 처형당했으나, 그는 환관(宦官)이 힘써 준 덕분에 사형은 면하고 기주(驥州)로 유배당했습니다. 수년 후, 천자는 노생이 누명을 쓰고 있음을 인지하고 복권시켜 많은 은총을 내렸습니다. 이후 권문세가(權門勢家)와 혼인하고 고관이 된 다섯 아들과 열 손자를 거느리고 행복한 만년을 보내다 황제의 어의(御醫)가 지켜보는 가운데 80년의 생을 마쳤습니다. 이윽고 노생이 크게 하품을 하며 깨어났습니다. 모든 것이 한낱 꿈이었습니다. 옆에는 여전히 여옹이 앉아 있었고, 객사의 주인이 짓고 있던 밥은 다 되지도 않았습니다. 노생을 바라보고 있던 여옹은 미소를 지으며 말했습니다.

"인생이란 다 그런 것이라네." 이에 노생은 "영욕(榮辱)도 빈부(貧富)도 생사(生死)도 모두 경험했습니다. 이것은 선생님께서 제 솟구치는 욕망을 막아주신 것이라 생각합니다.(출전=심기제沈旣濟,『침중기枕中記』.)

◆ 邯 : 고을 이름. 鄲 : 고을 이름. 之 : 어조사, ~의. 夢 : 꿈.

호연지기(浩然之氣)

천지(天地) 사이에 가득 찬
넓고 큰 기운

도의(道義)를 바탕으로 한
도덕적 용기

세상에 널리 알려진 호연지기(浩然之氣)라는 말은 『맹자』에서 확인할 수 있습니다. 공손추(公孫丑)가 맹자에게 물었습니다. "감히 묻습니다. 선생님께서는 어디에 장점이 있으십니까?" 맹자가 이르기를, "나는 말을 알며, 나는 나의 호연지기(浩然之氣)를 잘 기른다." 공손추가 다시 묻습니다. "감히 묻겠습니다. 무엇을 호연지기라고 합니까?" 맹자가 이르기를, "말하기 어렵다. 그 기(氣)가 지극히 크고 지극히 강하니, 정직함으로써 잘 기르고 해침이 없으면, 이 호연지기가 천지의 사이에 꽉 차게 된다. 그 기(氣) 됨이 의(義)와 도(道)에 배합되니, 이것이 없으면 굶주리게 된다. 이 호연지기는 의리(義理)를 많이 축적하여 생겨나는 것이다. '의'가 하루아침에 갑자기 엄습하여 취해지는 것은 아니니, 행하고서 마음에 흡족하게 여기지 않는 바가 있으면 호연지기가 굶주리게 된다."

"내 그러므로 '고자(告子)가 일찍이 의(義)를 알지 못한다'고 말한 것이니, 이는 의(義)를 밖이라고 하기 때문이다. 반드시 호연지기를 기르는데 종사하고, 효과를 미리 기대하지 말아서 마음에 잊지도 말며 억지로 조장

344

하지도 말아서, 송(宋)나라 사람과 같이 하지 말아야 한다. 송나라 사람 중에 벼싹이 자라지 못함을 안타깝게 여겨 뽑아놓은 자가 있었다. 그는 아무 것도 모르고 돌아와서 집안사람들에게 말하기를, '오늘 나는 매우 피곤하다. 내가 벼싹이 자라도록 도왔다'고 하자, 그 아들이 달려가서 보았더니, 벼싹은 말라 있었다. 천하에 벼 싹이 자라도록 억지로 조장하지 않는 자가 적으니, 유익함이 없다 해서 버려두는 자는 비유하면 벼싹을 김 매지 않는 자이고, 억지로 조장하는 자는 벼싹을 뽑아놓는 자이다. 이는 유익함이 없을 뿐만 아니라 도리어 해치는 것이다."**310**(출전=『맹자孟子』「공손추상公孫丑上」.)

◆ 浩: 크다. 然: 그러하다. 之: 어조사, ~의. 氣: 기운.

---

310 『맹자(孟子)』, 「공손추상(公孫丑上)」: 敢問 夫子, 惡乎長. 曰, 我, 知言, 我, 善養吾 浩然
之氣. 敢問, 何謂浩然之氣. 曰, 難言也. 其爲氣也, 至大至剛, 以直養而無害, 則塞于天地
之間. 其爲氣也, 配義與道, 無是, 餒也. 是集義所生者. 非義襲而取之也, 行有不慊於心,
則餒矣. 我故, 曰, 告子未嘗知義, 以其外之也. 必有事焉而勿正, 心勿忘, 勿助長也, 無若
宋人然. 宋人, 有閔其苗之不長而揠之者, 芒芒然歸, 謂其人曰, 今日, 病矣. 子助苗長矣,
其子趨而往視之, 苗則槁矣. 天下之不助苗長者寡矣, 以爲無益而舍之者, 不耘苗者也.
助之長者, 揠苗者也, 非徒無益, 而又害之.

회자인구(膾炙人口)

잘게 썬 날고기(膾)와	회와 고기를 사람들이 좋아하여
구운 고기(炙)는	항상 입에 오르내리다
사람들의 입에 오르내린다	널리 사람들에게
	이야기되고 칭찬이 자자한 것

『맹자』에 다음과 같은 이야기가 있습니다. 증석(曾晳)이 양조(羊棗)[311]를 좋아했는데, 증자는 차마 양조를 먹지 못하였습니다. 공손추가 물었습니다. "회자(膾炙)와 양조(羊棗), 어느 것이 맛있습니까?" 맹자가, "회자(膾炙)일 것이다." 공손추가, "그렇다면 증자는 어찌하여 '회자'는 먹으면서 '양조'는 먹지 않은 것입니까?" 맹자가, "회자는 누구나 똑같은 것이요, 양조는 독특한 것이니, 이름은 휘(諱)하고 성(姓)은 휘(諱)하지 않는다. 이는 '성'은 똑 같고, 이름은 '독특'하기 때문이다."[312] (출전=『맹자孟子』「진심하盡心下」.)

◆ 膾 : 날고기. 炙 : 굽다. 人 : 사람. 口 : 입.

---

311 양조(羊棗)는 열매가 작고 색깔이 검으며 둥그니, 또 양시책(羊矢棗)이라고도 말한다. 증자는 아버지가 좋아하셨기 때문에 아버지가 별세한 뒤에 먹을 때마다 반드시 어버이가 생각났으므로 차마 먹지 못한 것이다.

312 『맹자(孟子)』, 「진심하(盡心下)」 : 曾晳嗜羊棗, 而曾子不忍食羊棗. 公孫丑問曰, 膾炙與羊棗孰美. 孟子曰, 膾炙哉. 公孫丑曰, 然則曾子何爲食膾炙而不食羊棗. 曰, 膾炙所同也, 羊棗所獨也, 諱名不諱姓, 姓所同也, 名所獨也.

후생가외(後生可畏)

후생이 두려울 만하다

후배라도 학문과 덕을 계속 쌓으면,
선배를 능가할 수 있다

『논어(論語)』에 이런 말이 있습니다. 공자가 이르기를, "후생이 두려울
만하니,[313] 앞으로 오는 자들이 지금보다 못할 줄을 어찌 알겠는가? 그러
나 40세, 50세가 되어도 알려지지 않으면 그 또한 두려울 것이 없다."[314]
후생의 장점은 두 가지가 있습니다. 하나는 나이가 젊어 앞으로 배울 시
간이 많다는 것이고, 다른 하나는 힘이 강하여 학문을 할 수 있는 바탕이
넉넉하다는 점입니다.

때문에 후생이 학문을 힘써 행하면서 멈추지 않는다면, 어진 사람이 됨

---

313 율곡(栗谷 : 1536~1584)은 13세부터 29세까지 과거시험을 9차례 보았는데, 모두 수
     석으로 통과한 이른바 구도장원공(九度壯元公)이라는 별명을 얻은 천재다. 율곡이 23
     세에 제출한 시험답안 「천도책(天道策)」은 중국에까지 널리 알려졌다. 23세의 율곡이
     어느 날, 퇴계(退溪 : 1501~1570)를 만나기 위해 안동의 도산서원을 찾았다. 노학자와
     젊은 청년은 '우주의 원리'와 성리학(性理學)에 대해 논했다. 이틀간의 짧은 만남 뒤, 퇴
     계는 율곡을 두고, "공자가 후생가외(後生可畏)를 언급했는데, 이 젊은이를 보니 틀린 말
     이 아니다."라고 경탄했다.

314 『논어(論語)』, 「자한(子罕)」 : 子曰, 後生, 可畏, 焉知來者之不如今也. 四十五十而無聞
     焉, 斯亦不足畏也已.

은 말할 것도 없고 성인(聖人)도 될 수 있다는 것입니다. 하지만 나이 40세가 되고 50세가 되었음에도 아무런 성취나 덕(德)이 세상에 드러나지 않는다면, 결국 그는 보통사람에 불과할 것입니다. 두려워할 이유가 전혀 없는 것이지요. 끊임없이 학문(學問)과 덕을 애써 쌓아야 하는 이유가 여기에 있다 하겠습니다. (출전=『논어論語』「자한子罕」.)

◆ 後:뒤. 生:태어나다. 可:옳다. 畏:두려워하다.

부록

ㄱ

가가호호(家家戶戶) : 집집마다.

가고가하(可高可下) : 어진 사람은 지위의 상하를 가리지 않음.

각고면려(刻苦勉勵) : 심신의 고통을 이겨내며 목표에 도달하기 위해 힘씀.

각자도생(各自圖生) : 제각기 살길을 도모함.

간난신고(艱難辛苦) : (온갖 고초를 겪어) 몹시 힘들고 괴로움.

간담상조(肝膽相照) : 서로의 마음을 터놓고 사귐.

간성지재(干城之材) : 방패와 성(城)의 구실을 하는 인재.

갈이천정(渴而穿井) : 목말라야 우물을 팜.

감개무량(感慨無量) : 어떤 말도 할 수 없을 만큼 느낌을 헤아릴 수 없음.

감탄고토(甘呑苦吐) : 달면 삼키고 쓰면 뱉음.

강간약지(强幹弱枝) : 줄기를 강하게 하고 가지를 약하게 함.

개과불인(改過不吝) : 잘못을 고치는 데는 조금도 인색하지 말라.

거두절미(去頭截尾) : 머리와 꼬리를 자름. 즉 요점만을 거론함.

거안사위(居安思危) : 편안할 때 위태로움을 생각함.

건곤일척(乾坤一擲) : 흥망과 성패를 두고 단판 승부함.

격화소양(隔靴搔癢) : 신을 신고 가려운 곳을 긁음.

견강부회(牽强附會) : 이치에 맞지 않는 말을 억지로 끌어다 주장함.

견리사의(見利思義) : 이로움을 보면 의(義)를 생각함.

견마지로(犬馬之勞) : 개와 말의 노력, 즉 나라를 위해 힘씀.

견문발검(見蚊拔劍) : 모기를 보고 칼을 빼다. 즉 소견이 좁은 행동.

견선여갈(見善如渴) : 선한 일 보기를 목마른 것 같이함.

견위수명(見危授命) : 나라가 위급할 때 목숨을 바침.

경거망동(輕擧妄動) : 경솔하여 생각 없이 망령되게 행동함.

경세제민(經世濟民) : 세상을 경영하여 민중을 구제.

경천동지(驚天動地) : 하늘이 놀라고 땅이 흔들림.

경천애인(敬天愛人) : 하늘을 공경하고 사람을 사랑함.

계포일락(季布一諾) : 한번 한 약속은 반드시 지킴.

고군분투(孤軍奮鬪) : 수가 적고 후원 없는 외로운 군대의 싸움.

고담준론(高談峻論) : 고상하고 준엄한 언론.

고립무원(孤立無援) : 고립되어 구원받을 데가 없음.

고색창연(古色蒼然) : 오래되어 옛날의 풍치가 그대로 드러남.

골육상쟁(骨肉相爭) : 뼈와 살이 서로 싸움, 즉 동족끼리 서로 싸움.

공평무사(公平無私) : 공평하고 사사로움이 없음.

관중지천(管中之天) : 대롱 구멍으로 하늘을 보다. 즉 소견이 좁음.

교각살우(矯角殺牛) : 뿔을 바로잡으려다 소를 죽임.

구상유취(口尙乳臭) : 입에서 아직 젖내가 남.

구수회의(鳩首會議) : 비둘기 머리 내밀 듯 머리를 맞대고 하는 회의.

구인득인(救仁得仁) : 인(仁)을 구하면 인(仁)을 얻음.

국태민안(國泰民安) : 나라가 태평하고 민중이 편안함.

근근자자(勤勤孜孜) : 매우 부지런하고 정성스러움.

금과옥조(金科玉條) : 금이나 옥같이 귀중한 법칙이나 이론.

금상첨화(錦上添花) : 비단위에 꽃을 더함.

금성옥진(金聲玉振) : 집대성함. 즉 쇠[金]소리로 시작하고 옥(玉)소리로 거둠.

금의환향(錦衣還鄕) : 비단 옷을 입고 고향으로 돌아옴.

기상천외(奇想天外) : 평범한 사람이 짐작할 수 없는 기발한 생각.

기승전결(起承轉結) : 일으키고, 받아주고, 변화주고, 마무리함.

기취여란(其臭如蘭) : 그 향기가 난초와 같음. 친한 친구.

ㄴ

낙생어우(樂生於憂) : 즐거움은 근심하는 가운데에서 생김.

낙엽귀근(落葉歸根) : 떨어진 이파리는 뿌리로 돌아감.

낙이불음(樂而不淫) : 즐기되 음란하지는 않음, 즐기되 지나치지는 않음.

난상토론(爛商討論) : 여러 사람이 모여 충분히 논의함.

남귤북지(南橘北枳) : 강남의 귤을 강북에 옮겨 심으면 탱자로 변함.

내강외유(內剛外柔) : 겉으론 부드럽지만 안으로는 굳셈.

노래지희(老萊之戲) : 주나라의 노래자가 칠십 나이에 재롱을 부려 부모의 시름을
덜어줌.

노심초사(勞心焦思) : 몹시 마음을 조림.

노적성해(露積成海) : 한 방울의 물이 모여 바다를 이룸.

논점일탈(論點逸脫) : 논설의 요점이 벗어남.

누란지세(累卵之勢) : 몹시 위태로운 형세.

눌언민행(訥言敏行) : 말은 어눌하게, 행동은 민첩하게.

ㄷ

다기망양(多岐亡羊) : 여러 갈래의 길에서 양을 잃음. 학문도 마찬가지로 잃기 쉬움.

다사다난(多事多難) : 일을 다양하게 하면, 어려움도 다양하게 존재.

단금지교(斷金之交) : 쇠를 자를 정도로 절친한 친구사이.

단도직입(單刀直入) : 홀로 칼을 휘두르며 쳐들어감, 요점을 바로 말하고 들어감.

단사표음(簞食瓢飮) : 한 대그릇의 밥과 표주박 물.

단사호장(簞食壺漿) : 한 대바구니에 담은 밥과 병에 담은 음료수.

단순호치(丹脣皓齒) : 붉은 입술과 하얀 치아. 즉 아름다운 여성의 얼굴.

대교약졸(大巧若拙) : 훌륭한 기교는 도리어 졸렬한 듯함.

대역무도(大逆無道) : 심히 인륜을 거역하는 극악한 행위.

대의멸친(大義滅親) : 큰 도의(道義)를 위해선 사적 감정을 드러내지 않음.

덕본재말(德本財末) : 덕은 근본, 재물은 말단.

도광양회(韜光養晦) : 빛을 감추고 어둠을 기름.

도불습유(道不拾遺) : 길에 물건이 떨어져 있어도 줍지 않음.

독불장군(獨不將軍) : 홀로 장군이 될 수 없음.

독서상우(讀書尚友) : 책을 읽어 옛날의 현인을 벗 삼음.

독야청청(獨也靑靑) : 홀로 푸르다, 홀로 높은 절개를 드러냄.

돌돌괴사(咄咄怪事) : 놀랍고 괴상한 일.

동량지재(棟梁之材) : 집의 들보와 같은 나라의 중심 인물.

동빙한설(凍氷寒雪) : 얼음이 얼고 눈보라가 치는 추위.

동선하로(冬扇夏爐) : 겨울의 부채와 여름의 화로.

동온하청(冬溫夏淸) : 부모를 섬김에 있어 겨울엔 따뜻하게,
　　　　　　　　　　여름엔 시원하게 해드림.

두주불사(斗酒不辭) : 말술도 사양하지 않다.

득어망전(得魚忘筌) : 물고기를 잡으면 통발을 잊어버림.

득의양양(得意揚揚) : 뜻을 이룬 듯 우쭐대는 것.

□

마부작침(磨斧作針) : 도끼를 갈아 바늘을 만듦.

막역지우(莫逆之友) : 참된 마음으로 서로 거역할 수 없는 아주 친한 벗.

만고불변(萬古不變) : 오랜 세월동안 변하지 않음.

만고풍상(萬古風霜) : 사는 동안에 겪은 많은 고생.

만시지탄(晚時之歎) : 시기가 늦어 안타까워하는 탄식.

만신창이(滿身瘡痍) : 온몸이 상처투성이가 됨, 어떤 사물이 엉망진창이 됨.

만화방창(萬化方暢) : 봄날이 되어 만물이 자람.

망연자실(茫然自失) : 정신이 나가서 흐리멍덩한 모양.

망운지정(望雲之情) : 자식이 타향에서 어버이를 그리워하는 마음.

명불허전(名不虛傳) : 명성은 헛되이 전하지 않음.

명약관화(明若觀火) : 불을 보는 것처럼 명확히 알 수 있음.

목후이관(沐猴而冠) : 머리를 감은 원숭이가 갓을 써도 원숭이를 벗어나지 못함.

무불간섭(無不干涉) : 무슨 일이든 함부로 남의 일에 간섭함.

무불통지(無不通知) : 무슨 일이든 다 통하여 모르는 것이 없음.

무아지경(無我之境) : 정신이 통일되어 자신을 잊은 상태.

무지몽매(無知蒙昧) : 지식이 없어 사리에 어두움.

무학지배(無學之輩) : 배운 것이 없는 무식한 인간.

문전옥답(門前沃畓) : 집 앞 가까이에 있는 기름진 논.

물아일체(物我一體) : 외물(外物)과 자아(自我), 물질세계와 정신세계가 하나가 됨.

미관말직(微官末職) : 지위가 아주 낮은 벼슬.

미봉책(彌縫策) : 잘못된 것을 임시변통하여 꾸며댐.

ㅂ

박빙여리(薄氷如履) : 얇은 얼음을 밟듯 세상의 처세에 조심함.

박장대소(拍掌大笑) : 손바닥을 치면서 크게 웃음.

박지약행(薄志弱行) : 뜻과 행실이 약해 어려운 일을 견디지 못함.

박학다식(博學多識) : 학문이 넓고 식견이 많음.

반신반의(半信半疑) : 반은 믿고 반은 의심, 즉 참인지 거짓인지 갈피를 잡지 못함.

반포지효(反哺之孝) : 자식이 자라서 부모를 봉양함.

방장부절(方長不折) : 한참 자라는 나무는 꺾지 않음.

배수지진(背水之陣) : 필승을 기하기 위해 목숨을 걸고 싸움.

배은망덕(背恩忘德) : 은혜를 잊고 도리어 배반함.

백골난망(白骨難忘) : 백골이 되더라도 은덕(恩德)을 잊기 어려움.

백년하청(百年河淸) : 아무리 기다려도 가망이 없는 상태.

백의종군(白衣從軍) : 벼슬하지 않고 군대를 따라 전쟁에 참여함.

백척간두(百尺竿頭) : 백 척의 장대 위에 올라섬, 매우 위태롭고 어지러운 지경.

백팔번뇌(百八煩惱) : 인간의 과거, 현재, 미래에 걸친 108가지의 번뇌.

변화무쌍(變化無雙) : 세상이 변해가는 것이 더할 수 없이 많고 심함.

보국안민(輔國安民) : 나랏일을 돕고 민중을 편안하게 함.

복마전(伏魔殿) : 마귀가 있는 것, 못된 일을 꾀하는 무리들이 모인 곳.

복잡다단(複雜多端) : 일이 얽히고설키어 갈피를 잡기 어려움.

부중지어(釜中之魚) : 솥 안의 물고기, 곧 삶아지는 것도 모르고 헤엄치는 물고기.

부화뇌동(附和雷同) : 일정한 주견 없이 남들의 언행에 덩달아 좇음.

분기충천(憤氣衝天) : 분한 기운이 하늘을 찌를 듯 대단함.

불가사의(不可思議) : 사람의 생각으로는 미루어 알 수 없는 이상야릇함.

불가지론(不可知論) : 의식에 주어진 감각적 경험만 인식.
　　　　　　　　　배후의 객관적 실재는 인식 못함.

불광불급(不狂不及) : 깨달음의 경지에 도달하려면, 미치지 않고 미칠 수 없음.

불요불굴(不撓不屈) : 한번 결심한 마음이 흔들리거나 굽힘이 없이 억셈.

불편부당(不偏不黨) : 어느 한쪽으로 기울어짐 없이 중정(中正), 공평함.

비분강개(悲憤慷慨) : 슬프고 분한 느낌이 마음속에 가득 차 있음.

ㅅ

사가독서(賜暇讀書) : 조선시대 때, 임금이 유능한 선비들에게 독서를 위해 준 휴가.

사면춘풍(四面春風) : 모든 방면에서 봄바람이 붊. 항상 좋은 얼굴로 남을 대함.

사불급설(駟不及舌) : 소문이 삽시간에 퍼짐.

사생취의(捨生取義) : 삶을 버리고 의를 취함.

사실무근(事實無根) : 뿌리도 잎도 없음, 사실에 근거하고 있지 않음.

사이비(似而非) : 겉은 제법 비슷하나 속은 전혀 다름. 진짜 같으나 실은 가짜임.

사인여천(事人如天) : 사람 섬기기를 하늘같이 함.

사친이효(事親以孝) : 어버이를 섬김에 효로써 함.

산림처사(山林處士) : 관직이나 세속을 떠나 산 속에 파묻혀 글이나 읽고
　　　　　　　　　　지내는 사람.

산상수훈(山上垂訓) : 예수가 산꼭대기에서 행한 설교.

산자수명(山紫水明) : 산이 아름답고 물이 맑음.

산해진미(山海珍味) : 산과 바다의 산물(産物)을 다 갖춰 썩 잘 차린 귀한 음식.

삼라만상(森羅萬象) : 우주에 존재하는 온갖 사물과 현상.

삼매경(三昧境) : 오직 한가지에만 몰두함.

상사불망(相思不忘) : 서로 그리워하여 잊지 못함.

상산구어(上山求魚) : 산위에서 물고기를 구함.

상풍고절(霜風高節) : 어떤 난관이나 어려움에 처해도 결코 굽히지 않는 높은 절개.

생면부지(生面不知) : 태어나서 만나본 적이 없는 전혀 모르는 사람.

석과불식(碩果不食) : 큰 과일은 다 먹지 않고 후손을 위하여 남김.

선발제인(先發制人) : 먼저 행동을 취하여 주도권을 잡음.

선행후교(先行後教) : 선현들의 행위를 들어 후학을 가르침.

성인지미(成人之美) : 남의 뛰어난 점을 도와 더욱 빛나게 하는 일.

세리지교(勢利之交) : 권세와 이익을 얻기 위한 교제.

소국과민(小國寡民) : 작은 나라와 적은 민중.

　　　　　　　　　　　노자(老子)가 주장한 이상적인 국가 형태.

소이부답(笑而不答) : 웃기만 하고 답을 하지 않음.

소인지용(小人之勇) : 혈기만으로 나서는 필부의 용기.

속수무책(束手無策) : 어떻게 해 볼 도리가 없어 꼼짝 못함.

수복강녕(壽福康寧) : 오래 살고 복되며, 몸이 건강하고 편안함.

수수방관(袖手傍觀) : 팔짱을 끼고 보고만 있음.

수태고지(受胎告知) : 성령에 의해 잉태했음을 천사 가브리엘이

　　　　　　　　　　　성모마리아에게 예고함.

숙맥불변(菽麥不辨) : 콩인지 보리인지 분별하지 못함, 어리석은 사람.

순결무구(純潔無垢) : 마음과 몸이 매우 깨끗하여 조금도 더러움이 없음.

승승장구(乘勝長驅) : 싸움에서 이긴 여세를 타서 계속 몰아침.

시종일관(始終一貫) : 처음과 끝이 한결같음.

식자우환(識字憂患) : 아는 것이 탈, 학식이 있는 것이 도리어 근심이 됨.

신출귀몰(神出鬼沒) : 귀신처럼 홀연히 나타났다 홀연히 사라짐.

실사구시(實事求是) : 사실에 입각하여 진리를 추구함.

실천궁행(實踐躬行) : 말로 하지 않고 실천하며, 남에게 시키지 않고 몸소 행함.

십벌지목(十伐之木) : 열 번 찍어 안 넘어가는 나무가 없음.

ㅇ

아전인수(我田引水) : 자기 논에 물대기. 자기에게 유리하게 행동하는 것.

악전고투(惡戰苦鬪) : 죽을힘을 다하여 고되게 싸움.

안분지족(安分知足) : 편안한 마음으로 제 분수를 지키며 만족함.

안빈낙도(安貧樂道) : 가난함 속에서도 편안한 마음으로 도(道)를 즐김.

애매모호(曖昧模糊) : 사물의 이치가 희미하고 분명치 않음.

애이불상(哀而不傷) : 슬퍼하되 마음은 상하지 않아야.

양금택목(良禽擇木) : 현명한 새는 좋은 나무를 가려서 둥지를 틈.

양지양능(良志良能) : 선천적으로 알 수 있고, 행할 수 있는 능력.

언비천리(言飛千里) : 발 없는 말이 천리를 감.

엄동설한(嚴冬雪寒) : 눈이 오는 몹시 추운 겨울.

역자교지(易子敎之) : 자식을 서로 바꾸어 가르침.

역지사지(易地思之) : 처지를 바꾸어 생각함.

연비어약(鳶飛魚躍) : 하늘엔 솔개가 날고, 물속엔 고기가 뜀.

염화미소(拈華微笑) : 마음에서 마음으로 전함.

오동일엽(梧桐一葉) : 오동 한 잎을 보고 가을이 온 것을 앎.

오비삼척(吾鼻三尺) : 내 코가 석자, 즉 곤경에 처해 남을 도울 수 없는 상황.

오비이락(烏飛梨落) : 까마귀 날자 배 떨어짐.

오풍십우(五風十雨) : 기후가 매우 순조로움.

요산요수(樂山樂水) : 어진 사람은 산을 좋아하고, 지혜로운 사람은 물을 좋아함.

욕속부달(欲速不達) : 일을 속히 하려고 하면 도리어 도달하지 못함.

용의주도(用意周到) : 마음의 준비가 두루 갖춰져 빈틈이 없음.

우국지사(憂國之士) : 나라의 앞날을 근심하고 염려하는 사람.

우자일득(愚者一得) : 어리석은 사람도 때에 따라 좋은 생각을 함.

위이불맹(威而不猛) : 위엄은 있으나 결코 난폭하지 않음.

위풍당당(威風堂堂) : 풍채가 위엄이 있어 당당함.

유유자적(悠悠自適) : 속세를 떠나 아무 것에도 속박당하지 않고 마음 편히 삶.

은인자중(隱忍自重) : 마음속으로 참고 견디며 몸가짐을 조심함.

음풍농월(吟風弄月) : 맑은 바람과 밝은 달을 노래함.

이덕보원(以德報怨) : 덕(德)으로 원수를 갚음.

이소성대(以小成大) : 작은 일로부터 시작하여 큰일을 이룸.

이용후생(利用厚生) : '이용'은 그릇을 만들어 쓰고,
            '후생'은 옷을 입고 고기를 먹게 함.

이이제이(以夷制夷) : 오랑캐는 오랑캐로 침.

이전투구(泥田鬪狗) : 진흙 밭에서 싸우는 개.

인과응보(因果應報) : 선한 행동에는 선한 결과, 악한 행동에는 악한 결과.

인사불성(人事不省) : 정신을 잃고 의식을 모름.

인생조로(人生朝露) : 인생은 아침의 이슬과 같음.

인자무적(仁者無敵) : 인자에게는 적(敵) 됨이 없음.

일기당천(一騎當千) : 한 명의 군사가 천을 당해 냄.

일도양단(一刀兩斷) : 한칼로 둘로 나누다.
            즉 어떤 일을 머뭇거리지 않고 선뜻 결정함.

일모도원(日暮途遠) : 날은 저물고 할 일은 많다. 나이가 들어서도 할 일이 많음.

일전불사(一戰不辭) : 한바탕 싸움을 사양하지 않음.

일취월장(日就月將) : 날마다 달마다 발전함.

일침견혈(一針見血) : 침 한 방에 피를 보다.
            일의 본질을 파악하여 단번에 정곡을 찌름.

ㅈ

자가당착(自家撞着) : 자기의 언행이 모순되어 들어맞지 않음.

자작지얼(自作之孼) : 자기가 저지른 일로 인해 생긴 재앙.

장락만년(長樂萬年) : 즐거움이 오래도록 끝이 없음.

적선여경(積善餘慶) : 선한 일을 많이 하면 반드시 후대에 경사가 있음.

적자지심(赤子之心) : 갓난아이의 마음.

전가보도(傳家寶刀) : 조상 때부터 대대로 내려오는 집안의 보물.

전대미문(前代未聞) : 지금까지 들어본 일이 없음.

전도양양(前途洋洋) : 앞길이 바다와 같음.

절골지통(折骨之痛) : 뼈가 부러지는 아픔.

절치부심(切齒腐心) : 몹시 분하여 이를 갈면서 속을 썩임.

점입가경(漸入佳境) : 점점 더 재미있는 경지로 들어감.

정중관천(井中觀天) : 우물 속에서 하늘을 보다.

조변석개(朝變夕改) : 아침저녁으로 뜯어 고침.

족가지마(足家之馬) : 자기 주제도 모르고 남의 일에 참견하거나

　　　　　　　　　 분수에 맞지 않는 행동.

존망지추(存亡之秋) : 존재하느냐, 멸망하느냐가 결정되는 아주 절박한 때.

종횡무진(縱橫無盡) : 행동이 마음 내키는 대로 자유자재로 함.

주마간산(走馬看山) : 말을 달리면서 산을 봄.

주야장천(晝夜長川) : 밤낮없이 쉬지 않고 늘 잇달음.

주일무적(主一無敵) : 정신을 한곳에 집중함.

중과부적(衆寡不敵) : 적은 수는 많은 수를 대적할 수 없음.

지란지교(芝蘭之交) : 영지와 난초는 모두 향초, 즉 고상한 교제를 의미함.

지록위마(指鹿爲馬) : 사슴을 가리켜 말이라 함, 즉 억지 주장.

지성감민(至誠感民) : 정성이 지극하면 민중이 감동함.

진적위산(塵積爲山) : 티끌이 모여 태산을 이룸.

진퇴양난(進退兩難) : 앞뒤로 물러설 수 없이 꼼짝할 수 없는 상태.

질풍노도(疾風怒濤) : 몹시 빠르게 부는 바람과 무섭게 소용돌이치는 물결.

ㅊ

찰찰불찰(察察不察) : 너무 세밀해도 실수가 있음.

창해일속(滄海一粟) : 넓은 바다에 떠 있는 한 알의 좁쌀.

책인즉명(責人則明) : (자기 잘못은 덮어 놓고) 남을 꾸짖는 데만 밝음.

천려일실(千慮一失) : 천 번 생각에 한 번 실수, 즉 현명한 사람도 실수가 있음.

천리안(千里眼) : 천리 밖을 보는 눈. 멀리서도 직감으로 알아맞힘.

천상화원(天上花園) : 하늘의 꽃밭.

천양지차(天壤之差) : 하늘과 땅 사이와 같이 엄청난 차이.

천인공노(天人共怒) : 하늘과 땅이 함께 분노함.

천진난만(天眞爛漫) : 가식이 없는 말과 행동.

천편일률(千篇一律) : 변함없이 모든 사물이 동일함.

청천벽력(靑天霹靂) : 맑게 갠 하늘에서 치는 날벼락. 뜻밖에 생긴 변.

초지일관(初志一貫) : 처음에 세운 뜻을 끝까지 밀고 나감.

추풍선(秋風扇) : 가을 부채, 즉 쓸모없는 물건.

출이반이(出爾反爾) : 너에게서 나온 것은 너에게로 돌아감.

칠전팔기(七顚八起) : 일곱 번 넘어졌다 여덟 번째 일어남.

침소봉대(針小棒大) : 바늘을 몽둥이라고 말하듯 과장함.

ㅋ

쾌도난마(快刀亂麻) : 잘 드는 칼로 헝클어진 삼을 베듯,

　　　　　　　　　어지러운 일을 명쾌하게 처리.

쾌인쾌사(快人快事) : 쾌활한 사람의 통쾌한 행동.

ㅌ

타초경사(打草驚蛇) : 풀을 때려 뱀을 놀라게 함. A를 훈계하여 B를 깨우치게 함.

탁상공론(卓上空論) : 실현 가능성이 없는 허황된 이론.

탐천지공(貪天之功) : 하늘의 공을 탐냄, 남의 공로를 자기 것으로 도용.

태연자약(泰然自若) : 침착하여 조금도 마음이 동요되지 않는 모양.

토영삼굴(兎營三窟) : 토끼집은 입구가 세 개라는 말, 안전을 위하여 대비함.

토우목마(土牛木馬) : 흙으로 만든 소와 나무, 문벌은 있으나 재주가 없는 사람.

투필성자(投筆成字) : 글씨를 잘 쓰는 사람은 붓을 아무렇게나 던져도 잘 써짐.

ㅍ

파란만장(波瀾萬丈) : 물결의 기복이 심한 것처럼 사건의 진행에도 변화가 심함.

파사현정(破邪顯正) : 사한 것을 버리고 정도를 드러냄.

패역무도(悖逆無道) : 패악하고 불순하여 사람다운 데가 없음.

평지풍파(平地風波) : 평평한 땅에 파도가 일어남, 잘되던 일을 일부러 어렵게 함.

포복절도(抱腹絶倒) : 배를 안고 몸을 가누지 못할 만큼 크게 웃음.

풍수지탄(風樹之嘆) : 바람과 나무의 탄식, 효를 다하지 못한 자식의 탄식.

풍운지회(風雲之會) : 밝은 임금과 어진 신하의 만남,

　　　　　　　　　　 영웅호걸이 때를 만나 뜻을 이룸.

풍찬노숙(風餐露宿) : 바람과 이슬을 맞으며 한데서 먹고 잠.

　　　　　　　　　　 대인에게 흔히 찾아옴.

필유곡절(必有曲折) : 반드시 어떤 까닭이 있음.

ㅎ

하석상대(下石上臺) : 아랫돌 빼서 윗돌 괴고, 윗돌 빼서 아랫돌 괴기.

하학상달(下學上達) : 낮고 쉬운 것을 배워 깊고 어려운 것을 깨달음.

학철부어(涸轍鮒魚) : 수레바퀴 자국에 괸 물에 있는 붕어, 매우 위급한 처지.

한우충동(汗牛充棟) : 수레에 실으면 소가 땀을 흘릴 정도로 책이 많음.

함구무언(緘口無言) : 입을 다물고 아무런 말이 없음.

해불양수(海不讓水) : 바다는 모든 물을 사양하지 않음.

행장진퇴(行藏進退) : 지식인은 시세(時勢)에 응하여 진퇴(進退)를 명확히 함.

허심탄회(虛心坦懷) : 아무런 사념 없이 품은 생각을 터놓고 말함.

혈혈단신(孑孑單身) : 어디에도 의지할 곳 없는 홀몸.

호각지세(互角之勢) : 역량이 서로 비슷비슷한 위세(威勢).

호구지책(糊口之策) : 가난한 살림에서 겨우 먹고 사는 방책.

호사다마(好事多魔) : 좋은 일에 방해가 되는 일이 많음.

호시우행(虎視牛行) : 범처럼 노려보고 소처럼 우직하게 감.

호시탐탐(虎視眈眈) : 날카로운 눈으로 가만히 기회를 노려보는 모양.

호천망극(昊天罔極) : 끝없는 하늘과 같이 부모의 은혜가 큼.

호형호제(呼兄呼弟) : 서로 형과 아우를 부를 정도로 가까운 친구.

혹세무민(惑世誣民) : 세상을 어지럽히고 민중을 속이는 것.

혼연일체(渾然一體) : 생각과 의지 등이 완전히 하나가 됨.

혼정신성(昏定晨省) : 아침저녁으로 부모의 안부를 살핌.

화룡점정(畵龍點睛) : 용을 그리고 마지막으로 눈동자를 그림,
　　　　　　　　　　　사물의 가장 중요한 곳.

화이부실(華而不實) : 사람이나 사물이 겉으로는 좋아 보이나 알맹이가 없음.

회사후소(繪事後素) : 그림은 흰 바탕이 있은 이후에 함,
　　　　　　　　　　　사람은 바탕이 선(善)해야 함.

후안무치(厚顔無恥) : 낯가죽이 두꺼워 부끄러운 줄 모름.

흥망성쇠(興亡盛衰) : 흥하고 망하고 성하고 쇠약함.

희색만면(喜色滿面) : 기쁜 빛이 얼굴에 가득함.

■ **나이와 관련된 성어**(成語)[1]

· 출생(出生)

  - 남아(男兒)일 경우, 득남(得男) 혹은 농장(弄璋)[2]이라 함. 경사로 취급하여 농장지경(弄璋之慶)으로 불림.

  - 여아(女兒)일 경우, 득녀(得女) 혹은 농와(弄瓦)[3]라 함. 경사로 취급하여 농와지경(弄瓦之慶)으로 불림.

· 2~3세 : 제해(提孩)라 함. 제(提)는 '손으로 안을 수 있음'을 뜻하고, 해(孩)는 '어린아이'를 의미. 즉 유아(幼兒)가 처음 웃을 무렵을 의미. 해아(孩兒)도 같은 의미.

· 10세 : 충년(沖年)이라 함. 여기서 충(沖)은 '비어 있다'는 의미.

· 15세 : 지학(志學)이라 함. 공자(孔子)가 15세에 학문에 뜻을 두었다[志于學]는 데에서 비롯.

· 16세 : 과년(瓜年)이라 함. 즉 과년의 과(瓜) 자를 파자하면 [八+八=16]이므로 여성 나이 16세를 혼인 적령기로 본 것.

· 20세 : 남성의 경우 약관(弱冠), 즉 '성년식에서 쓰던 관(冠)'을 상징하고, 여성의 경우 방년(芳年), 즉 '꽃다운 나이'를 뜻함.

· 30세 : 이립(而立)이라 함. 공자(孔子)가 30세에 '자립했다'는 데에서 비롯.

· 40세 : 불혹(不惑)이라 함. 공자(孔子)가 40세에 모든 것에 '미혹되지 않았다'는 데에서 비롯.

---

1 박귀호 · 주선홍, 『이야기 고사성어』, 영교출판, 2007, 참조.

2 구슬[弄]을 장난감으로 준 데서 비롯되었다.

3 실패[瓦]를 장난감으로 준 데서 비롯되었다.

- 50세 : 지천명(知天命)이라 함. 공자(孔子)가 50세에 '천명(天命)을 알았다'는 데에서 비롯. 참고로 주자(朱子)는 천명(天命)을 주석(註釋)함에 있어서, '하고자 하지 않았는데, 하고 있는 것'을 천(天)이라 하고, '이르고자 하지 않았는데, 이르러 있는 것'을 명(命)이라 하였음.

- 60세 : 이순(耳順)이라 함. 공자(孔子)가 60세가 되어 어떤 말을 들어도 '귀에 거슬리지 않게 되었다'는 데에서 비롯.

- 61세 : 환갑(還甲) 혹은 회갑(回甲)이라 함. 즉 태어난 해의 간지(干支)가 한 바퀴 돈 것을 의미. 참고로 '환갑'을 화갑(華甲)이라고도 하는데, 화갑(華甲)의 화(華)자를 파자해 보면 십(十)자 여섯 번과 일(一)자가 하나 들어있다는 데에서 비롯.

- 62세 : 진갑(進甲)이라 함. '환갑' 다음 해의 생일을 뜻함. 새로운 갑자(甲子)로 나아간다는 의미.

- 64세 : 파과지년(破瓜之年)이라 함. 남성의 경우 [八×八=64]가 된다는 뜻에서 이 시기가 벼슬에서 은퇴하는 적령기로 봄.

- 70세 : 종심(從心)이라 함. 공자(孔子)가 70세가 되어 '마음이 하고자 하는 바를 좇아도 법도를 넘지 않았다'는 데에서 비롯. 종심(從心)은 종심소욕불유구(從心所欲不踰矩)의 줄임말.

- 71세 : 망팔(望八)이라 함. '80세를 바라본다'는 의미. 즉 장수를 기원.

- 77세 : 희수(喜壽)라 함. 희(喜)자를 초서(草書)로 칠십칠(七十七)처럼 쓰는 데에서 비롯.

- 80세 : 산수(傘壽)라 함. 산(傘)자의 약자(略字)가 팔(八)자를 위에 쓰고 십(十)자를 아래에 쓰는 데에서 비롯.

- 88세 : 미수(米壽)라 함. 미(米)자를 파자하면 팔십팔(八十八)이 되는 데에서 비롯.

- 90세 : 졸수(卒壽)라 함. 졸(卒)자의 속자(俗字)가 구(九)자 아래에 십(十)자를

사용하는 데에서 비롯.

- 91세 : 망백(望百)이라 함. '100세를 바라본다'는 의미. 즉 장수를 기원.

- 99세 : 백수(白壽)라 함. 백(百)에서 일(一)을 빼면 99가 되는 데에서 비롯.

- 100세 : 백수(百壽)라 함. 말 그대로 100세를 의미.

- 100세 이상 : 상수(上壽)라 함. 사람의 수명 가운데 '최상의 수명'이라는 의미.

■ 참고문헌

1. 한국

『燃藜室記述』,『旬五志』,『朝鮮佛敎通史』.

고사성어편찬위원회,『고사성어사전』, 명문당, 1997.

김성일,『고사성어 대사전』, 시대의창, 2013.

김해영,『공직자, 논어를 읽다』, 안티쿠스, 2014.

김해영,『사서강의』, 안티쿠스, 2017.

박귀호 · 주선홍,『이야기 고사성어』, 영교출판, 2007.

송철규,『중국 고전 이야기』, 소나무, 2002.

오종문,『이야기 고사성어』, 현실과과학, 2005.

유교사전편찬위원회,『유교대사전』, 박영사, 1990.

윤지산,『고사성어 인문학 강의』, 디스커버리미디어, 2014.

이준구,『사람을 만드는 고사성어』, 무진미디어, 2006.

최정준,『고사성어 인문학』, 비움과소통, 2014.

한국고전신서편찬회,『고사성어사전』, 홍신문화사, 1997.

한국고전신서편찬회,『고사성어』, 홍신문화사, 1988.

2. 중국

『小學』,『大學』,『論語』,『論語注疏』,『孟子』,『中庸』,『詩經』,『書經』,『禮記』,『春秋左氏傳』,『晏子春秋』,『周易』,『孝經』,『荀子』,『韓非子』,『呂氏春秋』,『道德經』,『莊子』,『列子』,『史記』,『史記正義』,『十八史略』,『東周列國志』,『戰國策』,『漢書』,『後漢書』,『漢書音義』,『三國志』,『三國演義』,『孫子兵法』,『晉書』,『隋書』,『新唐書』,『舊唐書』,『管子』,『南齊書』,『淮南子』,『宋書』,『宋史』,『古文眞寶』,『薄命佳人』,『繩水燕談錄』,『說苑』,『白氏文集』,『資治通鑑』,『涅槃經』,『鹽鐵論』,『世說新語』,『吳越春秋』,『鶴林玉露』,『戒子通錄』,『賢愚經』,『景德傳燈錄』,『維摩經』,『揚子法言』,『司馬法』,『楚辭』,『潛夫論』,『鶡冠子』,『笑林』,『碧巖錄』,『新序』,『靈怪錄』,『文選』,『開元天寶遺事』,『五燈會元』,『冷齋夜話』,『述懷』,『文中子』,『枕中記』.

고사성어로 철학하다

발행일 초판 1쇄 발행 2017년 11월 20일

편저자 김해영
펴낸이 고진숙
펴낸곳 도서출판 문화문고
책임편집 김종만
디자인 우진(宇珍)
CTP출력·인쇄 천일문화사
제본 대흥제책
물류 문화유통북스
출판등록 제300-2004-89호(2005년 5월 17일)
주소 03020 서울시 종로구 자하문로 266(부암동 129-8), 612
전화 02-379-8883, 723-1835
팩스 02-379-8874
이메일 mbook2004@naver.com

ISBN 978-89-7744-050-0 03710

이 도서의 국립중앙도서관 출판시도서목록(CIP)은 서지정보유통지원시스템 홈페이지(http://seoji.nl.go.kr)와 국가자료공동목록시스템(http://www.nl.go.kr/kolisnet)에서 이용하실 수 있습니다.(CIP제어번호:2017028848)